大場幸夫が考えていた

保育の原点

大場富子 監修

創成社

大場幸夫先生

まえがき

東日本大震災の起きた3月11日とほぼ時を同じくして、夫、大場幸夫は入院生活に入った。平成23年の1月後半ごろより時々体調不良を言葉にすることはあったが、入院するまでは、それまで通り仕事をこなしていた。黄疸の症状が明らかになり入院、その治療過程で胃がん（3年半前に胃の手術）からの悪性リンパ腫が判明し、入院してからほぼ2カ月後の5月13日、まさに〝あっ〟という間に逝ってしまった。入院中の夫はひたすらよく寝ていた。時折目覚めると仕事のことを気にしていた。医者は「我慢強い人ですね」と言っていたが、痛そうにしたり、苦しそうにする姿は見られなかった。本当に静かに穏やかにあの世へすーっと渡って逝ってしまった。

学長職任期を終える1年後は、好きな保育関係の仕事のみに専念し、これまで時間が持てずにできなかった趣味のあれもこれもしようと夫は少しずつ環境を整え始めていた。本当にやりたいことがたくさんあり、まだまだ（保育関連の）仕事に意欲を燃やしていた。そのうちの一つに、創成社から依頼されていた保育大学シリーズがある。夫自身、執筆に向けて構成案（あとがきに掲載していただいている）を練り直してもいた。とうに原稿締め切り期日を過ぎていたにもかかわらず、夫は納得のいくまで熟考していたのだと思う。それまでも原稿を書くときの夫は、内的に熟成するのを待つかのような様子―気分転換と称していろいろなこと（メダカの世話や車の運転・・・）をしてみたり、居間でくつろいだりしていた。一見原稿と関係ないようなことをしながらも夫の頭の中では、原稿内容の柱立てや構想を練っているであろうことがうかがえた。「産みの苦しみね」と茶化す私に苦笑していた夫の姿が思い出される。そうこうしているうちに一気に書斎にこもっていく時が到来するというのが夫の原稿書きの足跡だった。

結局、創成社と約束していた夫の執筆は果たせなかった。夫の死後、創成社から私に大場とかかわりのあった方々の執筆を通して「大場幸夫の考える〝保育の原点〟」を浮かび上がらせたいという相談があった。すでに研究畑の人々の名前が数名挙げられていた。私に異存があるわけがない。こうして夫のなしてきたことに着目してくれるだけでも感謝の気持ちでいっぱいだ。ただ、研究畑の方々に加え、現場の方の執筆を加えてもらいたいと私の方からお願いした。生前の夫から「今の自分があるのは現場のおかげだ」ということを何度も聞かされていたし、夫自身がなにより現場を大事にする仕事をしていたように思ったからである。創成社の方は快く私の申し出をうけてくださった。夫がかかわった現場の方たちは大勢いるが、夫を巡回保育相談へ導いていくことになった旧大宮市の保育者の方々を主に選ばせてもらった。

執筆者の方々は夫と仕事を共有してきた方々である。執筆された原稿を読んでいくことは、私にとっては夫の仕事における姿勢や内容に触れていく時間になり、ある種、夫と出会っているような新鮮な感覚を味わえた。それぞれの執筆者の〝眼〟を通しての夫なのだが、それぞれの場でそれぞれの方と向き合っている夫の姿はありありと浮かびあがる。これからこの本を読んでいかれる方々は、夫とかかわった人の〝眼〟を通した夫の姿に読者各々の〝眼〟を重ねていくことになろう。夫のことが語られ、夫の書いたものが読まれていく限りにおいて、大場幸夫は死してもなお生き続けていく。

大場富子

目次

カンファレンスと3つの柱

◆朝香裕子

はじめに

平成23年の3月に、私は保育園を保育士として卒園しました。

ここ数年「退職」が現実味を帯びてくると、私にとっては退職までの日は、「大事なものを失ってしまうこと」へのカウントダウンでもありました。40年の年月は、そう簡単には気持ちの切り替えができるはずもなく、考えないように淡々とその日を迎えていました。

卒園式の前日、東日本大震災に遭遇しました。保育士は「子どもの命を守る仕事」という認識は大前提にありますが、この時は、「子どもの命と向き合う仕事」という思いを強く持ちました。命とは生きることであり、「ここは、この子にとって安心できる場所なのか、一人一人の子どもが、その子らしく生きているのか、そして私たち保育者は、この子どもたちのすべてを受け止め、対等な関係でしっかり向かい合っているのだろうか」と何度も揺れる怖さの中で、共に生きることの意味を考えていました。

40年の間に、保育所保育指針が三度改定されました。その都度研修を受けたり、園内で指針を読み合わせたり、自分たちの保育と照らし合わせて考えてみたりしましたが、実践とどう結びつければよいのかわかりませんでした。各園で実施されていた巡回保育相談は、実践から保育を振り返り、保育士の専門性を高めるための学びの場となっていました。特にその中で、大場先生の巡回保育相談を2年間継続して受けることができたのは、自分の保育観が大きく変わり、保育者としての育ちにもつながった貴重な体験でもありました。その2年間を、大場先生から教えていただいたことを思い出しながら、振り返ってみたいと思います。

私が保育士になった頃の保育

私が保育士になった頃、保育園に入所した子の中に、特異な行動をとる子や、表情が乏しい子、言葉が出ない子など、気になる子どもの姿があり、専門機関へ受診を勧めたケースもありました。また、診断名がある子の入所もあちこちの園で増えていった頃でもありました。

1997年の中央児童審議会の中間答申では、「統合保育を行うことによって、障害のある子どもも障害のない子どもも共に発達を促される」と提言されていました。分けていたものを統合するという表現を現在しなくなったのは、「どの子どももみなお互いに刺激をしあって共に生きることのできる社会の実現を願う」ということなのでしょう。

各園においては、ほぼ一人、障害児保育が必要な子どもが入所していましたが、多動、言葉が出ない、かかわりが持てないなど、今まで出会ったことのないような子どもとどう向かい合って保育をしたらよいのか、対応に苦慮していました。

そもそも平成2年に保育所保育指針が改定される以前の保育を振り返ってみると、当時の「落ちこぼれ」という流行語に象徴されますが、各園の保育目標も「集団行動がとれる子」「大人の話をよく聞いて行動できる子」「仲良くする子」「自分のことは自分でできる子」などでありましたし、集団から離れて別な行動をとったり、行動に時間がかかる子や、トラブルばかりおこす手のかかる子はそう呼ばれていました。

保育士になりたての頃の私は、自分なりの保育士像を描き努力をしていました。落ちこぼれを作らないようにクラスの子どもたちをまとめ、週案・日案通りに保育を進め、子どもたちができることを一つ一つ増やしていきました。鉄棒、跳び箱、木琴などできるようになるまでやらせていました。生活習慣も「自立」をめざし、まさに設定保育であり、一人一人を見ていくことより集団のまとまりを意識して保育をしていました。そんな中で「意欲」とか「かかわりの中で育つ」ということをどのように考えていたかは、記憶にありません。

このような保育形態だったので、どのように障害児保育をしていったらよいのかわかりませんでした。療育施設ではないので、訓練を行うわけではありませんが、その子の身体面の発達を促す遊びを意識して保育の中にいれた方が良いのではないかと思ったりもしました。保育園で共に育つことが目的であれば今までの経験や知識だけでは支援はむずかしく、具体的なかかわりを学んでいく必要性を感じていたので、目の前にいる子どもの保育を一緒に考えてもらえる巡回保育相談は、保育園の保育を考える手立てとなっていました。

はじめての加配保育士

大宮市内の保育園で、大場先生の巡回保育相談を受けるようになってから、15年位経った頃はじめて加配保育士となりました。障害児保育制度【現支援制度】の適用で入所した子どもの発達や、必要性に応じての援助となるので、1対1の配置となり、主にクラスの運営を行う担任と二人で担任をすることになりました。

大場先生の巡回を受けることになると思うと、緊張しました。これまで、大場先生の研修は、何度か受けていましたが、正直なところ、言葉や内容がむずかしく先生が語られる保育がどんなことなのか、なかなか理解ができませんでした。研修中は、ひたすら一語一句聞きもらすまいと、メモを取りました。後日、職員間で「先生が何を伝えたかったのか」話し合うためのメモをとり合いましたが、そこで確認できたことだけが、唯一保育の手掛かりとなりました。

10年後、主任保育士が先生の研修後に「この頃、大場先生は、私たちが理解できないので、内容をやさしくしてくださっているんですね。以前より自分の保育とつなげて聞けるようになった」と感想を話していました。「そうかもしれないけど、保育者たちも少しずつ保育の柱がわかってきているのかもね」と笑いながら話をしたこともありました。

巡回保育相談は、討議をする場であるという認識は持っていても、私には「大場先生の言葉が理解できるだろうか、カンファレンスでは意見が出せるだろうか、聞いているだけにならないだろうか」という不安もありました。以前、担任ではなかったときに先生の巡回を受けた時、まったく思いもつかなかった視点からの気付きや丁寧な読み取りをされていた大場先生のお話をうかがうと「自分たちは一緒に生活をしているのになぜ気付かないのか」と反省することばかりでした。いただいた助言や課題が自分に実践できるのかという不安もあり、何より自分の保育をもとにカンファレンスが行われることの怖さが大きかったのです。

反面、期待もありました。今までの職員会議では、担任がクラスの子どもの様子や気になる子の報告はしていても、一人一人の子どもを理解するために意見を出しあったり、本音を語りあったりすることには慣れていなかったので、「一緒に考え合える保育者集団の育ち」につながるとも思えました。そしてまた2年後の卒園の頃には、子どもたちの育ちは大きく成長していくことは予測できたので、その変化は、どんな過程を辿っていくのか楽しみでもありました。Nを通して、療育とは違う、保育園での保育の中で育つ意味を振り返ってみたいと思います。

Nとの出会い

年中組ではじめて集団生活を経験するNは、言葉を発することもなく、目も合いませんでした。名前を呼んでも振り向かず、硬い表情をしていました。園庭を走り回る子どもたちの中でベタッと座り何を見るでもなく「遠い目」をしていました。何にもしようとしないNに「何か投げかけて遊べる物を探さなくては」「他の子もこんな風にすれば楽しく遊べるのだから」「遊びの道筋はみんな同じ」と思っていました。砂山を作ってトンネルを掘って見せたり、型ぬきをしては、「プリン」「アイス」とできるだけ言葉をかけて気付くように目の前に置いてみました。ブロックを組み立て「電車」「ヒコーキ」とイメージしやすいものを作って見せたり、ジャングルジムにのれば追いかけて一緒に座り、今思えば「うるさいのではないか」と思う位話しかけました。何かをやってみせれば必ずなんらかの反応があるはずと思っていたので、反応がないのは、私のやり方への拒否だと感じていました。手のひらにスーッと砂を流してみると、まったく表情を変えず「遠い目」をしていました。そんな日が2カ月続くと、関係が取れないあせりの気持ちと、20年の保育士の経験は役に立たないと空しさを感じていました。

ある日、Nが押し殺したような声で泣きながら門扉を押すので門を開けてみると、道路を歩き始めました。「この子はどこへ行こうとしているのか」と背中を見ながらついていきました。道路の横断時には手をつなぐと、されるまま前を向いていました。30分位歩いていましたが一度も私のことを振り返ることはありませんでした。「自分の存在はなんだろう。この子にはどんな風に見えているのか、何をしたら気持ちが通じ合えた実感が持てるのだろうか、私は一体何をすればいいのだろうか」ということばかり考えていました。自分はこんなにこの子に目をむけているのにと思うと、気持ちが重くなりました。まさに私の登園拒否です。そのうちNのそばに行くとスーッとNが離れるように感じ、私自身涙が出てきました。自分の無力さを責め、自分の気持ちを追いつめていきました。

後で考えるとこのNとの出会いが、自分の保育観が変わるきっかけとなっています。

大場先生の巡回保育相談

自分では、苦悩の日々と思っていた頃、1回目の巡回保育相談がありました。私の最大の緊張をよそに大場先生は、「やあ、お久しぶり」と笑顔で声をかけてくれました。なんとも嬉しくなって「ありがとうございます」とトンチンカンな挨拶をしてしまいました。

午前中の観察をする先生は、Nとの距離を持ちながらも時には子どもたちの要求に応じ、来訪者とは感じさせない入り方で、ごく自然に保育園の中におられました。私たちも大場先生が子どもの頭に長いリボンを結んでいる姿をみるとほほえましく感じていました。

当日は、その日のために特別な日案やスケジュールを組んでいるわけではなく、いつも通り普通に生活をしました。途中、先生が保育士のそばにきて会話を交わしたり、子どもの行動について話すことはほとんどありませんが、Nが、1m位の高さの所から落ちそうになった時、「普通は落ちそうになると、近くにいる誰かに本能でつかまろうとするんだけどなあ」と助けを求めないNの様子につぶやいておられました。

カンファレンスと3つの柱

カンファレンスの中で先生は、「どうだろう」という問いかけをよくしてくれました。「どうだろう」は、指導する・命令をする・指摘をするのではなく「一緒に考えてみよう」という投げかけに思えました。先生のこの言葉からは、担任の気持ちを否定するのではなく尊重するという巡回保育相談の姿勢と感じ取れました。みんなで一緒に自分の抱えている問題を考えてもらえているという1つの方向性が持てると思うと、この言葉だけでも気持ちが軽くなりました。

このカンファレンスでは、3つの柱が見えてきました。

1つ目は「何もしないで見ていたらどうだろう」

この子の行動をよく見る。何を見ようとしているのか、どんなことに興味を示すのか、表情が少しでも変化するときはどんな時か、声を発したりしぐさで気持ちを表そうとしていることを見る。何回も続けてやってほしいこと、要求することはどんなことなのかを探ります。また、何かこだわりはあるのか、あちこち移動することは意味のあることなので、どんなことがあったか。何にもしないでみてみよう。そうすることでこの子の持っている世界を知ることができ、この子の世界に入らせてもらったら、この子とのかかわりが持てるのではないかと期待感が持てました。

2つ目は、「まったく担任を意識していないのだろうか」

以前、私がNとのかかわりが取れずに悩んでいたことを同僚に話すと「先生のようなベテラン保育士も悩みながら保育をしていることを若い先生たちに見せた方がよい」と励まされ、職員会議に出したことがありました。次の日から先生たちの視線が、私やNに向けられ、二人の様子や、Nがそばに行くとかかわりを持とうとしたり、何に興味を示したかを伝えてくれるようになりました。フッと担任をみたり、遠く離れた所から一瞬でも視線を向けたり、イヤなことに顔を曇らせることはないか、体で気持ちを表すことはないかなど、担任だけでは見られないNの姿を浮き上がらせることができました。そしてこの言葉は、Nへの共通認識を持ち、職員全体で見ていくという姿勢への投げかけのように感じました。

3つ目は、「やってみたいと思う気持ちの育ちが大事ではないか」

これは何だろう、見てみよう、触ってみよう、動かしてみよう、これらすべては「やってみたい」という気持ちが湧いてきた時に行動がおきてくるので、あちこちでおもしろいことや楽しい遊びがあれば「やってみたい」という行動をとるのではないでしょうか。このことは、大場先生から園の保育の在り方を提案されていたように思います。その頃の園の保育は「自由に遊びを選べる保育」でクラスの行き来は自由でしたが、遊びの広がりの工夫が課題となりました。

3つの柱の取り組み

Nの行動を遮らないように見ていると、よく動き回るようになりました。それと同時に他児との接触も増え、砂山を上から踏んだり、後ろから押す、顔をひっかくなど「Nちゃんやめて」と言われることも多くなりました。一緒に生活をする子どもたちは、Nと最初はコミュニケーションをとろうと話しかけたり、遊びに誘ったりしていましたが、返事がなく会話が成立しないことや、高い所から飛びおりるNのことを聞いてくることが多くなりました。「どうして、Nちゃんはしゃべらないの」との質問に、もう一人の担任は、「先生もNちゃんとお話したいから待っているんだ」。背中を叩かれた子が「やめてって言ったのにやめてくれない」と訴えに来ると「痛いからやめてほしいね。きっと追いかけっこしたかったんじゃない」。高い所に乗っていることを言いに来る子には「そうだね、危ないからやめてほしいね、いつかわかってくれるといいね」と言葉をかえすと・・どの子もみんな「ふーん」と納得した表情で行ってしまいます。もう一人の担任から学ぶことは多かったです。

このことを大場先生に伝えると、「保育者を見て子どもは育つ」と言われました。「子どもたちは、先生方がこの子にどう接しているのかよく見ています。言葉のかけ方、言葉遣い、声のトーン、しぐさなど子どもたちがこの子とかかわりを持つ時は、先生たちがしているように真似をする」と言われました。禁止の言葉や、またあの子と思われないように否定的な言葉は使わないようにすると、次の行動につながっていったので、「乗っちゃダメ」より「降りようね」、「飛び降りちゃダメ」より「これならいいよ」と代わりのものを提供することも先生からの提案でした。このことは、すべての子どもへの対応も同じだと、職員間での認識を新たにしました。

次第にNは園生活に慣れてきてはいましたが、クラスの子どもたちと一緒に食事をしようと誘うと、逃げてしまうので、私と二人でベランダで食べていました。食事のこだわりは強く、家から持ってきた食べなれたものしか口にしませんでした。「ベランダでは雨の日が困ることと、なんとかクラスの子どもたちの中に入れたいと思っている」ことを大場先生の巡回保育相談に出してみると、「Nをみんなの中に入れようとするのではなく、みんながNの方に来ると考え方を変えたらどうだろう」と提案されました。すぐに普段から少し接触のある子たちから試してみました。どの子もベランダでの食事は、ピクニック気分で自然と丸く座り、Nは、その場所から移動はしませんでした。数日後には、ベランダで全員が食事をし、その後、部屋でテーブルに座って食べることへの移行は抵抗がありませんでした。

Nを主にするという発想により、食事のくつろいだ時間を、クラスの子どもたちの中で過ごすことができました。会話の中に入らなくても、しゃべっている子どもの顔はみていました。大場先生は、こうなることを予測していた提案だったのではないかと思っています。

Nとはじめて気持ちが通じ合えたと実感したのは「絵本」でした。

日本昔話の独特な絵柄をよく見ていたので、おばあさんが「ウワッ！」と出てくる場面をオーバーアクションで同じようにやってみました。「Nが笑った？」もう一度やってみました。「笑った！」何度も何度も繰り返しました。いろいろな場面での私のアクションが増えていくうちに、私の顔を見るようになり、指差して催促をするようになり、その本が見つからないと、目は下を向いているのですが「ほん？」と手を差し出してちょうだいというしぐさをするようになりました。この本は、かなり長い間片時も離さず持ち歩いたり、座り込んではよく見ていたので、安心できるもののようでした。

カンファレンスの中で、時々大場先生は、「先生は、あの時どうしてああなさったの？」とソフトな語り口で質問されることがありました。その場面で何を読み取り、どう考えて子どもに返したのか、その結果どんな反応が返ってきたのか、すべて説明を求められました。すべてに意味づけがあり、それが「保育」だと思われますが、今このことを思い出すと、先生の意に反していたことや、読み取り方の違いを、もう一度考えてみたらどうかという指摘だったような気がしています。

私と折り合いをつける

保育の中で、子ども同士や保育者と折り合いをつける場面があります。このことは、人とのつながりの深さの表れではないかと思っています。相手を受け入れ、自分の気持ちをコントロールすることです。Ｎがはじめて折り合いをつけられたのは、担任二人で毛布の両端を持ちブランコのように揺する中に入る遊びの時でした。５回と決めて揺するのですが、もう一度やりたいと譲らないＮ。周りにはやりたい子どもたちが列を作っています。４回目の交渉中「ウッ！」と怒って、次の子を押し、私にもぶつことで気持ちを表しました。やりたい気持ちで怒るのははじめてであり、ほほえましかったです。「じゃー、もう一度だよ」が今度は通じました。一回だけ待って戻ってきた時は、いつもＮに教えてくれるＹがＮの大好きなコンビカーを持ってくるとあっさり乗っていたので、満足すると譲れるのかと、折り合いが付けられたことが嬉しかったです。そして、担任とＮのやり取りを待っていてくれたクラスの子どもたちも育ってきていることを実感したできごとでした。

保育者集団

大場先生は巡回保育相談の中で、「障害を持つ子に限らず、子どもが自由に遊べる時間を長く持つことが大事」

と話されていました。このことを保育の中に生かすために職員会議では、保育形態を「クラスの枠を取り除き、自由に遊びが選べ、片付けは、食事の前だけと決めました」。Nの育ちの中では、一斉に行動するのは抵抗が大きかったので、ゆったりとした時間の中で、あちこちと移動し過ごせたことが、成長につながったと思えます。

また、保育者は、異年齢の子と一緒にいることも多かったので、一人一人がどんな遊びをし、どんなかかわりを持っていたのかを細かくていねいに見ていないと後で担任に伝えられませんでした。そこから自然に職員の連携が取れ、子どものことを語り合うことも多くなり、園全体で子どもを見ていくという意識が高まりました。

保護者の理解

Nが午睡の前の布団敷きの時「コーヒー」と言ったことがありました。誰もが聞き取れる声だったので一瞬、静まり返り、ざわざわとし「Nちゃんコーヒーって言った?」「言ったよね」「しゃべれるようになったんだ」と子どもたちがお互いの顔を見合わせながら確認し合っていました。次の日、送迎の際に何人もの母親たちから、帰宅してから園であった大きな出来事として「Nちゃんがしゃべった」と子どもが話していたと報告をしてくれました。我が子がいる環境に関心を持ち、小さなエピソードを喜び、クラスの子どもたちの育ちも見守ってくれていたのだと思うと嬉しかったです。卒園式で、みんなと一緒に整列し、保育証書をもらうNへの拍手は、今でも思い出すと胸がいっぱいになります。

このまま一緒に生活をさせたい

就学という新しい社会での生活が始まる子どもたち。Nをクラスの一員として認め思いやり、時には手助けをして一緒に生活をするのが当たり前のように過ごしてきました。卒園の文集によく「この子はどんな子?」のコーナーを載せることがありますが、子どもたちはお互いをよく知っていて「逃げるのが早い」「声が大きい」「おしゃれで、小さい子にやさしい」「何でも知っているお母さんみたい」などいろいろと感じたままを表現しているので感心します。自分を主張したり、相手を受け入れながらどう付き合っていくのかを学んでいるのが保育園であり、人とかかわりあって遊ぶ楽しさを経験できるよさが保育園にはあります。

クラスの子どもたちの育ちの中でもNの存在は、大きかったと思えます。就学するにあたって「なぜ別れなければならないのか、この子たちと一緒に生活させたい」とNの母親と一緒に悩みました。障害の程度に合わせた教育を受けるという考え方は、2年間共存して生きてきた子どもたちを見ていると、差別のない社会の実現とは反しているように感じられました。このまま一緒に育ち合えないのだろうかと願い、それが不可能であればせめて幼児期に培ったこのつながりは社会に出た時に生かされるはずだと、期待も持ちました。

Nの人とのかかわりを考える

入所当初、Nの「遠い目」は、周りの子どもたちの様子や、目の前におきている出来事や景色が、ぼんやりとした状態ではっきりと見えておらず、また、相手に自分のことがどう見えているかという意識もなかったと思います。霧がかかった状態の中にいるNの不安は大きかったと思えますが、不安を表す力が弱かったので「遠い目」をして動かなかったのではないかと考えられます。少しずつ生活になれてくると、周りのことが形としてとらえられピントが合ってくるように見えてきたのではないでしょうか。一番身近にいる私も、Nの気持ちが少し出たときに前後の場面から予測がつくようになりNの要求を少し返すことができました。話しかける声も、気持ちが向いた時に、タイミング良く言葉をかけると、すーっと心の中に入り行動と一致できたのではないでしょうか。また、折り合いをつけるにいたった時に見せた「怒り」の感情は、相手にされたことを不快と感じ、いやな感情を相手に向けて出すことであり、相手の存在を意識した表現であると思えたので、少しずつ人とのかかわりが育ちつつあることを確認できました。小さなことを積み重ねながら時間をかけて人に向かう気持ちが育っていったのだと思いますが、お気に入りの絵本を片時も離さず持って移動をしている時期は、まだ、人に向かう怖さがあったようです。

「何にもしないで見ていたらどうだろう」

この言葉は、衝撃的でした。何かを働きかけて発達を促すのが保育者の役割と思っていたので、そばにいて子どもをよく見ることから、子どもの心を読み取れる保育者でありたいと思うようになりました。子どもによって、表現も行動も気持ちの出し方に違いがあり、小さな変化、まなざし、しぐさなどから保育者は何を感じてどう返すのか、一瞬の判断と対応が求められるのでむずかしいことですが、それが子どもの気持ちと合っていると何らかの反応が返ってくるものであり、以前、大場先生が巡回保育相談の中で「子どもが教えてくれる」と話されていましたが、この言葉とつながり実感が持てました。

おわりに

この2年間の体験は、私にとってはその後、保育の現場から離れる日まで、保育の考え方の基本になっています。こうして振り返ってみますと、年に3～4回園に見えていた大場先生のカンファレンスは、「子どもを尊重する」「保育者を尊重する」という大きな柱が根底に流れていたように感じています。「主体は子どもであり、その子どもを尊重するためにどんな保育が必要なのか」「保育者の思いを大切にし、自信を持って保育ができるように一緒に考えながらその方向を示していただいた」ように思います。

この「尊重する」ということが、先生の保育の原点ではないかと、思っています。

大場先生

５月の訃報に接した時より、こうして保育の振り返りをしてみますと、より一層「亡くなられたことが残念なこと」という思いを強くしています。先生の巡回保育相談や、16年続いた保育実践研修会でいただいた助言は、保育者の心の中に、子どもと向かい合う時の大事なメッセージとして明日の保育に向かう力になっております。保育の楽しさを教えていただき、本当にありがとうございました。

先生と同じ時代に生き、出会えたことが幸せだったと思っています。

朝香裕子（元さいたま市立保育園園長）

大場先生が語られる「個性」の意味は、否定ではなく「輝きやかけがえのないもの」と表現されていたように感じ心に残っております。

大場先生に学んだこと

「できごと」を意味づけるということ

◆阿部和子

はじめに

私は、短大生でした。そこでの二年間の保育の学びで子どもの前に立つ自信を持てませんでした。授業のなかで「保育者の人間性がこどもの育ちを大きく方向づける」ということを耳にタコができるほど聞いていたからです。また、当時の哲学ブーム（?）も手伝って、教室では「私とはだれか」「他の人と区別する私の独自性は何か」が始終話題になっていました。それは私が特別だったのではなく、哲学に興味がなくてもサルトルやボーボワール著と印刷されている箱に弁当を入れて歩くという人もいるほどでした。当時の学生たちも「生きること」を真剣に考えていました。また、保育者不足で、希望すればだれでも就職できましたが、私は「私の問題―私のすること」をみつけられないままに、卒業を迎えてしまいました。「学生でもない」「職業にもついていない」という所属がなくなる不安から逃れるように、そして、もう少し「私」について考える時間を作るために編入生になりました。

数字で人間を理解することができるか

編入した大きな目的は「私（人を理解すること）」を考えることでした。ゼミは「人間一般の行動特徴を数字で表すことができる」ということを力説したS先生のゼミを受けることにしました。ゼミ選択の時間にそれぞれの学生が自分の興味関心を話し、先生方の専門領域を聞いたのですが、その時に大場先生が何を専門としていると話してくれたのか覚えていないぐらいに、「数字で人間を理解する」ということばが魅力的でした。ゼミを受講し始めて、さまざまな論文を読まされました（?）。そのたびに「こんどこそ、私の期待していることに出会えるのではないか（何を期待していたのか曖昧でしたが、これではないという感覚はありました）」と期待して論文読みをこなしていました。その日々のなかで「知能指数」を考えているときに、「指針の110と120の違いは具体的な行動のどこに現われるのか」という思いに捕らわれ、授業で聞いた知識や図書館通いを重ねて「数字では人を理解することができない」と、考えてみれば当たり前のことに気づくのに一年近くかかりました。四年生のゼミ、つまり卒論をどこで書くかという段になり、迷いました。数字にはすっかり興味をなくしていましたが、卒論は三年生のゼミの先生のところで書くのが通例でした。手続の締め切り日に、困り果てて廊下をうろうろしているときに大場先生が「どうしたの?」と声をかけてくれました。私は「特に「私」に興味があること、そのために、「私」がどのように形成されていくのか、発達初期から追いかけながら「私」とは何かを考えてみたい」というようなことを、乏しい言葉で説明しました。それを黙って聞いていた先生が「おもしろいね。でもそれは一年では難しそうだね」と言われました。私は「一年で卒業したいので、何とかそこにつながることを卒論で取り上げたいこと」そして「統計を使わない方法で、考えてみたい（心理学実験法という科目があり、そこでは実験が主で数字をいじるのが主でしたから、そして、その科目を大場先生も担当していましたので）」ことを話し、何とか卒論の指導を引き受けてもらいました。

G. W. オールポートの人格心理学をめぐって

かなり昔なので記憶が曖昧なところがありますが、「テーマに迫る方法」について相談したその帰り際に『人格心理学』（オールポート、誠信書房）を渡されました。当時の私には（今もたいして変わりませんが）難しいものでしたが、「心理学は人為的な人間を研究することに満足すべきではなく、現実の人間を記述し説明すべきである」とか「自然科学的心理学の風潮に対して人格的立場を明らかにした」等の記述に漠然とした期待を持ちました。それ以来、大場先生からしばしば「読んでみるといいよ」と言われた本がありましたが、あまり熱心に読んでいませんでした。しかし、先生から批判されることもなく、しばしばオールポートの人格についての考え方などについて教えてもらいました。そのなかで、鮮明に記憶に残っていることは『心理科学における個人的記録の利用法』（培風館）が出版され、それについて「手紙や手記」等が科学的であることを追求するスタンダードな心理学のなかに位置づけられていることを興奮気味に話してくれたことです。そこから、保育の記録や保育観察の記録を科学的・客観的（数字ではなく記述という方法で）に追求することの可能性について話し合いました。保育を考えることに、保育の現場がこどもの育ちの場になることを客観的（人に説明できることばを持つという意味で）に追求することに希望を持つことができました。その時の話のなかでオールポートの人格についての考え方である「比較ということがあるとすれば、同じ人のなかで、たとえば昨年と今年はこう違うということは言えたとしても、生きる背景が一人一人異なる人と人との間では、比較することができない」ということを教えてもらいました。この考え方は大場先生の人に向かう姿勢の基底をなす「一人一人かけがえのない存在であること（その人として出会う）」そして、「人は、その生活の場の文脈から切り離しては理解することができない（人の生き方を否定しない）」というところを支えるもののような気がします。先生自身の生き方において、オールポートの影響を相当に受けているのではないかと思います。

すくなくとも、私のとんでもない発想や考え方も「奈良（阿部）さんらしいね」と認めてくれ、それを実現する方法を考えてくれました。と言っても「考えてくるように」と言われることがほとんどで、ようやく考えて約束の時間に研究室に行くと「今日は何？」と言われることがしばしばであっけにとられたり、不在だったりすることも多くありました。助手さんが気の毒がりコーヒーを入れてくれ、私の話を聞いてくれました。それはそれで楽しい時間でした。

こども理解―生態学的に捉えること

卒論のテーマは、先生から渡されたオールポートの人格心理学のなかで「赤ちゃんは…自分が空腹であることを知らない。ただそうあるだけであり、そうでなくなるまで泣き続けるだけである…」とか「自分という感じが十分に発達する前に、自分でないものをわかる…（本文のままではありません）」というような記述をみつけたことで、「私がどのように獲得されていくのか」というテーマを追求することの可能性をみつけました。それをどのように具体化するかを考え、乳児院と大学付属のナーサリールーム、そして、運よく個人の家で預かっている乳児（プライベートな保育ママ）とさまざまな環境で育てられている乳児の観察が可能となりました。テーマは、母子関係の理論がぼちぼち日本に紹介されるようになり、それらの文献を読んだり、ホスピタリズムの研究論文を読んでいたことから「母子分離に関する基礎的考察」という題目にしました。卒論指導の時折に話される伊豆長岡の施設での経験のなかで「あんな劣悪な環境（伊豆長岡の施設だけが劣悪だったのではなく当時の施設全体がそうだったようです）のなかで、みんなホスピタリズムの様相を呈するかというと、いつもにこにこして太陽のように明るい子もいた。同じ環境のなかで生活しているのに…」というつぶやきと共に、環境刺激の受け手の問題、つまり、その環境を当のこどもがどのように感じているのかというこどもの視点からの接近の重要性を教えてもらったのですが、そのことに気づいたのは、ずっと後になってからでした。

とりあえず、卒論は、こどもの行動や保育者の働きかけをバラバラにではなく、そこを一つの単位として観察することにしたい旨を伝えますと、先生は本棚から、K．レヴィンの『社会科学における場の理論』（誠信書房）を取り出して渡してくれました。レヴィンのトポロジカル空間（場の理論）はよく理解できず「位相数学」の本を読んでみても余計に理解が難しく、仕方がないので渡された意味も理解できないままに卒論に取り組みました。できるだけ細かく観察して記録をひたすら取るという自然観察の方法でした。しかし、こどもを実験室で観察するように、日常から切り取ることや研究する側の都合で場面を切り取ることの危険性に気づいたのは大学院生になってからのことでした。偶然に見つけたレヴィンの論文（タイトルを忘れました）のなかで、場の影響を野生のライオンと、動物園のライオンの表す行動の違いを使って説明しているものを読んでからでした。同じライオンでもその環境によってまったく異なる姿を現すことを、実感を持って理解してからでした。こどもの行動をこどもが暮らす日常生活の人やものや、ことの網の目のなかで捉え、それを記述することを通してこどもの発達や生活を考えるという方法が生態学的方法であるということも理解できました。もともと、ことのつながりのなかで物事をみること（化学の六角形の分子式の具体と抽象のはざまのようなどこまでも広がっていく関連図が意味もなく好きでしたので）に親和的傾向を持っていました。こども理解の方法として、こどもの生きる場のなかで考えるという生態学的接近の重要性が理解できました。大場先生がこの生態学的接近にこだわることについて、後々、理解できたことですが、大場先生はその最初（おそらく長岡での施設の子どもたちとの経験を通して）から、心理検査に対する危険性を感じて、つまり、テストで理解できることはこどものほんの一面であることや、検査の結果を自ら検証することなしに受け入れることに対する警戒は相当に持っていたように思います。

当時の新日本保育協議会の一部会として立ちあがった〇歳児保育研究会で、大場先生が私の卒論の結果をもとにして「乳児の行動観察による症例報告―その生態学的接近の試み」として発表されたものが『〇歳児保育の諸問題』（新読書社、1972年）に掲載されました。そのころ乳児保育といえば、ごく少数の認可保育園と無認可保育園の仕事で、そこでのこどもの生活など限られた人たちの間でしか話題になっていませんでした。社会のなかで話題になるとしたら、乳飲み子を他人に預けて働く母親への非難でした。そんな状況ですから、乳児院やナーサリールーム（三歳未満児）、家庭に預けられている〇歳児のそこでの行動や保育者とのやり取りなどが記述されたものは皆無でしたので、関連の現場の先生方が相当に興味を持っておられたと先生に伺いました。

その研究会での発表の席（私は大学院生になっていました）に出席させていただきましたが、発表の冒頭で大場先生は次のようなことを述べられました。「乳児保育は働く母親や父親の生き方を大きく左右し、こども、ここでは〇歳児の一人一人の生涯の問題を握っているというように考えてみたい。その場合、一般的な乳児とか一般的な家庭、施設というのはおおよそ存在しえない。一人のこどもにとっては一般論では片づかない。つまり、その子にとって自分の家庭がどのようなところかという問いがあるのと同じように、この施設がどのようなところなのかという問いがある。という見方で研究するのが私たちの立場だと思う。そういう意味で、一人の子どもの発達の流れを、人間的な人格形成の基本としての乳児期の在り方を見直してみたいのです（〇歳児の保育の諸問題発表の冒頭部分抜粋）」。この研究会に出席して、大場先生が保育者に向かって引用の部分を丁寧に話されたときに、これまでに大場先生に卒論を通して指導していただいたことが一つのまとまりをもって理解することができました。保育の研究は、具体的な場で生活するこども一人一人の生活権（今で言えば、こどもの最善の利益）を守るためのものであり、そのために、そのこどもの生活する場の網の目のなかで考えるという生態学的発想や接近は大場先生にとっての必然だったのです。

蛇足ですが、平成十七年のはじめに、何かの用事で学長室を訪ねた時に「これは阿部さんの仕事だから」と言って、あのきれいな字でその旨を書き記した「〇歳児保育の諸問題」を渡してくれました。何十年も前の本を、引越しのたびになくなりもせずあったものだと先生の几帳面さに驚嘆するとともに、ものを集める癖（石を集めるのが趣味であることが有名な話です）がそうさせたのかとも思いました。

保育者との研究会で学んだこと―エピソード記録の方法

私の三十代は自発性研究が中心でした。あるとき、先生から電話があり「S出版社からの委託研究でこどもの発達を考えることになったので一緒に」という誘いでした。メンバーは青山学院大学の斎藤謙先生、横浜国大（後に白百合女子大学）の繁田進先生と大場先生というそうそうたるメンバーのなかに小さくなりながらの参加でした。この研究会は約三年続きました。どのようにこどもの発達を捉えるのかについて先生方の議論の現場に身を置くことができました。

発達を何かが「できる―できない」という能力の面だけで捉えないようにする。子どもの日常には「できる―できない」だけではない豊かな世界がある。この豊かな世界を描き出すキーワードとして「自発性（しようとしたがる）」が抽出される過程、ことばを代えると、お互い知的に刺激されながら、それらを共有するために相手に自身を開いておき、それでいて深く思考するという閉じた部分も持ち合わせた知が創造される現場を共にすることができました。

自発性を軸にした研究の方法は、保育者に日常に経験するこどもの「しようとしたがる」姿を書いてもらい、それを整理するというものでした。どのように整理するのか考えるように言われてひねり出したのが、こどもの姿の関連を網の目のようなつながりを持たせて表現するというものでした（後に発達の網目構造と名付けました）。この仕事を通して人・こどもは単なる能力の集合体ではなく、それらの能力が絡まり合う複雑な場を生きていることを理解しました。こどもの発達を捉える視点として、どのような力を獲得するのかだけではなく、その能力を使ってどのように生活しているかという「こどもの日常」の意味を考えるようになっていきました。この研究会は、のちに「幼児の自発性研究会」として、現場の先生たちと続けていくことになりました。この研究会はこどもの日常を大切にした研究会でした。こどもは何か特別なことを通して育つのではなく、何気ない日常の一こま一こまのなかで発達するということを追求したものでした。したがって、現場の先生たちの持ちよる「自発性に関するエピソード」を一つずつ読み解きながらこどもの世界の豊かさの確認やそれを保障する保育の在り方を検討しました。それぞれに持ち寄るこどもの姿は必ず家庭・家族の話とからめて報告されましたが、研究会ではあくまで、保育園生活のなかでどのように考えるか。目の前にいる子どもとその生活を共にする保育者である私との関係で考えることが最初にすることでした。現場を持たない私の当番のときは、家庭でのこどもの様子ということで、自らの子どもとの生活を曝け出さなければなりませんでしたが、その時の討議を通して考えたことが当時の私の親子関係に大いに影響していました。というより、子育ての支えだったような気がします。この会で、私は会計係と記録係でした。記録は月に一回、二時間から三時間話し合われる会話をすべて録音し、それを文字にして要約し次の研究会に持参するというハードなものでした。それが六年続きました。この間に確認されたことは、こどもの日常のエピソード（生きたこどもの事実）から、いかにこどもの発達を理解し保育を考え、それをどのように記述し、共有財産にしていくかということでした。記録の客観性（数字以外の方法で、ある程度みんなが納得できることそして、未来を予測させるものであること）についても検討し、たどり着いたのがエピソード分析という方法でした。心理学における観察方法に逸話記録法は位置づけられていましたが、研究会で特に意識したのが「子どもの事実を共有する」ことから発達や保育を考えることに徹するということでした。今でこそエピソード記録や分析という言葉は日常的に見聞きするようになりましたが、当時は学会発表などで「エピソード分析」という言葉を使っただけで「それは具体的にはどういう方法なのか」とか「客観性は？」など質問攻めにあいました。この研究会の成果は「幼児の自発的行動に関する研究」として報告書にまとめられました。

この研究会でもう一つ確認したことは、「討議（後にカンファレンスという言葉になっていきます）」することの重要性でした。それは対話を通して気づかされる多様な視点の獲得でした。また、同じ言葉でもそれぞれ使う人によってその意味合いが、微妙にあるいはまったく異なるということでした。そこで、保育の用語の整理が必要ではないか。保育を語る共通のことばを持つことの必要性もそこで確認されました。この会は最初から数えて約十年間続きました。研究の委託契約は、一年ごとの更新でしたが十一年目を迎えようとした時に、先生から更新はしない旨を告げられ、後にも先にも心底からお願いしたのはこの時の一回きりですが、「続けてほしい」ことをお願いしましたが、願いはかなえられませんでした。私は、私の道を探さなければなりませんでした。その時に四十歳になろうとしていました。しかし、心の底から「四十にして迷わず」というのはうそだと思いました。私は、自発性研究会の十年間の記録を一年ほどかけて読み返し、テーマを定めました。これまでに先生に教えてもらったことと最初の私の問題意識をドッキングさせた形で「生まれたその時からの発達の姿」を、自発性を軸に描き出すとともに保育の在り方を追求するために、保育現場での観察を始めました。その時、大場先生は、すでに始めていた大宮（現さいたま市）の巡回相談に研究的関心を移したのだと思います。つまり、「一般的な乳児とか一般的な家庭、施設というのはおおよそ存在しえない。一人のこどもにとっては一般論では片づかない」という現場（後の保育臨床を生み出した土壌）に軸足があったのだと思います。

先生と研究会のかたちで一緒に仕事をさせていただいたのはここまででした。その後は、必要に応じて声がかかり、主に、乳児保育や発達を中心とした保育に関する執筆などの仕事でした。

保育者養成のこと

大学院をでて、最初に就職したのが保育専門学校でした。大場先生の紹介でした。それ以来、保育者養成校で勤務し続けています。二度目の就職先も大場先生の紹介でしたが、当時の保育者人気（高校生女子のなりたい職業の第一位が保母・幼稚園の先生でした）もあり、どんどんと定員増を進めている短期大学でした。そこで、私は、実習（幼稚園・保育所・施設）を担当することになりました。来る日も来る日も実習日誌を読み、学生の実習先を確保し配属し、事前・事後指導を計画しという仕事をこなしていました。あまりの予想外のことの連続で悩み多き日が続いていました。そんなときに、大場先生が中心になり当時の保育者養成の第一線で活躍されている先生方が集まって「保育実習研究会」を立ち上げていました。それに参加しないかと声をかけてもらいました。二つ返事で参加しました。ちなみに、この研究会は自発性研究会の前に立ちあげられています。この研究会はおおらかな研究会で、実習のことだけではなく、福祉全体の話や、人の生き方等、どのようなことを話題提供しても真剣に考え討議してもらえる場所でした。月一回、大学の研究室や出版社の会議室などで開かれました。また、夏休みには、伊豆大島（本書で執筆されている明星大学の岡本富郎先生の実家が旅館でしたのでそこで）や妙高高原などで、夜を徹して実習指導のあり方が討議されました。この研究会には、ゼミを兼ねて参加している先生もいて学生も参加していました。学生の実習に対する素直な気持ちや、実習に対する本音も出て、ドキッとするような話もでました。大場先生をはじめ先生方は、対等に学生に接していました。教員としての態度を学ばせられました。私は、学生をみることだけを考えて、学生に見られていることなど考える余裕のない毎日の生活のなかで、学生の気持ちをあまり考えないそのような教員を私の接する学生たちはどのように見ていただろうかと恥ずかしくなりました。この研究会は、夏合宿をしていたころの四、五年間をピークにその後も細々と続けられていましたが、そのころは、保育者養成の第一線で活躍している先生方は、それぞれに要職につかれ忙しくなり参加する時間もとれないような状態だったと記憶しています。私も細々としばらく参加していたのですが、参加するメンバーが入れ替わったのを機会に足が遠のきました。

めぐりめぐって、大場先生が全国保育士養成協議会の会長に就任されました。その一年前の平成二十年の全国セミナーの基調講演をされたときの話のなかで、保育士養成協議会の専門委員会のまとめた報告書「保育士養成パラダイムの転換Ⅲ―成長し続けるために養成校でおさえておきたいこと―」を取り上げて、そのなかの第二章と三章は、養成の仕事の重要な部分であることを評価してくださいました。その時の専門委員で委員長をしていたのが私でした。全国保育士養成協議会は全国の七つのブロックに下部組織を置いています。専門委員会はそのブロックから選出された専門委員からなり、一期二年の四年間は保育士養成に関わる課題を検討し、全国セミナーで養成についての問題提起をするというのがその仕事です。私は平成十六年から四年間、関東ブロック選出の専門委員を務めていました。最初の二年間は副委員長、後半の二年間は委員長の役割でした。その間に五つの問題提起をしました。特に後半の三つを密かに「養成システムのパラダイム転換三部作」として位置づけて、「保育士養成システムのパラダイム転換 ―新たな専門職像の視点から―（副委員等として）」「保育士養成システムのパラダイム転換Ⅱ ―養成課程のシークエンスの検討」、そして、大場先生が取り上げてくれたⅢを、専門委員の皆さんと議論を戦わせながら作り上げげました。ここでは、私が養成に関わって考えてきたこと、実習指導を通して「考えたこと・実践したこと」などを総動員して話し合いに参加しました。もちろん、私の実習に対する考え方は「保育実習研究会」で発表したり討議して得たことが核になっていますから、大場先生がそれを、それも直接に担当した箇所を評価してくれたことはうれしく、その場にいた苦楽を共にした専門委員と、講演中であるにも関わらずハイタッチをしてしまいました。

職場に戻ってきて、何かの機会にお会いした時に、「あれ、阿部さんの仕事だったの。僕は知らなくて、みんなの前でほめちゃったけど、ああいう仕事を続けられるといいね」と言ってくださいました。

大場先生が、学長職を退いたら力を入れようとしていた仕事の一つが「保育士養成協議会」での仕事だと伺っていましたので、心の底からうれしく思いました。保育者養成の仕事について苦しかった時に、直接・間接に教えていただいたこと・考えさせられたことが、あの三部作で一応、実を結んだと思っていましたので充実感がありました。それで、少しでも先生のお手伝いをしようと、保育士養成協議会の関東ブロックの理事を引き受けた矢先の先生の訃報でした。

乳児保育の研究を一人で始めた時のように、養成の仕事もまた、自分で考えて進むようにということなのかもしれません。

阿部和子（大妻女子大学家政学部教授）

長い間、保育界のリーダーという重責を担いながら、あまり進歩しない弟子たちを見放すことなく、適宜指導してくださった先生のやさしさに深謝いたします。

暮らしを共にすること・共に生きること

◆梅田優子

保育は「暮らしを共にすること・共に生きることである」ということ、そして「自分に何ができるかを常に問い続ける」ということの大切さを、私は大場先生から学ばせていただいてきました。

本書は「大場先生が考える保育の原点」が大きなテーマです。そのテーマに少しでも近づけたら・・と思いますが、大場先生から私自身が学ばせていただいたことですので、あくまでも私が保育という営みを考えていくときに、その原点として大切にしていきたいと考えていることであることをお許しいただきたいと思います。

保育は暮らしを共にすること・共に生きること

保育は〝こどもとおとな、お互いによって成り立ち、つくりだされていく〟ということ

「保育」ということばは、一般的にはおとなの側に立ったことばです。ただ、保育はこどもがいなければ成り立ちません。〝こどもの存在〟があってこそ、そこに初めて保育という営みが立ち現れるからです。つまり、保育は、こどもと保育者両方の存在が不可欠であり、〝お互い〟によって成り立ち、つくり出されていくものなのだということです。だからこそ、まずはお互いのありようを見届けていくことを大切にしていきたいと考えます。

このことを最初に強く意識することになったのは、二十数年以上前に大学院に進学して大場先生に出会って間もなくの頃でした。研究室で保育場面のビデオを見て話し合った際に、大場先生が、おとな（保育者）はこどもを受け止め支え保育していると思っている、でも、こどもによって受け止められ支えられてもいること、そうしたお互いのありようによって保育が紡がれていくということを、我々おとな側はどれだけ意識できているだろうか、といった趣旨のことをおっしゃいました。例えば、こどもがにこっと笑ってくれたといったありように支えられて、保育者はその先をこどもとつくり出していくといった例をあげてお話くださったと思います。「おとな

がこどもによって受け止められ支えられている」ということばが胸にこたえました。

私は、公立小学校教員を経て大学院に入りました。保育の現場と小学校の現場という違いはありましたが、こどもとおとなの関係といった面では、どうしても直近の低学年を担当していた教員時代のことが、頭に浮かんでくることが多い時期でした。

小学校の教員時代、私は「このこどもたちのために、どうすればわかりやすい授業ができるだろうか」「このこどものつまずきはどうやったら乗り越えていくことができるだろうか」あるいは、「友達関係がうまくいってない女の子たちにどう働きかけたらいいだろうか」など、日々いろいろなことをないまぜにして自分の中に抱えていたように思います。若さゆえの未熟さもあり、実際にはたいしたことはできていなかったのですが、それでもこどもたちを思う気持ちは大きかったと思います。しかしながら、思いだけが先走っているようなところがあり、こどもたちの姿をとらえてはいましたが、それは、こどもたちのありようを見届けていくというよりは、教育の対象としてどう援助・指導し変容させていくかといった態度での理解だったように思います。それはすなわち、教育という営みを、大人→こどもへという方向性でとらえている側面が強かったからではなかったかと気づいたのです。まして、〝こどもから受け入れられ、支えられている〟という視点はあまり持てていなかったのではないか、と思いました。そうした視点から、現場にいた頃を思い返すと、さまざまなことが違った意味を持って思い起こされてきました。

例えば、初めて会った日の新1年生の緊張と好奇心一杯の目、一緒に手遊びをして、こどもも私も緊張が解けた入学式のこと。校庭の桜の花びらが舞い散るのを一緒になって追いかけたこと等々、思い出し始めるときりがありません。その一つ一つのどれもが、私がこどもを受け入れ支えたいと願って働きかけ、また応じていたと思っていたことでしたが、同時にこどもが私を受け入れ応じてくれたから実現できたことだったのだと気がついたのです。入学式の日は、式の始まる前に担任として初めて1年生に会いました。こどもたちは、初めての場、初めての教員に固くなっています。こどもたちとの距離を少しでも縮め、少しでも心をつなぎたくて、こどもたちの知っていそうな手遊びを「一緒にやってみようか」と提案しました。それに対して、こどもたちの表情が少し緩み頷いてくれたことに私は支えられて、その手遊びを始めました。こどもが楽しんでいる姿に励まされ、速さを変えたりしていくうちに楽しくなっていき、こどもも私も緊張が解けたのです。桜の花びらを追いかけるのも、一人のこどもが走り出し、それを私も一緒になって始めたことで、周りのこどもたちも一緒になって駆け始め、どんどん楽しくなっていって忘れられない場面になりました。これも、その場にいた皆がつくり出していった場面でした。

授業の場面でも同様です。私の問いかけに耳を傾けている顔、顔、顔。どの顔も真剣です。そして、わかったときに手をあげる懸命な様子。その一つ一つの場面を当たり前のことと思っていたけれど、こどもが私のありよう（おそらくは未熟でわかりにくかった説明や質問もたくさんあっただろうに）を受け入れてくれていたからこそ、成立していたものだったのだと思い至ったのです。

大場先生は、もっと深いことをおっしゃっていたようにも思います。ただ、私にとっては、こどもとおとなお互いによって保育が成り立ち、つくりだされていくものであること、だからこそ、こどものありようと同時におとなのありようを丁寧に見届けてみることの大切さを意識していく出発点になりました。

共に暮らすこと、その日常の豊かさ

「共に暮らす」ということについても同様でした。「それは保育の現場に限定されることだろうか？　学校現場は違うのだろうか？」と私は立ち止まることになりました。小学校教員時代、毎日を学校で過ごしていましたが

〝暮らしている〟という感覚は当時の私にはありませんでした。「では、私は学校で暮らしていなかったのだろうか？」とも思い始めました。

学校現場でしたので、授業を通してこどもとかかわる時間が多かったことは確かです。けれども、私の中に湧いてきたのは、こどもとの暮らしがそこにはあったという思いでした。思い起こされた一つ一つは些細な場面ですが、それらがこどもとの関係の基盤となっていたのだということにも思い至りました。

例えば、朝や休み時間、給食を一緒に食べるときなどに、なにげなくする会話。こどもが話してくれるお父さんやお母さんの話、お休みの日にあったことを話す嬉しそうな顔。好きなものを食べるときのこどもの嬉しそうな表情。男児のフラダンスに皆で笑い転げたこと。1年生と一緒に一輪車に挑戦したものの難しく、すいすいと乗り回す上級生を一緒に「すごい」と言い合いながら見ていたこと。その後こどもたちだけがどんどん乗れるようになっていって、「先生まだ乗れないの？」とどこか嬉しそうにこどもが催促してきていたときのこと。草取り作業のときに、出て来る虫に驚いたり見ていたりしていたら、上級生から「真面目にやって！」と言われて一緒に小さくなっていたこと。鬼ごっこやかくれんぼをしたこと。授業で自分の考えを発表できたときに見せた満足げな表情。「海の歌」のときに、近くの海岸へ出かけて（おおらかな時代だったと思います）海で遊んでから歌ったときの楽しそうな顔。社会科のパン工場見学の前にパン作りをして、日頃お世話になっている上級生や他のクラスの先生方にプレゼントして喜ばれたときの、こどもたちの得意げな表情。

そうしたこどもたちの存在に何より私は楽しまされ、勇気づけられ、自分もまたこどもたちに支えられていたのだとここでも実感しました。と同時に、こうして思い起こされた内容から気づくのは、私自身がこどもと一緒に過ごした時間の中で楽しかった思いや嬉しかった思いが残っているものだということです。ですから、それぞれのこどもにとって、こうして過ごした時間がどのような意味合いを持っていたかは今となっては定かではありません。けれど、少なくとも私にとって、こどもと共に、夢中になって遊んだり、作業をしたり、という日常に意味があったこと、それがいかに豊かさを持っていたかということ、そうした生活がこどもとの関係のむしろ基盤だったことが照射されたのです。授業は日常のそうしたあれこれと地続きであったことにも思い至りました。こどもが多くの時間を過ごす場において、それぞれのこどもが、こうした思いを持てるような生活を、大人が共に暮らしながら実現していくことが基本なのだとの思いを強く持つことができました。そして、先輩の先生に「こどもと遊ぶことがとにかく大事」と赴任した当初にアドバイスを受けたことの大きな意味とありがたさにも思い至りました。

さらに、こどもと共に生きていたかと問われると答えに詰まってしまいます。援助の対象としてとらえる側面の強かった当時の私には望みようもありませんが、〝共に生きる〟存在であるということは容易なことではないとも思ったからです。でも共に生きようと挑戦し続けることはできるのではないか、そして、その出発点は「そのこどもにとっての生活を描き出してみること」なのではないかと思います。

こどもにとっての園生活を描き出してみること

私は修士論文で、気になるこどもと保育者の関係性について取り組みました。クラス担任をしていると、気になることはいろいろと出てきます。周りの先生方に相談に乗ってもらいながら、自分なりにできることはしていっても、急激に変化することはまれです。様子を見続けるといったある種の膠着状況も起こります。一足飛びに変わるということを期待するのではなくても、少しでもよい方向へと動き、膠着状況を打開するために、おとな側はどのようにあればいいのかを、自分の反省もこめて考えてみたいと思ったことが取り組みのきっかけになっていました。ですから、取り組みにあたっては、担任保育者の気になるこどもについて取り上げることにしました。

その際、大場先生が「そのこどもにとっての園生活を描き出してみることが大切」とお話しくださったことが、私にとっては大きな意味を持つものとなりました。なぜなら、保育者の気になるこどもをテーマとして取り上げようとする時点で、私はすでにおとな側の切り口からこどものことを取り上げていこうとしていたといえます。どうしても保育者側からのとらえになりがちであった当時の私にとって、まずは徹底してこどもの側に立ってみる、立ち位置の転換を意識づけてくださるものだったからです。

さて、「こどもにとっての園生活を描き出してみること」という大場先生のことばに、私は、そのこどもの登園から降園まで、できるだけ目を離さずにいるということから始めました。それしか自分には思いつかなかったからです。継続していく中で、その子が取り組む遊びのそのこどもにとっての楽しさや意味、同じクラスのこどもや保育者の現れ方、そのこどもが他のこどもや保育者に行う振舞いやいる場所を変えていく思いなどが、私なりに見えてくるようになりました。

また、現場に入らせていただいた際には、必ず担任保育者の方たちと話をさせていただくようにしていました。最初のうちは、担任の先生が抱えておられる思いをお聞きすることが中心でした。そして、回を重ねるうちに、担任保育者との関係も徐々に築かれ、そのこどもの園生活における体験とその意味を一緒に振り返り考えていく作業ができるようになりました。できるだけそのこどもにとっての園生活を描き出すことを主軸にし、そのこどもへの具体的な援助について私から踏み込むことは控えていました。しかし、その作業に伴って保育者のかかわり方は変化し、そのこどもと保育者の関係の変容過程はたいへん興味深いものでした。私は、その子にとっての園生活が描き出されていくこと、それも保育者と協同でその作業をすることの大切さについて実感することになりました。

こどもにとっての園生活を描き出してみるということを、私の場合は、そのこどもの1日から目を離さずにいることで実現しようとしました。しかし、これだけが方法ではないと思います。また、このように一人のこどもについて1日追いかけてみるということは、担任保育者にとっては難しいことです。しかし、一度、あるこどもにとっての園生活を丁寧にみていく体験をすることは、各々のこどもにとっての園生活がどんな意味があるかを考えていく姿勢や態度を持つことにつながるように思います。

現在、園内研修として実施される公開保育に伺うと、園によっては参観する保育者の方たちがそれぞれに、役割を決めて参観されている場合があります。担任の先生の気になっているこどもの様子を見ていく人、仲間関係がうまくいっていないと思われる女児たちのグループの様子を見ていく人等、事前に園内で役割が決めてあり、保育参観後の話し合いで、それぞれの報告を手がかりとしながら話し合っていきます。その際、役割分担をした保育者から、半日じっくりとこどもの様子を見続ける体験ができてよかったとの声が聞かれることが結構あります。担任であればなかなか体験できないことですが、あるこどもの側に立って、保育者の立ち現れ方や他のこどものかかわりについて考える経験が、自分のクラスのそれぞれのこどもにとって、担任保育者としての自分の存在のあり方や、かかわり等を振り返ることになるからのようです。「そのこどもにとっての園生活を描き出してみる」作業は、私が保育の場に伺う際に今も変わらず大事にしていきたいと心に留めていることです。

自分に何ができるかを問い続けること

協働することの大切さ ―同僚性―

気になるこどもについて、担任保育者と私が話し合うことは、すでに協働の営みの一つであったといえます。

「協働」や「同僚性」（大場幸夫「こどもの傍らに在ることの意味」萌文書林、２００７年、１８２頁）といった言葉を大場先生が用いてその大切さをお話されているのを伺ったのは近年になってですが、修論でお世話になった当時から「その子のために何ができるか、おとな同士が連携をとっていくこと、園全体でサポートしていくことの必要性」を強く持っておられていたと感じます。そしてその大切さを大場先生の行動を通して学ばせていただきました。

先の保育園での観察等の進捗状況について大場先生に報告した折のことです。そのこどもにとっての園生活として私に見えてきたことや、それについて担任保育者と話し合いをしていること等を話しました。大場先生は私の話に耳を傾けてくださったのち、すぐに「そのこどもについて、園内全体で話し合いの場を持ってもらった方がいいね」ときっぱりとおっしゃいました。そのこどもが他のクラスや遊戯室、園長室など、園内全体を動いており、その行動の意味を園内の保育者で考え合って共有することが大切だとの理由からでした。

私も必要性を感じつつあったものの、躊躇する気持ちもありました。当時院生の私には、現場の忙しさの中にあって担任の先生との時間を確保していただくのさえ申し訳なく思うときがあること、全保育者に集まっていただく機会を得ることの難しさを感じていること、さらに集まっていただいた場で私がそのこどもや担任保育者、さらには園全体の保育者の方たちにとって、話し合いの場を持ってよかったと思えるような状況をつくり出していけるかどうかに躊躇したからです。そのようなことを率直に話しましたら、大場先生が、「〇〇保育園の園長さんはよく知っているし、ぼくがその話し合いの場にも参加するよ」と当日同席してくださり、会の最後に園内全体で話し合って保育していくことの大切さについてもお話くださいました。

話し合いによって、そのこどもについての理解が園全体に広がるだけでなく、保育者としてそれぞれのこどもとかかわる際に何を大切にしていったらいいか等の保育のありようについても、保育者間で確認されたり共有化されたりする一つの機会になりました。また、そのこどもと担任保育者のありようが理解されたことは、担任保育者にとって、より大きな意味を持ちました。他のクラスにそのこどもが入っても温かく受け入れてもらえるようになったこともありますが、担任自身がこどもが園内全体を動くことについておおらかに受け止められるようになったからです。それがさらに、そのこどもとの関係性の変容につながったように感じます。

このときにも、私は自分自身の経験と重なり、「共に生きること」は、「こどもと共に、そして周りの同僚と共に生きること」なのだと思い至りました。小学校で担任をしていた際、気になることや迷っていることがあったとき、やはり同僚の先生方のあり方やアドバイスは私にとって大きな意味を持っていたからです。

赴任したのは本当に小さな学校で、全部のこどもたちのことを、全教員が知っている状況でした。新任教員は私一人、すぐ上の先輩も十年以上の教育歴がある先生でした。職員室には教頭と学級担任が席を並べていましたが、集まっても数人ですからアットホームな雰囲気で、その日にあったこどもたちの様子が話題になります。何気なく交わされる先輩の先生方同士のこどもについてのとらえや援助の考え方に日常的に触れることから学ぶこともありました。また、特に1年生などは学校で最も幼くかわいらしい存在であり、時々は突拍子もないことをしたりしますので、話題になることも多かったように思います。今思えば、先生方がさりげなく話題にしてくださっていたのかもしれません。それをきっかけにして最近の様子などを話していくと、先生方がそれぞれの考えを出してくださったりしました。職員会議というのではなく、こどもが帰ったあとお茶を飲みながらの話でした。こうした毎日の営みがベースになっていて、自分のクラスのこどもの中で気になることなどについて相談すると、先輩の先生のその子の理解や、かかわりのあり方などを具体的に話してくださったり、一緒に考えてくださったりしました。また、教頭先生が私のクラスの1科目を担当されていましたので、たまにクラスの印象やこどもについて伝えてくださったりもしました。例えば、「最近クラスに落ち着きが無い気がするなあ」などつぶやかれることがあり、どうしてそう思われるのか、何か心当たりや手だてはあるだろうかなど、率直にお聞きしたり話し合ったりできたことは、自分のこども理解の広がりや援助の多様性を身につけていくうえで大きかったと思います。

また、こどもを校外に連れ出すにはさまざまな手続き等が必要となりましたが、こどものために必要と思うならばやった方がよいという先生方の言葉に励まされて、それまでにやったことのなかったことでも、実施にこぎつけた経験をしました。生活科や総合学習などということが出て来る以前のことで、教育委員会との交渉や必要な手続きを教頭先生が率先して動いてくださり、実際的な計画では先輩の先生が手を貸してくださいました。新任教員だった私は、多くの場合同僚の先生方に支えてもらう側でしたが、協働することで現場が力を持っていくことを誰よりも自分が体験していたことに思い至りました。

自分に何ができるかを問い続けること

〝道行を共にする者として、自分は何ができるか〟と自分に問い、それを動きにつなげていくことの大切さを、大場先生のありようから、私はずっと学び続けてきたと感じています。

とりわけ、私にとって、保育現場にかかわる出発点となっている修論での取り組みの中で、こどもの観察や担任保育者との話し合いだけに終わらず、園内全体の話し合いの場を開いてもらうことにつなげていったこと、その実現に必要とあらば自分が立ち会うといった大場先生の現場へのかかわりの姿勢が、私自身の保育の現場とかかわるモデルとなっていたことに気づきます。

その後地元に戻って来てすぐに保育現場に入らせてもらっていた折、保育の観察とその終了後の担任保育者との話し合いだけでなく、できるだけ園長先生とも話し合っていきました。そうしていく中で、場合によっては園内研という形で他の保育者とも共通理解を図っていくなど、園内全体でこどものことや援助のあり方について共有できる道筋を模索していっていたように思います。そして今も、かかわらせていただいている保育の現場では、園全体でこどもの育ちを支えていく営みをどうやったら実現していけるかを常にどこかで模索している自分がいます。今後も、出会うことのできるこどもたちや保育者の方達と道行を共にする中で、保育の現場で自分に何ができるか、そして養成に携わる者としての自分に何ができるかを、問い続けたいと思います。

梅田優子（新潟県立大学人間生活学部准教授）

大場先生、長い間本当にありがとうございました。学ばせていただいたことを胸に刻み、歩んで参りたいと思っております。

クリスチャンとしての生き方

◆岡本富郎

「保育の原点」と大場先生の人間性との関係

私は保育士養成に携わって40年目です。ここでは、私が大場先生とさまざまな場面触れ合った、エピソードを紹介しながら、大場先生の「保育の原点」を巡って書きたいと思います。

「保育の原点について」

大場先生の「保育の原点」についてですが、「保育とは何か」「原点とは何か」という内容についてある程度の確認ができないと、本来は書けないと思います。しかし、これらのことは、そう簡単ではないので、ここでは詳しくは触れません。簡単に「保育の原点」のみについて表現すると、それは、「保育のよって立つ大本の在り方としての基準」とでも言ってよいのではないでしょうか。

大場先生は、この「保育の原点」をどのように考えておられたのでしょうか。もちろんそれは、先生がお書きになった本を読めばある程度はわかることだと思います。たとえば、大場先生の名著『子どもの傍らにあることの意味 ―保育臨床論考―』をよく読めば、ある程度先生の「保育の原点」は理解できるでしょう。しかし、お書きになった本や論文を正確に分析して書くことは、重い作業になりますので、その作業を本格的にすることは別の機会にしたいと思います。

ここでは、大場先生との触れ合いを通じて考える大場先生の「保育の原点」について書いてみます。言うまでもなくその内容は、「大場先生の保育の原点」についての考え方の回りをうろついて推測する内容に終始することになることをはじめにお断りしておきます。

さて、言うまでもなく、保育は一人の人間としての子ども、大人とは異なった子どもという「独自の存在」を対象とする営みです。その人間としての「独自の存在」としての子どもを対象とする保育は、人間である子どもをどう捉えるかが基本となります。そして、人間として子どもをどう捉えるか、人間としての子どもにどう関わるかは、基本的な問題として、人間をどう尊重して関わるかということと切り離しては考えられません。

そこで考えたいことは、大場先生が、保育の対象である子どもをみるときには、大場先生の「人間を見る目」、また、「人間に接する大場先生の目」が土台となっているということです。私は大場先生の「保育の原点」には大場先生の「人間についての考え方」を元とした「先生の生き方」、「先生の人間性」が背景に見え隠れしているように思います。特に長年先生とお会いし、ご一緒に行動し、語り合う中で、そのことを強く感じます。

「人間存在の尊厳性」に対する先生の考え方、「人間を大切にする先生の考え方」が「子どもを大切にすること」の基本となっています。そして、「先生の人間としての優しさ、温かさ、明るさ、他者への配慮、一人ひとりへの優しい眼差し、悲しみへの共感性、喜びへの共感性、責任感、わけ隔てのなさ」等々の、先生のお人柄が保育の原点に通じていると思うのです。

「大場先生との思い出」から大場先生の「保育の原点」を考える

いくつかの私の大場先生についての思い出のエピソードから、大場先生の保育の原点とも言える内容について書きたいと思います。先にも言ったように、あくまでも私個人の大場先生についての推測の域を出ないことをご承知下さい。

大場先生との最初の触れ合い

大場先生は当時の全国保母養成協議会（現在の保育士養成協議会）の、専門委員という要職に携わっておられました。その全国大会で、ある分科会があり、先生はその分科会の司会に当たっておられました。その時、分科会のフロアーの参加者が発言するたびに司会者の大場先生は、マイクを自分で取りに行き、にこやかに次の人に手渡しをしておられました。私は、全国的な専門委員である大場先生が、さりげなく、にこやかにマイクを渡している姿に接し「何と謙虚な人だろう」と思わずにはおられませんでした。私は手を上げて「発言した人が、次の人に手渡すように」と提案しました。すると大場先生は「とてもありがたい提案です。ありがとうございました」と私の方を見て優しい笑顔で御礼を言って下さったのです。これが大場先生と私の初めての触れ合いでした。そのとき私は直感的に「この先生は心の広い、優しい人間性の持ち主だな」と感じました。

「子ども・保育研究会」の立ち上げ

その後、私たちは、東京家政大学で大場先生たちと「子ども・保育研究会」（通称子保研）を立ち上げました。毎月交替で保育や保育士養成研究の発表を行いました。終わった後の交流会の場で大場先生は常に「学生中心」「子ども中心」の重要性について語って下さいました。大学の先生という意識からではなく、常に現場を渡り歩いて苦労した体験に裏打ちされた内容を一人の人間として語って下さいました。その会が進むにつれて、私たちは自分たちの考えを世の中に出そうということで「子どもシリーズ」の本を出そうということにし、それぞれが書いた内容を持ち寄って批判し合うことにしました。私たちは信頼しあう仲間であることを大切にし、お互いに共通理解して、ずっと一緒に保育士養成に取り組んでいこうと話し合っていました。『子どもの生活』という本をまず出版しようと決めて、各章の担当を決めました。私は「子どもとはどういう存在か」という章を担当しました。そして先生方の前で発表しました。その時に大場先生から「おれたちは仲間だから、お互いに批判し合える関係でなくてはならない。そうでなければ、本当の仲間ではないと思うよ。岡本さん、そうだよね。だからはっきり言い合おうや」と言って、「岡本さんの原稿は哲学的で、またピアジェの説を紹介しているが、現実の子どもが見えにくい」「もっと学生にわかりやすく、現実の子どもが見えるようにならないかな」と批評してくれました。先生は、そのころからすでに「保育臨床」を意識しておられたのではないかと推測します。大場先生が学生を大事にし、目の前の子どもを大事にされていたことが今もって思い出されるのです。先生は早くから、「保育の原点」は、研究者や保育者にあるのではなく、何と言っても現実に生きている子どもにある、という姿勢を持っておられました。

「保育実習」の本の出版

大場先生は私が勤務先の短大で実習の責任者であり、我が国では最初に「実習論」という授業を提案し、担当していることを知って下さっていました。そして、先生は、「岡本さん、実習の本を出そうよ。一緒に案を練ろうよ。おれの田舎の茨城で泊まって決めようか。原案を作って来てくれないかな」と私に言われたのです。全体の原案を若輩の私ごときが作ることには、ためらいがありましたが、大場先生の依頼なので作って行きました。電車の中でその原案を見た大場先生は、「これでいいよ、岡本さん十分だよ、OKだよ。もう出来たのと同じだよ」と言って下さいました。私は拍子抜けしてしまいました。私なりに考えて練った案でしたが、大場先生は、私を実習の世界で育てて下さるおつもりだったのだと今になって思います。先生のさりげない、威張らない細かなご配慮に今さらながら感謝の念でいっぱいです。

大妻女子大学狭山校舎でのこと

ある時先生から電話があり、「頼みたいことがあるので狭山校舎に遊びに来ないか」、と言われました。私の家からは車で20分位で行けるので、すぐに気楽に行ききました。先生は、「よお！　岡本さん、しばらくだったね。

頑張っているようだね」といつものように明るく、気さくに声をかけて下さいました。私のような、自分で外に出ない者に気を使って下さっていることに御礼の言葉をお伝えしたら、「引き受けてくれると僕が助かるんだけどな」と、ご自分が助かるという表現で私にお願いをなさるのです。その仕事はある出版社の事典の執筆でした。私が「私のような者でよろしかったら」と言いましたら、「何を言ってるの、岡本さんだから頼むんだよ」と言われるのです。大場先生という方は、ご自分が、多くの仕事を引き受け、お忙しいのに、ご自分には何の利益にもならない、私のような世に出ていない者を、何とか引っ張りだしてチャンスを与えて下さる、人間としての「心の広い、優しい方」なのです。このような先生の人間性が「保育の原点」としての、「子どもに対する寄り添い方」ににじみでているように私は思うのです。先生にとって、保育、教育、子育てのどれをとっても、その原点は「人間としてのやさしさ、慈しみ」だと思えて仕方がありません。

保育士養成協議会の理事としての大場先生

大場先生は全国保育士養成協議会の理事をなさっておられました（その後会長に就かれました）。その関係で先生と私は、厚生労働省関係のある仕事をしていました。私が原案を作って先生に見ていただく仕事でした。大抵「いいじゃない。ＯＫだよね、岡本さん。でも、欲を言うとさ、ここをもう少し考えようか」と言って、私が内心、自信のない内容を先生は見抜いて指摘して下さるのです。しかも内容について決して強制なさらないのです。私たちは二人で辞書や本や論文、法令集を机の上に並べて考えては、話し合いました。私が言う内容を先生は「ほー、岡本さん、それいいね！　それでいこうか。こっちは、これでどうだい？」と私の考えを否定しないで、ご自分の考えを私にも聞いて下さいました。この先生の姿勢は、子ども一人ひとりを尊重して、一人ひとりに応じて接する、いわば「保育の原点」に通じると思うのです。子どもは一人ひとり異なった、自分の世界で生活をし、その状況の中で違った経験をし、違った発達をしていくのです。このことを先生は重視しておられたと思います。それも先生ご自身が、人間一人ひとりの生活とその人自身の違いを大切にしておられたからだと思うのです。

大妻女子大学での語り合い。「保育臨床」を目指される先生

大場先生と私は、平井信義先生が代表をしておられた「保育研究」という保育の専門雑誌の編集委員をしていました。ひとしきりその仕事の話をした後、先生は「岡本さん、僕はさ、ずっと心理学分野でやってきたんだけどさ、今は保育をやっているんだよ」「心理学よりも、実際の保育と子どものことをやる方がおもしろいし、大事だと思うんだよ」といつになく、やけに神妙に話し始められました。私にそのことを言われる前から先生は、「保育臨床」の必要性と重要性を考えて、保育相談の実践をしておられたのです。その時にも私は、「大場先生は偉いな。子どもにとって必要なことを実践しながら学問的にそのあり方を追求なさっておられるんだな」、と思わされました。

大場先生はその後、大妻女子大学の学長に就任され、ご自身の研究もまとめられるお忙しい生活を続けられました。そうした中、「岡本さん、保育士養成協議会の理事を私の後任としてやってもらえないかな」と言われました。私は、「私のような者でよろしかったら」と申し上げてお引き受け致しました。

「保育大学シリーズ」の本の出版の相談

ある日先生から携帯に電話が入りました。「岡本さん、岡本さんは命のことをやっているのだから、それを本として1冊書いてよ。保育大学シリーズで何冊か出したいんだ。詳しいことは会って話すよ。引き受けてくれるかな」私は驚きました。何に驚いたかと言うと、大場先生が、私が「命と保育、教育」のことを研究している

ことを知っておられたことに驚いたのです。保育学会や他の学会に行って発表等をそのころはまったくしていない私の取り組みを、先生は陰で見ておられたのです。そのことに驚いた私でしたが、よい機会だと思って、喜んでお引き受け致しました。「やあ、引き受けてもらって嬉しいよ。命のことは岡本さんしかいないからな。いい本を出そうよ」 変わらない、人のやることを丁寧に評価して下さる先生の優しさに胸を打たれました。

しばらくして、執筆者4人が集まりました。大場先生は「今までの保育学にまったくとらわれないで、それぞれが自由に書く本にしたい。」と説明して下さいました。いずれは、「保育大学院シリーズ」もやりたいとも言っておられました。話し合いの中では、それぞれがやってきたこと、自分の思いを吐き出しました。出席したある先生から、「今回は期せずして全員が宗教関係の人間だな、これは驚いた」という発言があり、一同、一種の驚きに包まれました。大場先生が意識して宗教関係の者を選んだかどうかは定かではないのですが、先生は意識されなかったと私は推測しております。クリスチャン二人、仏教徒、インドの宗教（ヒンドゥー教）に造詣が深く、その素晴らしさに感銘を受けている者たちの集まりでした。その時、普段、大学内では話し合えない、日本の保育、教育の深さの無さ、精神、魂、について語り合えていない状況に憂いを覚えたのは、私だけではなかったように思います。大場先生が企画なさった「保育大学シリーズ」がすべり出した晩でした。

その企画の一冊として大場先生は「保育の原点」をお書きになる予定でしたが、残念ながらその作業は果たせなかったのです。私は『子どものいじめと「いのち」のルール ―いのちから子育て・保育・教育を考える―』というタイトルの本を書かせていただきました。大場先生は編集会議の席で「岡本さん、命のことを、飼育とか栽培等を例にして書くのはやめような」と指摘して下さいました。その時、何をおっしゃりたいのかをお聞きしようと思いましたが、先生ご自身の病のご病気のことが頭をよぎったので、後にしようと思ってやめました。今になるとそのことが心残りです。ご自身の癌の病のことで、秘めたお考えがあったのではないかと思えて仕方がないのです。実は先生が癌を患っておられることは、前から知っていました。そのときの編集会議以前に、「岡本さん、あんたの癌は、その後どうだい」と言われました。私も前立腺癌にかかっていて4度の手術を経験していたことを大場先生だけには伝えていました。私も回復に向かっていましたが、先生はご自分のことより、私のことを心配して下さるのです。「俺も岡本さんと同じだよ。お互いによくなってきてよかったね。無理しないでやろうな」と確認し合いました。

「保育大学シリーズ」で、やっとの思いで私が書いた本が出来た後、大場先生に「拙い本でした」、と口頭である会合の前で報告をしましたら「みんな個性があっておもしろいね」と評価をして下さいました。私の本は先生にとっては、内容的には物足りなかったのではないかという気持ちが私には強いのですが、先生は悪い評価をなさらないで、「個性的だ」とおっしゃるのです。

「保育所保育指針」検討の座長としての任務

学長に就任された後、大場先生は厚生労働大臣が定める保育所の保育の在り方についての「保育所保育指針」を検討する座長として、重い任務につかれました。

この「保育所保育指針」の内容を保育士養成協議会の関東ブロックのセミナーで語って戴きました。いつもは、にこやかに話される先生でしたが、その時は言葉を慎重に選び、固い表情で、ゆっくりと話されました。基本的な内容として先生は、「私は保育所に行って、子どもや、保育士と関わってきました。また保育士養成にも携わってきました。そのことを踏まえて、まず子どもの立場に立って内容を考えました。そして現場の立場にも配慮し、保育士養成にどうつながるかをも考えながら進めてきました」と語って下さいました。

講演終了後に先生と保育士養成校の教員との質疑応答の際に、先生は、それは真剣な顔で、心をこめて応えて下さいました。私はその時、大場先生の「人間としての深さ」、「強い責任感」を心の奥に感じることができました。この「人間としての深さ」、「強い責任感」で子どもや保育者と関わって来られたのだと思いました。幼稚園を世界で初めて作ったフレーベルが「さあ、われらの子どもに生きようではないか」と言ったあの深い叫びが私の胸に迫ってきました。

大場先生から問われるこれからの「保育の原点」

大震災と大津波、そして福島の原子力発電所の事故と「保育の原点」について考えたいと思います。

大場先生は、東日本大震災と原子力発電所の事故を憂慮しておられたということを伝え聞いておりました。この「子どもの命と健康を守る」という重要な保育の基本からすると、今回の原子力発電所の事故は、「子どもの命と健康」にとって由々しき、かつ根本的に考えなければならない重大事と言わなければなりません。今回の原子力発電所の事故は、政治的、社会的な問題、電力の問題というより、人間として許せない差別の問題として捉えるべきだと私は思います。廃炉となった原子力発電所の処理の方法が未だ科学ではわかっていないのです。他の人も言っていますが、私も「原子力発電所の存在自体が悪である」と思います。

この問題を人間のあり方の問題として「子どもの命と健康」を守るという問題として、大場先生と話し合いたかったです。「これからの保育の原点」として今、原子力発電所の存在を話し合うことが要求されています。大場先生がご存命ならば、私は「岡本さん、原発の問題を子どもたちのために一緒にやろうよ」と言って下さるように思います。その意味では、先生に見守られながら「脱原発」に向かって行動をしなければならないと思います。子どもに対して責任感の強い大場先生なら、決してこの問題を放っておくことはなさらないと思います。教育の神様であるペスタロッチーや幼稚園を作ったフレーベル、子どもの味方である思想家のルソーらも原子力発電には反対すると思うのは私一人でしょうか。

大場先生の「保育の原点」の「原点」としてのキリスト教

大場先生の目は遥か遠く、永遠を見つめているように思えます。その永遠を見つめている同じ目で子どもを見つめているように思えます。言うまでもなくこの場合の目とは心、魂の目のことです。永遠の存在である神の目から流れ出る慈愛の流れが先生を通して子どもに注がれるのです。大場先生はクリスチャンです。私は大場先生の基本的な人間としての在り方、考え方の基本にはやはりキリスト教が存在すると思います。大場先生にとっては「保育の原点」の「原点」にキリスト教があると思います。周囲にはキリスト教に関する言葉をほとんど口に出されない先生でしたが、それは人間愛に満ち溢れていて、自分の宗教のことというより、現実の自分の目の前の子どもに何ができるのかをひたすら求められたからだと思うのです。私は、保育者は、自分の世界観、人間観、子ども観を自分なりに持って保育をしなければならないと思います。我が国のペスタロッチー、フレーベル等の保育思想の輸入の仕方が、キリスト教を骨抜きにしていることを強く残念に思います。キリスト教のことを言っているのではありません。保育の基本にきちんとした深い思想がないと時代の流れに流されてしまうのです。そこで大場先生の「保育の原点」の「原点」であるキリスト教をやはり理解したいと思います。

先生の告別式が、所属しておられました東京の「片倉キリストの教会」で執り行われました。そこで、牧師先生から大場先生の愛唱された讃美歌511番が紹介されました。

そのとき私は、神にしかわからない、一人の人間としての大場先生の、精神的な深みに触れるように感じました。「ああ、大場先生のキリスト教の信仰の基本は、この讃美歌なんだ！」と心に震えを覚えながら確認することができました。

「1．みゆるし、あらずば、ほろぶべきこの身、わが主よ、あわれみ、すくいたまえ、
（おりかえし）イエスきみよ、このままに、我をこのままに、救い給え。
2．つみのみ、つもりて、いさおは、なけれど、なお主の血により、すくいたまえ。
3．みめぐみ、うくべき、身にし、あらねども、ただ御名のために、すくいたまえ。
4．みわざを世になす、力あるものと、わが身もこころも、ならせたまえ。」

大場先生の「人間としての原点」、そして「保育の原点」はこの歌詞の中にあります。神の前に罪人として、神の恵みを受ける資格のない、滅ぶべき、いさおのない自分に苦しみ、呻き、「みめぐみ」と「あわれみ」によって、「このままの自分を救って下さい」と涙ながらに必死に祈る先生の魂の叫びがここにあります。そして、救われた自分を、「神のみわざを世に表す、力ある者として下さい」と必死に祈る先生の魂の願いがここにあります。先生は、人間として、神の一方的な恵みによって救われたことを心の奥底から感謝し、何としても他者のために生きるために人生を、命を捧げて下さったと思うのです。先生の「保育の原点」は、自分の人生を子どもと保育に捧げる基本姿勢に基づいていると思います。言葉を変えて言うならば、大場先生の「保育の原点」は「愛」であると表してよいでしょう。「一人ひとりの子どもの存在を限りなく尊重し」、「一人ひとりの子どもの現実的な生活を受け止め」、「一人ひとりの子どもの人間としての思いを抱きしめること」。このことを大切にして、先生はご自分の子どもへの愛を人生を通して表されたのではないでしょうか。

最後に大場先生の「保育の原点」としての子ども観に通じると思える、レバノン出身のカリール・ジブランの詩を紹介したい。

「あなた達の子はあなた達の子ではない。
大いなる生命が自分自身に憧れる、その憧れの息子であり、娘たちだ。

あなた達を通して生まれてくるが、あなた達から生まれるのではない。

あなた達と共にいるが、あなた達のものではない。

子どもに愛を与えることはできても、考えまであたえることはできない。

子どもには子どもの考えがある。

子どもの体を家におくことはできても、魂までおいておくことはできない。

子どもの魂はあしたの家に住んでいて、あなた達は夢のなかでさえ、その家へはいけない。

子どものようになりたいと願うのはいい。けれど、子どもを自分のようにしようとしてはいけない。

生命はあともどりも、きのうにとどまることも、しない。

あなた達は弓だ。子どもはその弓から、生きた矢として放たれる。

射手は、無限に続く道の先に狙いをさだめ、矢を速く、遠くへ飛ばそうと、
大いなる力であなた達をたわめる。

大いなる射手の手のなかでたわめられている、そのことを喜びとしよう。

飛んで行く矢が愛されているのと同じように、手元に残る弓もまた、愛されているのだから。」


岡本富郎（明星大学教育学部教授、大学院　人文学部研究科教授）

先生の、お心の深さを改めて想い起こしております。子どもたちと歩む働きを見守って下さい。先生に続きます。感謝！

大場先生から学んだこと

◆小沢初世

２０１１年1月に「さいたま市の保育実践研修会が開かれますよ。大場先生の講演もありますのでぜひ来てください」という誘いの電話がありました。保育園に勤務していた時の後輩からでした。旧大宮市で行われていた保育実践研修会がさいたま政令市にも引き継がれていったということもうれしかったし、大場先生にお会いできるということで二つ返事をし、研修会に出かけました。講演が終わった後のあわただしい時間帯に、「先生、引きつけられるように来てしまいました。おひさしぶりです」と挨拶すると「やぁーしばらく」と短い言葉を交わしました。それが、大場先生にお目にかかる最後になってしまいました。

私自身、保育現場から離れて10年も経とうとしているのに、いまだに先生に励まされているように思えるのです。この本の企画の話を伺ったとき、文章にしていくのは私には荷が重すぎると思いました。でも大場先生が保育現場に注いでくださった熱い心を思うと『書けないなんて言えない』と内側から押し出されるような思いが胸いっぱいに広がってきました。「保育園の保育を自分の言葉で語ってみようよ」これも先生から教えていただいた言葉。力はないけれども書くことによってまた一歩踏み出せるような気がしました。

障害を持つ子や気になる子どもの巡回相談を受けながら、保育園の仲間たちと一緒に自分たちの保育を確かめ合いながら進んでこられたことは、本当に幸せなことでした。30年もの間巡回相談をつづけてくださった大場先生とのやりとりをあれこれ思い出しているうちに〝アレッ〟とスウィッチが入れ替わったように感じたことがありました。先生の助言は、私たちが子どもとどうかかわっていったらよいのかということを教えてくださっているとばかり思っていたのですが、大場先生ご自身が、私たち職員に対してそれと同様のことをしてくださっていたのだということに気づきました。その保育園の現状をそのまま受け止めて、そこからできることを職員が気づくまで根気よく待ってくださった。「その子の育ちを丁寧にみつめて」という言葉をそっくり現場の職員におろして「職員の育ちを丁寧に見つめて」待っていてくださいました。ここの職員がここの保育を担っていくのだという気持ちで語りかけてくださったに違いありません。だから私たちは毎年毎年、新しい課題に向かって歩み続けることができたのです。

また、大場先生の巡回相談における内容は、巡回相談チーム全体にも向けられていました。障害児保育が制度化されると大宮市公立保育園25園中、巡回相談対象児も20名を超えるようになりました。民間保育園からも希望があれば行きましたので、心理相談員も増えて4名のチームになりました。皆さん大場先生を中心に忙しい時間をやりくりして役所で障害児保育担当とケースワーカー、ときには保育係長も含めた打ち合わせ会や、大学での相談員学習会を開いていらっしゃいました。チーム全体として保育現場に温かくそして厳しい助言をいただきました。巡回相談のカンファレンスを通して子どもの育ちを確認し、少しの変化や成長を現場の職員と共に喜んでくれる人がいたということは、保育者にとって心の大きな支えでした。

私が異動になった頃、先生にお会いしたときには、「巡回相談を後につなげていく仕事があるんだよね」と話されていましたが、先生の常に人を育てるという熱い思いを感じました。異動という名目で、その担当を外れていく者にとっては心に突き刺さる言葉でしたが。

巡回相談が始まってから10年後に「保育実践研修会」が開かれました。巡回相談および「保育実践研修会」の双方から何を学びとってきたのかを、私が職場で経験した移り変わりとともに記してみたいと思います。

旧大宮市で初めての巡回相談を受けたこと

1976年（昭和51年）、最初に巡回相談を受けたのは、保育12年目、フリー保育士（当時は保母）の時でした。園で悩んでいたのは、3歳児A子で絵本の文字はすらすら読むのに会話が成り立たない、食事については牛乳を一日3千ミリリットルぐらい飲み、ご飯粒は飲み込めない状態の子どもでした。

当日は、入園までかかわってこられた障害福祉課のケースワーカーと婦人児童課のケースワーカーと大場先生とのチームで保育園に見えました。園外から男性が3人も見えることなどめったにないことでしたので緊張しました。子どもたちはケースワーカーに手を引っ張ってもらってぐるぐるまわしをしてもらったりして大喜びでした。当時の園長は職員それぞれの力を発揮させてくれる人でしたので、職員はワイワイ言いながら保育していましたが、自分たちの保育が問われるような思いと、未知への期待がありました。後で園長に伺った話によりますと、大場先生が一生懸命メモを取られたり、まとめをしている姿が印象的だったそうです（その後の巡回ではあまりメモを取られる姿はみられませんが）。

朝の打ち合わせの時、A子を紹介しようと事務所に連れて行くと、いきなりA子が絵本をツラツラと読み始めたので、あいさつ代わりに本を読んでくれた子どもと印象付けられたそうです。話し合いの中で、大場先生から「人と向かう力が弱い子ども」という言葉を聴きました。そういう視点で子どもと向き合うことはなかったので、目が覚める思いがしました。どうすれば固形食が食べられるか、どうすれば話せるようになるのだろうかと表面的なことしか見ていなかったことに気づかされました。その後ケースワーカーが話し合いの内容のテープを起こし、まとめをプリントして保育園に持ってきてくれました。これも今まで経験していないことでした。そのまとめをもとに職員で話し合いが持たれました。

こうして旧大宮市の保育を見直していく、いや、見直さざるを得ない第一歩が刻まれたわけです。保護課のケースワーカーと婦人児童課のケースワーカーの橋渡しがあったからこそ、大場先生に出会えて、長年にわたって私たちの保育を支えていただけたのだと感謝しています。

巡回相談が始まった頃は、まだ保育園も内容がつかみきれていませんでした。当時の他園の保育士からこんな話も聞きました。

園で悩んでいたC君は、皆の中に入れず、人の来ないロッカーの上など高いところに乗って膝を抱えて皆を見ている状態でした。相談を受けてくれるというので、園長を通してケースワーカーにお願いしたそうです。担任だったこの保育士は、巡回相談には保護者も一緒に参加するのだとばかり思っていたので、母親に声をかけてしまったそうです（この日、母親とは園のカンファレンスが終わった後、担任と共に大場先生との話し合いが持たれました）。

大場先生は丁寧に職員の話を聞いてくださり、2年間6回の相談を受けました。「保育するなかで子どもが集団を離れてもいいんだ」ということがわかりかけてきたそうです（この頃は集団には入れないといいうと何か問題を抱えている子と捉えていたのです）。C君は就学を控えていましたので大場先生も少しでも良い環境を整えたいと、小学校との連携についても話されていました。小学校入学時には、親が小学校の先生と大場先生との話を設定されたそうです。

障害児保育プロジェクトチームの一員として

旧大宮市において、障害児保育は1988年11月に制度化されました。制度化に向けて、その3年前から障害児プロジェクトチームが発足しました。取り組むための枠組み作りは現場で考えていった方が良いということで、園長3名、保育士4名、主幹課のケースワーカーとでメンバーが構成されました。私は園長の一人として参加しました。メンバーは制度化に向けて積極的に取り組む意欲はありましたが、何から手をつけていったらいいのか手探り状態でした。自分たちも勉強していくために実施している他市を見学したり、すでに開設していた「大宮市心身障害総合センター」での保育に参加させていただいたりしました。大宮は制度化されるのが遅かったので、その分、他市にないものを作っていこうと話し合っていました。一園に受け入れる子どもの人数はおおむね2名とし、加配保育士1名、全園で受け入れ実施することになりました。2年目には障害児保育担当の副主幹も配置され、実施要領作りと療育機関との連携が進んでいきました。職場においては障害の程度や職員体制の問題なども含め、実施していくには不安がありましたので、各園の職員も何回かに分けて、県内市町村の障害児保育実施園の見学をして意識を高めていきました。同時にすでに巡回相談で10年もお世話になっている大場先生に「障害児保育の基本」という内容で全職員の研修をお願いすることにしました。園長、保育士、調理担当の人たち、用務員全員が、交代で講義を受けました。障害を持つ子どもを担当する保育士一人が受け持つということではなく、全員で取り組むことの大切さを学んでいきました。この「全職員で取り組む」という姿勢は、私たちの大きな課題となっていくのでした。職員会議といえば、行事の打ち合わせや園長からの連絡事項が伝えられたりすることが中心で、日々の保育の見直しを討議することには不慣れでした。クラスの中で興味を示さず、他クラスや園庭へと行動していく子どもに対し、先々で見守り、遊びを展開したり、誘い入れたりしていくことは園全体の職員の意識の高まりがなければできないことでした。

全職員が受ける研修と並行して、すでに巡回相談を受けている園の実践を学ぶために、大場先生に助言と講評をお願いし、第1回目の保育実践研修会を実施することになりました。また、当初から市内の療育機関である[ひまわり学園]で療育を受けている子どもが多かったので、ひまわり学園のスタッフの方々にも助言を受けながら出発しました。

第1回目実践研修会での大場先生の講評の一部

生活習慣の自立とか、言葉の獲得よりも保育の課題として、子どもは園全体を使ってあちこち摘み食いをしながら育っていくのだから、職員集団はそれぞれの関わりを通して生身の感情の交流ができるようにしていくこと。実践研修会の記録も発表が終わったからそのまま終わるのではなく『何を』『どうするか』と方向づけてまとめることが大切である。

こうして3年の準備期間が終了し、障害児保育制度が発足しました。

障害児保育担当として

障害児保育が制度化された翌年、今度は私が児童福祉課障害児保育をケースワーカーと共に担当することになりました。それまで保育園の外で仕事することなど考えてみたこともなかったので、現場を離れることはとても辛いことでした。それでも保育園の人たちと共に仕事を進めていく職場でしたので救われました。

障害児保育担当の主な仕事は、障害児保育の入所の手続きである観察保育の実施、調査会審査委員会の実施等でした。ここでは「ひまわり学園」のセンター長をはじめ、大勢のスタッフの方々の指導や協力をいただきました。制度化と共に子どもの入所している園には、年2～3回の巡回相談が受けられるように明記されましたので、巡回相談も大きな仕事の柱でした。この頃は巡回相談対象の子どもも増えてきましたので、心理相談員も3～4名の体制になり、大場先生には月に1～2回の日程をいただきました。保育園には、私とケースワーカーと相談員のチームで行きました。当日は9時半ごろから園長と担任と、巡回相談の入り方など打ち合わせをしてから子どもの中に入っていきます。午後1時半ごろからケース会議に入ります。私も保育者の立場で参加しました。ケースワーカーも討議に参加し、ビデオ撮影や、他機関との連携や保護者との調整などあれば、すぐ対応していきました。補装具や車いすの必要な子どもには、障害福祉課、小児医療センターとの連携を図り、園でもその子どもに使い勝手の良い車いすの使用が可能となりました。

毎回、毎回、巡回相談は学習の場でした。当日のことを後で職員に聞くと、緊張してしまって大場先生の言葉を聞きもらすまいと必死になってノートを取っていたと言います。聞いているときにはわかったような気になってしまい、後からなんのことだったかしらとなり、難しいという声もありました。先生もだんだん私たちに理解できるように具体的に話されるようになっていったのではないでしょうか。子どもの様子を確認し合った上で、今後の保育を具体化していく仕事は保育者が主体的に取り組んでいくことなのに、障害を持つ子どもと園生活を作り上げていくということは、なかなか難しいことでした。

巡回相談を通して保育園の保育が徐々に変わってきました。障害を持つ子どもや、気になるといわれる子どもは、園全体を自由に動いていくことが多かったので、全職員がその子どもの状態を把握していかなければ対応できなくなりました。一人では動けないけれど担任と一緒に他クラスへ行ったり、その子どもの興味ある遊びがあればそこで新しい出会いが進展していったりもしました。他クラスの子どもたちがどれだけ楽しい遊びを展開させているかが、障害を持つ子どもや気になるといわれる子どもにとってどれくらい引き付けられるかにつながり、大切な環境になりました。そのことはとりもなおさず、全園児が生き生きと生活できているかということです。巡回相談の前後には、園内でケースカンファレンスも実施されるようになり、当日には園の取り組みとして、現在抱えている問題点をはっきり打ち合わせの場で伝えるようになっていきました。全園、全職員の意識が高まっていることを感じました。

巡回相談の事例

大場先生の著書『こどもの傍らに在ることの意味』の中でM保育者の「移動安全基地」の言葉と共に書かれている巡回相談の内容の一部を記してみます。

朝の打ち合わせ時、担任から出された子どもの様子は以下のようでした。

［4歳児男児。友達とのかかわりの点で女の子や小さい子どもに何も関係なくパッと手が出る。この時の対応に戸惑う。こちらの話がすっと入るときと全く入らないときがあり、どんな時に入っているのかわからない。担任がつきっきりなのもうっとおしいかと思い離れてみている時、髪の毛を縛っている女の子を狙っていくので女の子をガードすると担任にかみつく。プラレールの遊びに気が向いている。療育機関で月一回心理の個別指導を受けている。］

午後の話し合いに入り、大場先生から語られた午前中に見た子どもの様子を要約すると、「大きな印象として、物に対する接し方と人に対する接し方にずれがある。物の扱い方は巧みで力を入れたり抜いたり調整する力が伝わってくる。物とかかわる場面では、かなり力があるが、人とのかかわり面では、ぎくしゃくしていて読み取りにくい。物に対しては安心してぶつかっていけるが、人に対しては緊張が強いのではないか。園生活において、人との付き合いがうまくできないことが課題ではないか。そのような目線で〝言葉〟を取り上げると、ひとりごとが多く、笑いも一人笑い。出会い頭はあるが自分の方から引いていくことが多い。園の対応としては、この子が乱暴するという時、強い要求を出しているという理解よりは、気持ちの進退を丁寧に読み取って理解していく方が良い。注意の仕方が大切で、『なんでやったの？』と対応すると、人との関係が緊張するので、注意するよりもう一度説明してみる。人を認知する力は弱いから状況を説明していくことを繰り返す。叱られてもやった行為が自分の中におさまっていないので解らない。この子を怖がらずに接近して来る女の子がいるがとてもよいことだ。人との関係の面では『追いかけて』とか先生と電車のやりとりをするとか、繰り返しを経験することが大切ではないか。歌ったり、手を打ったり、相手と交互にやり取りする関係をつくりだしていく。物と人と一緒にいる方がもっと楽しいということがわかるようになるとよい。相手がいて笑う。追いかけっこの時は笑っていた。こういう時が増えてくれればよい。1対1のかかわりをしながらやっていく。怖がらずに近づいて来る子どもとの関係を大切にする。」

その後、保育園では事務所にこの子の落ち着ける製作コーナーをつくっていました。

2回目の巡回相談での大場先生の言葉は、「事務室に製作コーナーをつくり、遊びが展開されるという面白いことが起きていると思う。何をしているのかと近づきたくなる。大人が何か書き始めるのを見てまねてみるとか、話を始める可能性を感じる。気持ちが柔らかくなっているのが身体にも表現されている。前回、物にかかわるしなやかさは感じられたが、今回人にかかわるしなやかさが出てきている。周りの人に示す反応が平行線だったが、一緒に何かするという接点が見えてきた。ストップをかけるところでは促しや誘いがあっても良いのではないか。あれもこれもしっかり向けられている。人に向けるまなざしもじっと見ることがなかった前回に比べ、相手にということではなく、自分のやりたがっていることを一つずつやってみる。できた時はほめてあげる」という内容でした。

このように担任と園がどのようにかかわっていったらよいのかわからないケースに、子どもの少しの変化をご指摘いただき、そのことについて理論的に整理された内容を聞くことができました。そのことは、全職員が共通の認識に立てることになり、貴重な学習の場でした。体を張って過ごしてきている保育者の大変な思いを理解してくれる人がいること、子どもの成長を一緒に喜んでくれる人がいるということは保育者にとって何よりの励ましでした。保育者自身の気持ちも軽くなり、次へ向かう力がわいてきました。

巡回相談を進めながら保育園職員の研修も仕事の一部でした。派遣研修、人事課主催の研修、保母会主催の研修も年2回、クラス別、職種別の研修として実施されていました。何より保育園の人たちと手探りで作り上げていったのは「保育実践研修会」でした。障害児保育制度化の前から始まり、大宮市がさいたま市として合併するまでの間、16回も続けてきました。研修会の当日は、相談チームの先生方や「ひまわり学園」のスタッフの方にもフロアからの助言、感想をいただきました。一園のケースの実践を一園だけに終わらせるのではなく、市の全職員が共有して保育内容を積み重ねていく取り組みとして始まったのでした。大場先生が講評の中で「保育の本質的なこと、子どもの発達にかかわること、障害にかかわる保育者の立場からの問い直しの視点など、討議したくなるような内容がたくさん含まれていて、すぐに話し合いができるようなレベルに先生方がなってきている」と、喜んでくださったときには、巡回相談により、保育園の仲間が力をつけてきているなと思い、私もうれしくなったのを覚えています。

さらに先生からは、新たな問題が見えてくるだろうが次の2点を大事な軸にして保育の向上に向けて支え合ってほしいと言われました。1つは「自分の保育を違う視点から見る機会を持つこと」。保育者同士お互いが見える位置を取りあうこと。もう1つは「発達の捉え方」です。保育の専門用語として〝発達〟という言葉がもっと成熟しなくてはいけない。発達診断テストの到達度の指数として捉えたものがそのまま保育における発達の捉えとして有効かどうか疑問であり、丁寧な読み取りによって、子どもの一つ一つの行動を全身全霊で見て行くことが、保育における発達の捉えの大きなカギになると言われたのです。研修担当としての課題とも受け止められました。

年一回の実践研修会では人数が多すぎて討議する時間も確保できず、もっと小集団で大勢の人が発言できる研修会を自分たちで作る必要があると思いました。そこで三園ごとのグループをつくり、園長、主任保育士が中心となり「三園研修」を実施することにしました。発表当日は保育園の理解を深めていけるように課長、係長、ケースワーカーも交代して参加してくれました。三園研修を三年間続けましたが、三園が同じテーマで取り組んだため、自分の園で取り組みたいテーマに取り組めないという意見が出されました。各園の取り組みも発展してきていましたので、次に「園内研修」へと移行していきました。これらの研修にも巡回相談チームの先生方に助言をいただき、次のステップとしました。「園内研修」に向けて大場先生には「保育を深めるための各保育園での研修の持ち方について」というテーマで全職員の研修をお願いしました。

講演概要

巡回相談を通して「保育臨床」という言葉の意味についても話されました。

保育者から専門職としてのメッセージを出し、保育を語っていく必要がある。二一世紀をつくっていく保育を。保育所保育はこの集団の中だけを視野に入れるのではなく、老後まで見通したことを考えていく必要がある。自分らしさが老後に何か残るかと言えば、子ども時代の悪さが老後に生き生きとつながっていく。どういう保育の場をつくっていったらよいか。子どもが生き生きするのは大人のガラス張りでないところ、死角の場でのことが多い。子どもの行動をおおめに見て見ぬふりをすることも時には必要だ（老後まで見とおしてと言われた時は世界が広がりました）。保育者が自分から学んでいく姿勢をつくっていき、それを維持していくことも大切。課題にどう取り組んでいくか。具体的にあげると「日常性の見直し」、このことはずっと言い続けていきたい。子どもの一日は、子どもたちにとって今日しかない。保育とは一回性のものでその時その時しか作っていけないという重みがある。鹿児島の実践研修で「片付け」に取り組んでいるユニークな例がある。手遊びは遊びであるか、ないのか。にらめっこは対話か。素朴な仕事から繰り返していく。保育のテーマらしいテーマを見つけていく。大味のことでなく面白いテーマをつくってやっていく。先行研究など鏡にするものを持つ。巡回相談の中身を広げていく。初めの一歩は保育者が作り上げていくしかない。

こうして保育実践研修会では、園内研修で取り組んだ内容を発表するようになっていきました。この研修会から学んだことはたくさんありました。中でも子どもが伸びてきている共通のこととして「その子どものペースを大事にすること」という言葉はしっかり胸にたたみ込みました。障害のある子どもだけの問題ではなく保育の原則として言われました。「職員集団は子どもの園生活を支えるだけでなく、保育者を支えるという機能を持つ」ということも園内研修で実践されていきました。各園では自分のクラスの保育を他の職員に見てもらって討議したり、市内の園を見学して保育の交流を持ったり、経験差のある保育士と組んでグループで作業したりと、日々の保育を全職員で見直していこうという力が付いてきました。大場先生から「さりげなく園全体で子どもたちを受け入れていくということが大宮市の保育のベースになりつつあるということは大変うれしいことだ」と言われた時は、園内で職員同士が学び合っていく姿勢が培われてきていることを実感しました。

「仲間と話し合って行き詰まってしまったり、壁にぶつかったりしたら、しばらく留保しあきらめてはいないと表現することが必要」ということも、実践の中でうやむやのまま放っておくのではなく次へ進む足がかりとなりました。

最初に巡回相談を受けた時の園長とお会いしたとき、次のような話が出ました。「担任していた時の話だけれど、登園してきて机にうつ伏しているだけで一日過ごしていく子どもがいたのよ。その時自分は何も手立てが取れなかった。巡回相談が受けられれば、その子にもっと豊かな経験をさせてあげられたのにと思うと胸が痛むのよね」と。私も同じような経験をしていました。三歳児クラスを担任している時、他児を突き倒したり、たたいたりする子がいました。その子の乱暴な行為だけに目が行き、その場面、その場面で注意することに追われていました。その子の内面に心を向けられなかったことが、巡回相談体制が取られ、研修会を積み重ねていく中で心の痛みとなって残っています。最後になりますが、大場先生の教えにもあるように、園の在り様は園長のリーダーシップにかかっていると思います。管理者である前によき保育者の先輩として園を引っ張っていってほしいと思います。そして、保育園の実践を一回一回の巡回相談に終わらせていくのではなく、保育園の共有の財産として積み重ねながら後輩に引き継いでいってほしいと思います。

小沢初世（元旧大宮市立保育園園長）

大場先生！　先生の教えはこれからも保育現場に引き継がれていくと思います。本当に長い間ありがとうございました。

大場先生の講演を通して学んだこと

◆片岡まゆみ

はじめに

昭和57年3月の職員異動の内示に私はとても緊張した事を覚えています。というのも7年間保育園で勤務して、来年度はこんなことをやってみたい、子どもたちと一緒に生活をして成長を見届けたい、などと考えておりましたし、保育園以外の所で勤務することになるとはまったく思っていなかったからでした。その勤務先は、旧大宮市肢体不自由児母子訓練施設ひまわり学園でした。しかし、よく考えてみると障碍を持った子どもとどのように関わっていったらよいのか？　という不安が一番大きく占めていたのも事実でしたし、ひまわり学園で何をしたら良いのか？　私にできるのか？　などなど・・・考えれば考えるほど不安で落ち着きませんでした。

辞令交付の日ドキドキしながら市長より辞令をいただき、所属である障害福祉課から勤務先であるひまわり学園に行きました。そこは、集団でＰＴ（理学療法士）による訓練やＳＴ（言語療法士）による訓練、また教員による教育相談を行う場所でありましたが、そのときはまだ春休みのため静かな事務所という雰囲気でした。しかし、その2階では昭和58年4月に総合療育センターとして開設のための準備室作りで、慌しく荷物の移動をしていました。

はじめての集団訓練日、私は保育園で気になる子どもたちには出会っていましたが、重度の障碍を持った子どもに出会ったのは初めてで緊張したことを覚えています。

脳性麻痺、中枢性協調障害、精神発達遅滞で歩行が安定しない子どもなど、乳児から小学生、中学生位まで30名ほどの親子が丸くなってＰＴの掛け声に合わせて下肢、上肢、などを動かし、個別にも指導を受けていました。その中で私はリハビリを嫌がって泣く子のそばに行ってあやしたり、お母さんの話を聞いたり、訓練の間の時間で手遊びや簡単なゲームなど遊びの時間を任されました。脳性麻痺でアテトーゼ型のＭちゃんはＰＴに体を支えてもらい立ち上がると、嬉しそうに誇らしげに歩行の練習をしていました。そこでの役割は保育には程遠く、訓練のためのリラクゼーションといった意味合いが強かったのですが、障碍のことについて何もわかっていなかった私にとって子どもとの関わり方を学ぶことができ、お母さんの気持ちを知る大切な時間となりました。

しかし保育は、訓練のためのリラクゼーションとしての役割でいいのかという疑念をもつようになり、障碍児への保育活動は、生活を自分なりに取り組むことができ、生活を基盤として遊びや人との関わりを獲得していくように援助していくことではないかと感じ始めていました。

そんな折、あゆむ会（障碍児の親の会）に大場先生がいらして、「生活習慣をどう考えるか」というテーマで話をされるというので、私も参加させてもらうこととなりました。

親の会（あゆむ会）について

あゆむ会は、市内の在宅重症心身障害児を抱える家族の人たちの会で、市内の多くの重症児と保護者が加入している会合でした。開設来、多くの保護者の方々に支援を受け、幼児の保育活動や運営経費の調達のためのバザー、ファミリーキャンプ、講演会など子どもの成長に深くかかわる活動を展開しており約30家族が参加していました。今日では、福祉作業所を運営する団体になっています。

講演会に参加して

その日大場先生は1時間ほど子どもたちの遊びの様子を見て、それからお母さんたちに向けて、次のように話されました。「生活習慣は発達の壁、年齢、生活状況、保護者の考え方、感じ方のこともあり、子どもを含めて生きること、日々の暮らしがどう成り立っているのかを無視することはできません。家庭での生活習慣はその子と私、施設での生活習慣はその子たちと私たちの関係で考えなければならなりません」という視点から語っておられました。

障碍児の保育に悩んでいた私にとって、この講演は大きな励みとなりました。生活リズムのとりにくい障碍児が多いだけに、障碍児に対する保育活動は、生活に根ざし「生活を習慣化」していくことがすべての始まりであると改めて確認でき、今後の保育活動の基本的視点として取り組んでいこうと心に刻みました。

心身障害総合センターひまわり学園の開設

昭和58年4月、旧大宮市心身障害総合センターひまわり学園が開設されました。そこでは医療・福祉・教育が一体となって、心身障害児の早期発見、早期治療を行うとともに、その障害に応じた療育を総合的に行うことにより、心身障害児・者の福祉の増進を図ることを目的としており、その中にある肢体不自由児の通園部門で保育に当たることになりました。

ここでは、私が関わってきた心身障害総合センター、ひまわり学園での子どもとに対する保育の取り組みを、先ほどの親の会で大場先生が語られたメッセージを振り返りながら考えていきたいと思います。

通園施設で関わったRちゃん

通園施設で関わったRちゃんは、1歳3ヶ月のとき玄関の段差から落ち全身を強く打って、運動能力と精神発達に重度の障碍を持ち、3歳のときに入園してきた子どもでした。首が座らず自分からの移動や座位保持はできず、目も見えませんでした。当初は新しい場所、雰囲気を敏感に感じ、場面に慣れにくく、母以外の人に抱かれたり顔に触られたりすると表情が強張り、とても緊張した様子が伺えました。周りの情報収集は聴覚に頼り、それもごく限られたものであるため遊びの中においては、周りの子どもの動きに興味を示して顔を上げることはもちろん、楽しそうな表情や興味を示す様子はあまり見られませんでした。食事は母が抱いて全面介助、流し込む状態で、排泄はオムツを使用、時間で取り替えていました。保育士が体に触ることやにぎやかな雰囲気は苦手で、「嫌だ」と言うように泣いたり顔をしかめたりしていました。

大場メッセージⅠ

「生活習慣を考える場合、以下の３つの観点から考えていきます。

① 生活の問題

その子の生活リズム、排便、睡眠、食事など、またそのくらしが背景となります。

② 具体的なかかわり

自分からやりたがることが大前提です・・・意欲・自発性につながります。

自分からしたがることが向かう力、何かに取り組む力に育っていかなければなりません。

そのための手助け、働きかけが重要となってきます。

③ 習慣化

おとなしいからといって寝かせっぱなしにしてしまうと、そのままの体の動きに操作され子どもの行動そのものがその範囲でしかできなくなります。

できないからそのまま置いておくことが繰り返されると、置かれた状態のままにしか動けません。できないからだめだということの習慣化へ繋がっていきます。

生活習慣というものは、私たちがある期待を込めて子どもたちをある方向へ仕向けているものであります。

今日の朝の場面から挨拶について

朝の挨拶『はい』と手を挙げて返事をすることの意味として、・自分の番が来る・どこで自分が『はい』といえば良いのかという構えなどで形成されている。返事が出来る事が大事なのではなく、返事が出来るようになることに代表されるような、気持ちの構え、その構える力が色々な事、つまり自分が働きかけられた事に応える力を作っていく準備となる。

生活習慣は『はい』ときちんと応えられることや、礼儀作法やマナーの問題ではなく、生活の構えを習慣の中に取り込んでいくという仕事である。」

こうしたメッセージを具体化するために次のような保育活動を展開していきました。

重度の障碍を持ったRちゃんの保育目標として、母以外の他者の介助を受けられるように担当保育士を決め、好きな遊びを通して関係を深めていけるようにしました。また、通園施設での生活プログラムを通して、生活リズムの形成に取り組んでいきました。

通園での一日は母子で登園し「おはよう」のあいさつから始まります。この時に子どもたちの顔色、機嫌などを感じ取り、お母さんの体調にも気を配ります。部屋に移動し、タオルを掛けたりカバンの始末をしたり朝の支度を行います。皆が集まったら朝の会を行い、クラスの友達の名前を呼んだり歌を歌ったり1日の始まりを知らせていく等、日常をたんねんに繰り返し、積み重ねることを意識した働きかけを行っていきました。

こうした取り組みを行っていくうちに表情が柔らかくなり、笑顔やまなざしの温かさが感じられ、お母さんもゆとりが持てるようになってきたように思いました。

Rちゃんの好きな遊びは歌などの音楽と、揺さぶりなど体を動かして遊ぶことでした。Rちゃんの大好きな歌を歌ったり、タンバリン、鈴などの楽器に触れたり、大豆を触って感触やパラパラという音を楽しんだりの、聴覚を中心とした遊びや、トランポリン、シーツでの揺さぶり、寝返りなどを行いました。注意した事は、周囲の音、声に敏感に反応するので、友達から少し離れた場所で、心地よい状況での働きかけを多くすることを心がけました。「あそぼうね」「何がいい」「みんなはこんなことしているよ」など、何か行動を起すときはきちんと話して知らせていくようにしました。このようなかかわりを繰り返していくうちに担当の保育者以外でも、体に触られることを嫌がらずに受け入れられるようになり、感情の表出も少しずつ出始めてきました。相手にされなくなるとぐずって泣いたり、抱かれたりすると嬉しいという表情が見られるようにもなってきました。トランポリンに乗ることを知らせると笑顔になり、弾むと緊張はしますが保育士に身を任せて乗って楽しむようになってきました。Rちゃんは、場面の変化に応じて〝構え〟ができてきたことを私は実感しました。

さらにRちゃんの生活の習慣化や生活の拡がりを図っていくためには、次のメッセージが大きな示唆を与えてくれました。

大場メッセージⅡ

「重度の精神薄弱者の施設では、生活習慣を考えるときに〝向かう力を育てる〟という言い方をしています。むかう・・・志と向かう〝志向性〟の発達が大事です。

習慣化のためには、持ち替え、にぎること、はなすこと、持ち替えること、などからだ一つ一つの動作を丹念に広げていき、連携できるようにしていくことです。

反復とは順序を丹念に繰り返すことで、例えば歯磨きの場合　①歯ブラシを持つ　②口へ持っていく　③手で動かす　④コップを持ってうがいをする　⑤歯ブラシを洗うことの順序を丹念に繰り返すことです。

このことは、ほっとけば出来るのではなく、介助者が必要であり大人がモデルになってやって見せることが重要です。

じっくりあせらずに丹念に繰り返すことが反復ですが、安定しておこなうことは、難しく、介助者の気持ちの持ちよう、気の迷い、心の不安定さが子どもへの関わりにおいて手先に力となって現れます。荒さは、指先に、優しさも指先に出ます。

意欲とは自分でやってみようとすることで、うまく出来る、出来ないではなく、自分からしたがる事を動作の自立と言います。行ってはいけない所へわざと行きたがる事も意欲と考えます。行動の自己調節は自分の動作でやってみようとして、構えが出来て繰り返す中で獲得していくものであります。動作の自立というものは子どもの持っている力であり、そういう力をもっています。人間の子どもは人の働きかけを待っています。人の働きかけで刺激を受けてはじめて自発性という方向へ進みます。習慣化は自分から向かおうとする力、構えようとすること、自分からしたがる事を習慣化していきます。」

この示唆のように単なる反復を強いることでなく、意欲に基づいた自発的行為を高めることをポイントに取り組むことにしました。

食事、排泄などの習慣化に一義的に取り組むこととし、保育者だけでなく作業療法士と協力しながらすすめていきました。食事では母以外からの介助を受けられるように、椅子に座りあいさつをして食事の時間であることを知らせ、口に食べ物を当てて言葉かけをして口を開くように促し、口唇部の介助をして舌のコントロールと嚥下を促していきました。

繰り返しの中で、保育者の言葉掛けや周りの友達の話を聞いて楽しんで食事ができるようになり、好き嫌いもでてきて、嫌いなものには口を開けなかったり飲み込みをしなかったりと自分の意志を表す姿が見られるようになりました。

通園に慣れるに従って、外界への認識や保育場面での安定した参加が見られ、表情も柔らかくなっていきましたが、その範囲はまだまだ限られていました。遊びの場面でも感覚レベルの遊びが主であるものの、やってみたいという気持ちが出始め、当初の保育目標であった「他者の介護の受け入れ」や「生活のリズム化を図る」ことは達成され、少しずつ生活の習慣化が身につくようになるとともに、表情の豊かさや自分なりの「したいこと」が芽生え始め〝志向性〟の育ちが見られ始めてきたように思いました。

まとめ―通園での保育のとらえ

このようにRちゃんへの取り組みは、「大場メッセージ」の示唆を受け保育活動を展開していきました。障碍児への保育は、単にリラクゼーションではなく、生活の習慣化を図り生活を高め、子どもたちが自分から向かおうとする力、構えようとすることを育てていくことなのだと実感しました。

そして、私なりに取り組んできたことをこの機会に次のように整理してみました。

お腹がすけばミルクを飲ませてもらい、泣けば抱かれ、あやされながら、お母さんの守りの中で育ってきた子どもたちは、少しずつ外の世界に興味を持ち、お母さんとの愛着関係を基礎として、色々な活動を展開し始めます。その活動を整理してみますと

- 自発的感覚運動体験の中で、運動能力を発達させていくこと。
- 具体的遊びを通して、動作や活動の仕方を学習していくこと。
- 集団の経験を通して、社会への適応方法を身につけていくこと。

というように、乳幼児期というのは赤ちゃん時代の、その生活のほとんどを大人に頼っていた状態から少しずつ抜け出し、経験や体験を通して次第に社会への適応方法を身につけていく時期です。まだまだそのやり方は未熟

で、大人の手助けを必要とすることが多いのですが、そのエネルギーははかり知れないほど大きいものです。この時代をより良く過ごすことで、子どものこれからの生活に対する自信の基礎が作られていくと考えて保育に取り組んできました。障碍のある乳幼児においても、発達の度合いにかかわらず乳児期のとらえは同じですが、保育の取り組みはより細やかな個の理解に基づいた環境の整えや、遊具や教材の配慮を行いながら、働きかけることが大切だと考えています。子どもは興味を持つもので遊びをすすめていきますが、興味の範囲が狭い子どもも多く、感覚を刺激する遊びも多く取り入れていく必要を感じました。揺さぶり・ボールプール・トランポリン・エアトランポリンなど体を動かす遊びや、絵の具・大豆・ぬるぬる・べたべたなど手先を使った遊び、行事を意識しての取り組みやごっこ遊び、園庭での砂遊び、近くに散歩にも出かけていき季節を感じることも大切な経験でした。通園ではＯＴ（作業療法士）と共に集団を意識しながら、その子なりの参加を促し、姿勢、動作等楽しく遊びながら引き出していく集団指導も行ってきました。保育の反省会では子どもの変化、成長の確認または、課題を見つけていくことや保育の計画などを話し合うことに時間を割いてきました。その他、医師、心理職員、ケースワーカー、理学療法士、作業療法士、言語訓練士、保育士によるケースカンファレンスも行い、一人ひとりの育ちの経過、方針など丁寧に話し合うことの大切さや、保育者一人が子どもを背負うのではなく、他の専門職とともに子どもたちと歩むことを学ぶことができました。

片岡まゆみ（元さいたま市立保育園園長）

いつも優しく温かなまなざしでご指導いただいたこと、私の「宝物」です。ありがとうございました。

硬い石の中に柔らかさを見出す

◆金田卓也

私が「大場幸夫が考えていた保育の原点とはなんであったのか」というテーマの本書の一部を執筆することは、果たして妥当なのか、執筆を依頼されながら、つい考え込んでしまいました。なぜなら、幼児の造形活動については、専門分野の範囲ではあるものの、必ずしも、私自身これまで保育を中心軸に研究や実践を続けてきたわけではないからです。もちろん、同じ学科の教員の一人としていっしょに大学の仕事に関わり、副学長時代には、保育大学シリーズという新書の企画の執筆メンバーの一人に加えてもらいました。

大場幸夫と交わしたさまざまな会話を思い起こしてみますと、実は、保育プロパーではない私を取り上げてくれたこと、それ自体が彼の保育思想の原点にあるものではないか、そう思えてきました。なぜなら、保育と直接関係のないように見える話の中にも彼の保育哲学とのつながりを見出すことができるからです。そして、彼の示した保育以外の分野に対する強い関心というものは、保育という営みそのものをより豊かにしていく上で重要なことのように思われるからです。

そうした視点から、私の捉えた大場幸夫の保育思想の原点というものを書くことにします。ある意味、彼ほど、保育の専門性というものを追求してきた研究者はいないといえるのではないでしょうか。彼の研究と実績により、日本による保育の専門性というものが確立したといっても過言ではありません。しかし、その保育の専門性の追求は、彼自身の保育分野に留まらない、哲学・宗教・政治・経済から芸術に至るまでの幅広い教養によって裏付けられているのです。大場幸夫の保育の原点を探るということは、大場幸夫という人間の原点を探ることでもあります。

保育大学シリーズという企画では、保育についてというより、私が関わってきた、国際子ども平和壁画プロジェクト、キッズゲルニカについてぜひ書いて欲しいということでした。私からキッズゲルニカは幼児も参加はしているが、むしろ中心は小学生・中学生であるというと、企画している保育大学シリーズは、いわゆる保育ノウハウ的なものではなく、それはちょうど大学の一般教養の授業に相当するものをイメージしているという彼の答えが返ってきました。だからこそ、保育大学シリーズなのだというのです。それは、保育に関わるものが他の領域に閉ざされた専門家になってはならないというメッセージでもあります。

最初に提案されたキッズゲルニカよりも前に、保育大学シリーズの一冊としてインドの子育てについて書いたものを先に刊行することになり、その本では、子育ての背景にあるインドの家族観や宗教観について多くのページを割きましたが、大場幸夫はそれでいいと執筆を励ましてくれました。

臨床的知とフィールドワーク

自ら、保育現場に臨むという取り組みに長い年月を費やしてきた大場幸夫のライフワークの集大成である『こどもの傍らに在ることの意味』（萌文書林、二〇〇七年）には「保育臨床論考」という副題が付けられています。その序文において、臨床という言葉から治癒行為を連想させせられますが、保育臨床とは、医療や心理の臨床とは一線を画すものだとして、保育臨床という言葉の独自性を強調しています。これは彼の思想を理解する上できわめて重要なポイントであるので、彼の言葉を引用しておきます。子どもたちの生きる場である保育現場において、生きることへの支えが大きな治癒的効力を発揮するということを踏まえたうえで、こう述べています。

何かが良くなるとか癒される効果があるという理由で、それらを保育の〝臨床〟という営みとしていいとは思わない。そうであるなら、従来の医療的な営みや、心理臨床的な営みに期待される〝癒される効果〟と同じではないか。敢えてそれらと峻別して「保育実践における臨床」と強調することもない。近接する医療や心理臨床の専門的なアプローチの援用に期待することで、事態の解決へ向かえばいい話である。（115～

116頁）

そして、次のような問が立てられています。

保育者自らの専門的な立場において、保育者自身の保育行為が優れて〝臨床〟的行為であると考えられないか、という問いを立てて見る必要がある。身近なおとなである保育者の、その専門性について考えてみるなら、私はこうしたこどもとおとなの〝生きざま〟を引き受ける、という保育者の姿勢の中に、「臨床」という営みあるいは働きのあることを見いだせると確信している。（116頁）

彼は保育臨床を次のように定義づけています。

保育実践とは、「こどもの生きる現場を支える営み」ということができる。このように、日常的な生活の営みという文脈の只中に生成されるかかわりや行為について、人と人とが共に生きる在りようを問う視点を、〝臨床的な視点〟と名付けることは許されるだろう。保育臨床とは、このように保育者がこどもと共に生きる在りようを問う視点からの省察と対応であると、包括的に定義しておきたい。（117頁）

このように大場幸夫の言葉をひとつひとつ丁寧に見ていくと、臨床という言葉を使いながらも、治すことや癒すことへの関わりだけを臨床的な営みと考えるべきではないということがよくわかります。身体的にも心理的にもさまざまな問題を抱えた子どもたちと関わることの多い保育の実践現場では、一般的に理解されている医療や心理臨床的な意味での臨床行為を必要としている場面が少なくないために、保育臨床という言葉も同じように考えられがちですが、治癒を目指すという意味での臨床と大場の考えていた保育臨床とは必ずしも一致しないのです。その意味において、彼の保育臨床とは、〝臨床的な視点〟という言葉が象徴しているように臨床的な具体的な行為を示すというより、ひとつのものの見方、考え方だといった方がよいかもしれません。

フィールドワークの思想

中村雄二郎の「臨床の知」は、近代科学の知では捉えられない、具体的な場における具体的な人間のありようを支える知のあり方にスポットを当てた。現場の知あるいはフィールドの知とも言っているところに、私は示唆を得た。（120頁）

大場幸夫の保育の原点を探る上で、臨床という言葉とともに、もうひとつキーワードになっているのは、このフィールドワークという言葉です。フィールドワークの重要性というものを常に強調していた彼にとって「臨床の知」、「現場の知」あるいは「フィールドワークの知」というものはほぼ同義であるのです。彼自身は保育実践者ではありませんでしたが、研究者という第三者的立場から、一歩踏み込んだところに研究者としてのスタンスを置いていました。それは、実践現場に直接入り込み、そこから発想するということです。

「立ち位置」という言葉も彼のたびたび使う言葉のひとつでしたが、フィールドにいるときの研究者の位置ばかりではなく、他者との関係性、保育現場でいうならば、子どもとの関わり方を意味しています。このことは、彼が常に強調していた関係論的視点の重視にもつながります。関係論的視点というものは、フィールドにいる者と対象者の関係性、保育であれば、保育者とこどもの関係性に着目し続けることを意味します。フィールドワークにおける研究者、保育現場における保育者の存在というものが無色透明なニュートラルなものであるはずがなく、『保育原理の探求』（相川書房、一九九七年）の中で、次のように述べています。

子どもと保育者がお互いの主観をかかわらせて成り立っていく世界に着目することであり、原因・結果だけで関係をとらえる発想とは全く異なる視点であることはいうまでもないでしょう。そこでは、当事者という世界、身近な存在として子どもを語ることのできる保育者の世界を視野からはずすことができないのです。（155頁）

ここで、大場幸夫と私の会話エピソードをインタビュー記録風に再現してみたいと思います。事例としてのエピソードを詳述するのは彼の書かれたものの特徴でもあります。フィールドワークについて、彼が語ったときのことです。

「フィールドワークを考えるとき、イギリスの労働者階級の青年たちのことを書いたポール・ウィリスの『ハマータウンの野郎ども』は古典じゃないかな。著者自身が、労働者階級の中に入り込んで書いている。対象が何であれ、現場の何かに入り込むこと、それがフィールドワークの基本だといえるね。」

大場幸夫は、「中に入り込んで」というとき、語気を強めていました。

「大場先生、最近、米国で『アート・オブ・フィールドワーク』という本が出版されました。著者のハリー・ウォルコットは、オレゴン大学の人類学科で教えていた人で、フィールドワークそのものと質的研究についていくつもの論文を書いているみたいですよ。」

「おもしろそうだね、この本のタイトル、金田さん。アートはなんて訳したらいいのかね。」

「Art という言葉は、もともと「技術」っていう意味がありましたから、『フィールドワークの技術』とでも訳すべきでしょうか」

「でも、目次を見てみると、art, Art, The Arts, The Fine Arts なんていうセクションがあるから、やっぱり、ここではアートは技術というより、芸術というニュアンスが強いんじゃないのかな。芸術分野に詳しい金田さんならどう思う。」

「確かに、『フィールドワークのアート』そのままの方がいいかもしれません。」

「まだ、本文を読んでないけれど、日本語訳をどうするかは別にしても、フィールドワークとアートをひとつに結びつけている点、それ自体、興味深いことは間違いないようだね。」


大場幸夫は長年にわたって、女子大で保育者養成に関わってきましたが、学生への指導においても、このフィールドワークの思想は徹底していました。とくに、四年生の卒業論文では、フィールドに入ること、つまり、現場に身を置くことの重要性というものが常に強調されていました。たとえば、保育園や幼稚園に入り込んでの子どもたちの詳細な観察記録はいうまでもなく、子育て支援に関わる研究テーマであれば、支援する側の保育者へのインタビューばかりではなく、支援される立場にある母親へのインタビューも不可欠です。ともすると、学部の卒業論文というものは、数冊の関連文献を読んで書かれたものも少なくありませんが、こうしたフィールドワークを重視した彼の指導は、保育者養成機関で学ぶ学生たちの卒業論文の質の高さというものにつながっていました。

異文化への関心—異質なものを受け入れる—

次に、大場幸夫の保育の原点を探る上での重要な視点として、異質なものを受け入れることにつながる異文化への関心ということをあげておきます。保育大学シリーズのテーマとして、私に与えられたテーマである、キッズゲルニカもインドの子育てについても直接、保育の事例を扱ったものではありません。しかし、そこには異なる文化への関心という共通点があるのです。

保育大学シリーズの一環として私に執筆を勧めてくれた国際こども壁画プロジェクトの活動ばかりではなく、私の妻が外国人ということもあり、大場幸夫と異なる文化に関わるさまざまな話題を共有してきました。ここで、そのときの異文化を巡る彼との会話をひとつのエピソードとして再現してみましょう。まだ同じ大学に着任して、それほど時がたっていないころ、次のような提案を受けました。

「児童臨床研究センターで、奥さんと一緒にネパールの子育てや教育・保育について話をしてもらえると、うれしいんだけれど。」

「私の妻でいいんですか。」

「もちろんですよ。ネパールと日本では子育ての考え方もいろいろ違うと思うし、日本でいろいろ苦労していることも多いんじゃないのかな。奥さんの国はネパールでしたよね。」

「そうです。妻はネパール出身で、彼女の実家はお釈迦様のお生まれになったルンビニから車で二時間ほどのところにあります。」

「そうですか。ネパールはヒマラヤの国ですし、一度は訪れたいと思っているんですよ。日本に来られて、文化の違いをいちばん感じられたことはどんなことなんでしょうか。」

「先生も、ぜひ一度ネパールを旅行されるといいと思います。文化の違いということですが、日本に来たばかりの頃を振り返ってみると、なにもかもネパールと違っていたとよくいっています。結婚するときの約束のひとつとして、文化の違いと出会ったら、腹を立てないで笑おうねっていったほどです。」

「それは、なかなかよい考えですね。文化の違いをコンフリクトして見てしまったら、溝が深まるだけですからね。とくに、日本の社会というのは、同質性というか、そうした特徴を持っているから、異なる価値観を受け入れにくいんじゃないのかな。」

「外の人と書く、外人という言い方そのものがすでに排他的なニュアンスを持っていると思いますよ。だから、妻も、外の人という漢字で表される外人という言葉はあまり好きではないといっています。」

「日常生活のレベルではどうですか。」

「たとえば、食生活について言えば、ヒンドゥー教徒は牛肉は食べないから、家ではビーフの料理はありません。ミルクをもらう牝牛は自分の母親と同じ存在であるから、どうしてその肉を食べることができるか、という発想になるわけです。ある意味、ネパール社会は女性をとても大切にしているところもあります。」

「そこにヒンドゥー文化の女性崇拝の原点を見る思いがするね。子育てでいちばん違っていることはどんなことかな。」

「大家族のネパールと核家族中心の日本の子育てとは大きく違っています。それから、ロジックを大切にする文化なので、小さな子どもがなにか悪いことをしたとき、たとえ、言い訳じみたことであっても、その理由をきちんと説明しなさいと育てます。」

「まず、謝りなさいと躾ける日本と大きく異なる点だね。ぜひ、そんな観点から児童臨床研究センターで奥さんと一緒に話をしてください。」

大場幸夫が企画した児童臨床研究センターでの集まりには多くの学生たちが参加し、とてもカジュアルなアットホームな雰囲気の中で、妻と共にネパールの子育てとその背景にある文化の違いについて話をしました。彼の自宅に何度か招かれたことがありますが、牛肉を食べない私の妻の食事にいろいろ気を配ってくれたことを覚えています。「いつか、ネパールにも行ってみたいね」と、ネパール旅行の相談を受けたこともありましたが、実現できなかったことは悔やまれます。

大場幸夫の異文化への関心は保育実践の場にも向けられていました。地域による差はあるものの、現在の保育において外国籍の親を持つ子どもと出会うことは決して珍しいことではありません。日本語の習得など、子どもたちの環境への順応は速いのですが、外国籍の親たちへの対応の仕方など、保育者の抱える戸惑いも少なくないといえます。彼は外国籍の親を持つ子どもの保育の問題に積極的に関わり、『外国人の子どもの保育』（萌文書林、一九九八年）という本を編集執筆しています。編集代表者として、保育現場に関わる諸機関では多言語による保育の手引きを作成するなど外国人への対応の動きがあるとしながらも、まえがきの部分で次のように述べています。異なる文化的背景を持ったこどもたちの保育に対する彼の考え方を正しく理解するために、彼の言葉を引用しておきましょう。

保育実践の一番奥深いところで、どこかに異文化や多文化という事態への認識は希薄なのだろう。一律に対応する保育観が根強い。今なお年齢差理解を発達理解とする思い込みもある。保育者養成の場では、保育原理の暗黙の前提は、自国中心であり、同質性あるいは等質性を子どもに求める発想を強めているのが現実なのではないだろうか。〝社会的弱者〟などという物言いを、専門的な術語のように位置づける発想を、福祉的と思い込む人たちもいる。語用法そのものに潜む、差別的な感性に無頓着にあるような保育実践と保育研究そのものが、こうした〝外国人の〟云々と真っ向から触れ合う場を得ることで、否応なく互いに異質であることと、互いに自国があることなどに気づかさせられ、自覚化する機会を得られる、と言っていいだろう。（189頁）

そして、異なる文化と出会うときに生まれる視点について次のように言及しています。

われわれが異質な存在同士であると理屈ではわかっても、その異質さをお互いに尊重し合える関係をつくり出すことはけっしてたやすいことではない。人間はみな同じなのだという実感も、人間は一人として同じ存在はないのだという実感も、それ自体は社会的な脈絡（コンテキスト）を離れた文言としては了解できることだろう。しかし、それがいったんわが事として、それぞれが生きる現実の脈絡の中で答えを求められる事柄となると、事情は違ってくる。（189頁）

自分の周囲にいろいろな見方があるという気づき自体、有効に生かせる手がかりになるはずだ。それとは異なり、自分の中で、これだと思い込んできたことを、ゆさぶってみて、自分なりに違った見方を探ってみることも、一つの取り組みとして有効な意味を持つだろう。（190頁）

ここで示した文章の中の言葉ひとつひとつが大場幸夫の会話を思い出させ、彼の肉声が聞こえてくるようです。外国人の保育に関わるこの本の中で、彼が繰り返し強調していることは、外国人や異文化というキーワードを外して、保育そのものを語るときにも、そのままあてはまるように思われます。

大場幸夫は異文化への関心から、諸外国の保育の動きには常に注目していました。彼自身、1985年8月から翌1986年3月まで、オーストリア・クラーゲンフルト州立病院児童精神医学部門、ウィーン市立保育者養成所、西ドイツ・テュービンゲン大学児童精神医学部門、マールブルグ大学児童精神医学部門で海外研修を行いました。後年、ドイツの森の幼稚園も訪れ、その様子についても詳しく語っています。彼がそうした国際的視座を持ち続けたことは、他界する前年に出版された、米国の保育学のテキストである『保育学入門　子どもたちと共に生きる保育者』（ミネルヴァ書房、二〇一〇年）という本の翻訳の代表を務めたことからもわかります。

大場幸夫は途上国の保育についても関心を示していました。彼は、内戦の続いたカンボジア難民キャンプの子どもたちへの支援から始まった「幼い難民を考える会」への支援を続けていました。この団体は難民キャンプ閉鎖後の現在も、難民を出さない平和な社会を目指して復興支援活動を行っています。

また、私がネパールを訪問するとき、ネパールのSOSキンダードルフ（子どもの村）について紹介してくれました。このSOSキンダードルフは、第二次世界大戦後のオーストリアで誕生した組織であり、戦争で親を失った子どもたちへの支援から始まった活動ですが、現在は途上国を含めた世界各地で多様な活動を展開しています。帰国後、ネパールの〈子ども村〉で子どもたちが共同生活を送っていることを現地の映像と共に報告したとき、たいへん興味を持って話を聞いてくれました。

大場幸夫の考えでは、安易に自分と同じだというのではなく、他者の異質性を充分に見据えたところから、他者へのより積極的な支援が始まるのです。もちろん、こうした支援活動への関心は海外だけではないことはいうまでもありません。阪神大震災直後、学生たちから現地でのボランティア参加への希望があったとき、大場幸夫は昼休みに学生たちを呼んで直接話を聞き、彼女たちの善意を具体化するために積極的に動きました。この東日本大震災に際しても、同じ姿勢を貫いたに違いないでしょう。

硬いものの中に柔らかさを見出す

大場幸夫の趣味のひとつに石のコレクションがあります。高価な珍しい石を収集するというのではなく、訪れた土地の河原で目に留まった石を拾って、集めるのです。仕事場の机にもそうした石のコレクションの一部が並んでいました。

保育研究の第一人者である大場幸夫が石のコレクターであることを知ったとき、その意外性に驚いたことを覚えています。なぜなら、保育の対象である幼い子どもの柔らかなイメージと硬質な石のイメージに隔たりを感じたからです。しかし、日頃から彼と親しく接する中で、石への関心と保育実践への眼差し双方にある種の共通点があることに気づきました。彼の石のコレクションというのは、高価な値で売買される銘石を求めるのでもなく、いわゆる珍石や奇石の類を集めるものでもありません。そうではなく、彼は、名もない路傍の石ひとつひとつにかけがえのない個性を見出し、そこに喜びを感じていたといってよいでしょう。つまり、彼が石集めに求めていたものは、保育実践で関わるこどもたちひとりひとりにかけがえのない価値を見出すことと同じことのように思われます。

彼が石のコレクターであることを知って以来、私も海外での調査や国際会議に参加したとき、現地の石を拾って、その場の写真とともに標本のように小さなビニール袋に入れてお土産として渡すことにしていました。ガンジス川の河原の石、ヒマラヤの麓の村の石、ギリシャの遺跡の町の石など、私が持って帰った石が学長時代の部屋にきちんと飾られていました。最後に渡したのはミャンマーの洞窟仏教寺院を流れる地下水路の脇で拾った小石でした。

石の話題になって盛り上がるときの嬉しそうな様子と少年のような目の輝きは今でも忘れることができません。石を巡る大場幸夫との会話エピソードの再現です。

「いつも、海外の石をありがとう。ちゃんとこうして飾っていますよ。この石、最近、温泉地に行った途中の川の近くで見つけた石なんだけれど、なかなかいいでしょう。白っぽく輝いていて、なんとなく丸みがあってね。これと比べると、以前、持ってきてくれたギリシャの石は男性的だね。」

「確かに、角張っていて、男性的な感じがしますね。西洋文明の根源はギリシャ文明にあるわけですが、西洋文明それ自体がきわめて男性的な感じといえるかもしれません。先生は石のコレクターなわけですが、竹中直人が主演している、つげ義春の漫画を原作にした『無能の人』という映画をご存知ですか。石のコレクターが登場します。」

「知っているよ。なかなか面白い映画で、石のオークションの場面なんか、笑わせるね。」

「先生がこんなマイナーな映画を見ていたなんて意外ですね。あの映画を見て思ったことなんですが、石もアートも、関心がある人にしか、重要な意味をなさないという点では、同じものじゃないでしょうか。」

「そうかもしれないね。でもね、私の石のコレクションの場合、有名な石だとか、高い石だとか、そういうことはまったく関係ないんです。ただ、こうして、石をじっと見詰めている、それで充分なんです。」

大場幸夫は、コレクションした石を手に取りながら、微笑みました。

彼は無表情ともいえる石の中に無限の表情を見出すことができたのかもしれません。そして、それと同じ眼差しで保育における子どもたちの姿を見詰めていたに違いありません。

私がカナダのトロントにあるオンタリオ教育研究所を訪れたとき、博士課程で学ぶダイアナ・デントンという女性の論文のタイトルに「石の柔らかさ」という言葉の入ったものがあったということを報告すると、大場幸夫は目を輝かせるようにして、「すばらしいタイトルだね」と強い共感を示してくれました。

ある意味、幼いこどもたちを対象とする保育という分野は、まさに〝柔らかい〟分野であるといえますが、一方、研究者には〝鋭い〟エッジが要求されます。「石の柔らかさ」という言葉に象徴されるように、大場幸夫は柔らかさと硬さ、柔軟さと鋭さという、一見相矛盾するものを両方兼ね備えた、まさに石の中に柔らかさを見出すことのできる稀有の研究者であったといえるでしょう。

幅広い教養

必ずしも保育プロパーではない私から見た、大場幸夫の保育の原点を探ってきましたが、最後に、彼はほんとうの意味での広い教養の持ち主であったことを改めて強調しておきたいと思います。

冒頭で述べましたように、彼の保育哲学の背景には専門の保育分野だけではなく、政治・経済・宗教・芸術などさまざまな分野にわたる広い教養のバックグラウンドがあり、そして、常に好奇心を抱き新しい知識を吸収しようとする姿勢を持ち続けていました。芸術分野においても、とくに西洋クラシック音楽に造詣が深いだけではなく、文学・美術・映画にも関心があり、先に話題としてあげた映画『無能の人』のようなマイナーな作品にも興味を示していました。

このような教養の幅の広さというものが、彼の保育哲学の原点にあります。それだからこそ、保育者の専門性を追求すると共に、保育実践者には専門知識ではない幅広い教養と視野を身につけて欲しいと強く願っていたに違いありません。そうした意図が、保育大学シリーズ発刊の背景にあったことは明らかです。

直接会ったことのある人、誰もが感じていたことのように思われることですが、大場幸夫は学長になっても、人間を地位の上下などという尺度で測ったりすることなどまったくなく、いつも笑顔であらゆる人と接していました。世間には立派な人、偉い人も大勢いますが、大場幸夫のように、常にえらぶることなく人と接することのできる人物というのはきわめて稀なのではないでしょうか。こうした姿勢というものも、彼の幅広い教養に裏付けられたリベラルな思想と深く結びついているように思われます。その原点から保育に関わる者が学ぶべきことは多いといえるでしょう。

金田卓也（大妻女子大学家政学部教授）

保育者にとっての専門性とは、狭い意味での専門性ではなく、より広い視野に基づくものであることを伝えていきたいと思います。

大場先生から学んだこと

研究者として、人間として

◆金　瑛珠

大場先生の考える保育の原点…、とても難しいお題を引き受けてしまったと感じています。原稿の話を頂いたとき、「書けない…。私に何が書けるの？」と自問自答しましたが、書くことにチャレンジすらしないと、きっと先生がガッカリされるような気がしたので引き受けたのが正直なところです。まだ先生から学んだことをうまく整理することはできません。しかし、私は大学生の時から先生に育てていただいた弟子ですので、学生時代のことなどにも触れながら、先生のお人柄を含め、先生が大切になさっていたと思われることを拙い文章ですが、私なりに書いてみたいと思います。

学生に対しても、保育者に対しても、誰に対しても

大場先生との出会いは、大妻女子大学に入学した10代の頃でした。担当されていた科目の影響もあるのですが、1・2年次の頃の先生の印象は、〝素敵な声で、でも、なんだか難しい表情で難しいお話しをされる先生〟、といったところだったような気がします。そして3年次のゼミを選択するときには、当時、〝原書を読ませることもある〟という脅し（？）があり、迷いながら選択しましたが、この時の選択がその後の私の人生に大きな影響を及ぼすことになりました。

当時、ゼミではフィールドワークに関する文献をみんなで読み（幸い、原書云々は脅しに終わり、日本語の文献を読むことができました）、一人ひとりの学生が〝子ども・保育〟からは離れた自分の興味・関心に基づいてフィールドワークをし、その報告を夏休みの合宿で発表し合う、というのがゼミの前半の流れでした。当時のノートをめくってみますと、「前期目標：子どもの世界を狭い意味ではなく、広い範囲でとらえる（子どもから離れることによって）」と書かれていたので、先生がそのように説明されていたと思われます。専門分野の勉強が始まった矢先、突然、自分自身の興味関心に基づいて、自分自身で何をやるかを決め、どのようにアプローチするのかを模索し、

実際、フィールドワークをする…。いろいろな意味でわくわくしつつも緊張したことを覚えています。今改めて考えると、大場先生は学生に対しても（後で触れますが、保育者に対しても）、徹底的にその人の主体性を大切にして付き合ってくださっていました。しかし、当時、学生だった私たちは主体性云々とは思えず、「なにをどうすれば良いの⁉」と具体的な道標がなかったために途方に暮れることも多々ありましたが、困って相談に行くと必ず話を聞いてくださいました（あえて、「解決して下さいました」とは違う表現にします）。程よい（？）〝放置〟の中、学生同士で考えたり話し合うことが多いゼミとなり、先生が不在の時も学生がにぎやかに集まる５０３研（当時の大場研究室の通称）でした。そして、その居心地の良さから、私はその後長く研究室に居続けることとなりました。

４年次には卒業論文指導を担当していただき、夏頃、進路に迷っていたとき、大場先生から大学院進学を勧められ、入試の際は「大場先生のいわれる〝保育臨床〟とは何か、知りたいです！」と面接官の先生方に力説したことを懐かしく思い出します。

今回、この原稿を書くにあたり、約15年ぶりに、改めて修士論文を書いた時の資料（【大場 t's 添削済み分】と書かれた論文の準備のための束）を読み返してみました。膨大な量の拙い記録・途中段階の論文に、当時先生が愛用されていた付箋がびっしりと貼られていて、各ページに先生の字がたくさん書き込まれていました。懐かしさと申し訳なさと、こんなに丁寧に見ていただいていたのだなぁという感慨深さ・感謝の気持ちでいっぱいになったのはいうまでもありません。赤ペンで書き込まれていた内容は論文の書き方（構成）に関する指導もたくさんありましたが、莫大な量の事例の部分になりますと、徹底して、次の二つに関する指導がなされていたことに改めて気づくことができました。一つ目は、表面的なとらえ方に対する指導。二つ目は、子どもの姿を簡単に意味づけてしまっている私の記述（考察）に対する指導。具体的に紹介しますと、私の記述に対し、大場先生は「類型的な捉えとその論述は慎んでほしい。そういわれている、という紹介なら話は別だが…」とか、「お前の観察力はこんな粗いものなんかい→本研究の記述の基本的問題」という、読み返すと恥ずかしくなる自分自身の記述がたくさんありましたが、学生のエピソード記録やその考察に対し、一つ一つ丁寧に読んでくださって、細かく指導してくださっていた先生の丁寧さ・暖かさを感じ、院生の頃、徹底的に指導していただいたことは、子どもを見るまなざし・保育を見るまなざしだったのかなぁと改めて感じることができました。もちろん、あまりにも拙い内容に、時には、赤い字で「コラッ、キム！」とだけ書かれた部分もあり、資料から目を背けたくなる部分もありましたが、「お待たせ、ハナマルだよ。こういうおさえがどうしてそれ以前の論述にもできないのか。（私は不思議な気がした!!）」【注：私自身が〝不思議〟という言葉を多用していたため、先生に指摘を受けたあとのものです】など、徹底的な赤ペン指導の中の褒め言葉を糧に、とことん記録に向き合い、子どものこと、保育のことを深く考えていく奥深さにのめりこんでいた日々を思い出しました。

当時の大場先生は学内での役職などはついておられませんでしたが、それでもやはりとても忙しくされていた記憶があります。しかし、私たち学生が時間を取ってほしい旨を申し出るときちんと時間を取って下さり（時にはいやな顔をされたりもしましたが）、膨大な量の記録を「読んでください！」とお渡ししても、「お前の記録は読むのに疲れる…」とおっしゃりながらもこちらが驚くほど隅々まで目を通して返してくださいました。このような育て方をされてきた自分は幸せな学生時代を送ってきたということを近年感じていましたが、今回、過去の記録を読み返してみて改めて実感しました。それは私自身が現在、保育者養成に携わる養成校の教員をしているゆえに感じる尊敬の念でもあり、自分自身への反省でもあります。話を戻しますと、今になって思うのですが、先生は〝学生の記録〟であるとか、〝保育者の記録〟である、という分け方はされずに、〝子どもに関する記録〟として保育の記録を読んで、共に深く考えてくださったり、面白がってくださっていたのではないかと思います。また、子どものエピソードをどのようなまなざしで見つめ、どのように記述するのか、意味をどのように読み取るか、を大事にされていて、その部分に関しては、少しでも手を抜くと厳しく鍛えてくださっていたように思います。

論文指導を受けていたころ、先生と私の気になるポイントにズレが生じるとことん時間をかけ、意見を交わしていたと記憶しています。当時、研究室でよく居合わせた保育雑誌の編集者の方に、「師匠が良いと言うのだから、良いじゃないか！」と笑われたこともありましたが、少しでも気になってしまうと、先にすすむことができず、とことん追求していました。これは研究者の卵として大切なトレーニングだったと思う反面、先生が、先生の中で持っていらっしゃる答えを決して他者には押し付けない故のやりとりであったと思います。そのような意味では、答えがほしいと思っていた私はもどかしい思いをしたこともありました。ただ、のちに『こどもの傍らに在ることの意味』を読んだとき、学生に対しても、保育者に対しても、先生は先生のスタンスで寄り添うことはされても、当事者が自分自身の答えを見つけ出していくことを本当に大切にされていたのだということに気づかされました。もちろん、先生のスタンスで、先生の興味関心で向き合って問いかけられることも多かったので、先生の言葉に対して、「どういうこと？」「どういう意味？」と私のみならず聞き手が混乱する場面も時々見かけました。のちに、ある研究発表会で大場先生が前半の総括をされたとき、休憩時間中、先輩方や研究会仲間の方々から「キムさんは今、大場先生がいいたかったこと、わかった？」「一番身近でいろいろな話を聞いているんだから、わかるよね？」と半ば詰問され、やはり私も頭の中にはてなマークがたくさん浮かんだことがありました。そのような意味では、大場先生の話は難しいことでも有名でした。誰に対しても、同等に接して下さる故に、上から目線でやさしい内容に置き換えて〝説明してあげる〟というスタンスをとられなかったことが原因ではないかと思います。学生時代、先生の〝誰に対しても〟というお人柄がわかる、とても驚くことがあったことをご紹介しましょう。研究室で少人数の授業をしていた時だと記憶していますが、ある施設の連絡先を調べてみようということになりました。そのとき、先生が自らNTTの番号案内に電話をされたのですが…、とても丁寧な口調で大妻女子大学の教員であることも含めて名前を名乗られました。最初、「あれっ？　ほかのところに先にお電話をされたのかな？」と思いながら学生同士顔を見合わせたのですが、やはり電話をされたのはNTTの番号案内でした。この時のことは私の中では忘れられない出来事で、大場先生の、誰に対しても丁寧なお人柄を伝えられる最適なエピソードだと私は思っています。

現場を大切に……。子どもの日常・保育者の日常を大切に……。

大場先生は保育現場での学びをとても大切にされていました。大場先生ご自身も時間の許す限り、巡回相談などで現場に行かれていましたし、保育者との研究会（勉強会）の時間もとても大切にされていました。

大学院生の頃、大場先生の巡回相談に二度ほど同行させていただいたことがありました。そのとき、先生方（保育者）の声・悩みに対し、真剣に聞き入り、考えるきっかけとなるいくつかの視点は提案されながらも、具体的な答えらしきものは出さずに（示さずに）園を後にされる姿や、巡回相談に行かれた後、授業の中で先生が語られる保育の奥深さに、私も後々巡回相談にかかわりながら、保育者と〝共に〟、子どもの育ちを丁寧に見つめていける仕事をしていきたい、と思うようになりました。

先生のご指導のおかげで自分の記録・論文にとことん向き合いながら大学院時代を過ごし、卒業する際、直前まで進路が決まらずに焦ったことを覚えていますが、公立幼稚園で障害児を介助および担任教諭補助をする幼稚園教育嘱託員として働くこととなり、念願の現場に勤めることができることを報告したときには大変喜んでくださり、卒業のお祝いをしてくださいました。学生として「キム」と呼ばれていた時期から、〃さん〃付けで呼ばれるようになる変換期（？）に、現場に出ても研究の視点を大切にしてほしいというお言葉をいただき、現場に送り出していただきました。【注：当時は、ゼミ生は呼び捨てで呼ばれ（これがうれしかった記憶があります！）、学生という立場でなくなると〃さん〃付で呼ばれるように変化していました。その数年後から、「学生にも〃さん〃付で呼ぶことにした」とおっしゃっていましたが…】

その後、幼稚園で個別配慮が必要であったH君とかかわった2年間、たくさんの話を聞いていただきました。中でも、私自身が、当初あまり話すことができなかったH君とのかかわりの中で、一人でずっと〃実況中継〃をしている感覚でいろいろH君に話し続けている、という当時の日常を話した際、先生は〃実況中継〃ということばに大変興味を持たれていました。

その後、H君とのエピソードなどを交え、【「子ども理解」から「その子理解」へ】という拙論を書き、研究会で取り上げていただいたとき、大場先生が以下のように発言されたのが私の手元にメモとして残っています。「子どもの変わらなさに付き合っていくのが身近な大人なのではないか。（〃かわる子ども〃をみていくのではなく。）／〃かわらなさ〃に付き合っている、と意識する必要があるのではないか？」というメモです。また、「〃その子理解〃自体が、かわらなさの中で出来上がっているもの」というメモもありました。今、改めて、先生がどのような思いでこのようなことをおっしゃったのか、聞いてみたいところですが、私なりに意味を探ってみると、目に見える変化・成長を求めて日々かかわるのではなく、また、変化・成長に気づきにくい立ち位置にいることが子どもの身近にいる、ということ。子どもが身近で実況中継をし続けていた私の言葉から言葉をたくさん獲得していったことはのちに気づくことですが、当時の感覚としては、聞いて反応を示してくれる相手のいない状況で〝実況中継〟をし続けているという焦りが私の中ではありました。そして当事者のその感覚に対し、興味を持たれたのかなぁと思います。

一緒に生活し、毎日共に過ごしていると、〝変化〟に気づきにくく、〝いつのまに…〟という感覚で子どもの姿に喜びを感じることが多いのが保育者であり、その地道なかかわりこそが保育ですが、その大切さに意味づけをしつつ、保育者を支えていくことが、保育者を支えていく人の大切な役割なのかもしれません。先生は『こどもの傍らに在ることの意味』の中で「支援は日常的な生活の保持運営という、多くの人が目を外してしまうような日常茶飯事的な生活世界を、地道に支える専門的な働きと意味づけることができる。それが保育者の働きだ。」と書かれています。保育者が語る日常、当事者が語る日常を大切にされたからこそ、大場先生は保育者の方々との研究会（勉強会）を大切にされ、保育者が何気なく語る一言に興味を示し、そこから多くのことを考えていらっしゃったと感じています。当事者が語る一言、その人の感覚を大切にされながら、保育者に寄り添う・保育に寄り添うことをずっとされていたのでしょう。

巡回相談において大切なこと

現場で子どもと共に生活をし、たくさんのことを学ぶ傍らで、私は巡回相談を始めることとなります。ただし、最初の頃は、大場先生との縁はない地域での巡回相談でした。

私が保育園の巡回相談にかかわるようになったのは平成10年7月のことです。大学院卒業時に、「履歴書だけでも送らせてください」と、ある自治体に送っておいた履歴書がきっかけで、私は大場先生と同じ、巡回相談の仕事をはじめるようになりました。

そして、初日、とても緊張し、後々たくさんのことを学ばせていただいた保育園に行ったのですが、その際、ベテランの保育者の方々から、「専門的な立場でのご指導をお願いします」と言われ、当時、まだ20代半ばだった私は〝専門的な立場でのご指導って、なに?〟、〝ここでの巡回相談はなにが求められているの?〟と、混乱し、大場先生にSOSのメールを送りました。そして、私のメールに対し、以下のような返信をしてくださいました。

「巡回相談とはなんぞや」とはなんぞや?
老若は関係ないものと考えて、相談に臨め。
肝心なことは、

① その日の子どもの様子から、育ちの様子として注目したいこと、を観察後に整理しておくこと。話し合いでは、キム先生がなにを見ていたかを、率直に知りたがるはず。嫌味な方はどこにでもいるから、いちいちそんなやからの存在に振り回されないこと。

② 担当者(担任)が当面気にしていたり悩んでいることを確かめること。そのことがキム先生の発想や見通しと一致しないとき、相手のプライドへの配慮もあって、ことばを選んで伝えるように。同行する主査とか主任とかがいるなら、あらかじめ自分の言いたいことを聞いてもらっておくことも役立つことがある。(オレがついていればなあ!　と一応こわいい、いや、かわいい弟子への重い槍(?)を、ちょっと…)

③ 相談は意見の交換で終わらせないこと。つまり担任に、これからの方針や見通しにあたる判断について、相談員共々確かめ合っておくこと。

④ 実践現場は一つとして同じ雰囲気のものはない、といえる。正論をいってすっきりしても、巡回相談の

方向は、それではダメ。大事なことは、相談員の正論ではなく、担当者の悩みを一緒に担ってくれる存在を求めている（まてよ…いないこともあるなあ）。

⑤　メイルじゃ滅入る、なーんちゃって。つまり話にこいと言うことさ。がんばれ！

このメールは、私が送って間もなく返信をしてくださったと記憶しています。日付などの記録は残っていませんが、メールの本文のみは大事にプリントアウトしていて、巡回相談関連ファイルの1ページ目に挟んでいます。そして、巡回相談をさせていただく中で迷ったり、悩んだりした時、いつも、読み返すようにしているものです。大事なことを教えてくださりながら、私のパニック状態を和らげてくださるために、ところどころで愛情たっぷりの書き方をしてくださっていて、読み返すたびに、フーッと気持ちが楽になるような、初心に戻れるような、私にとってはバイブルになっています。

そして、のちに、大場先生に声をかけて頂き、大場先生が長年継続して巡回相談をしていらっしゃる地域の巡回相談にも携わらせていただくことになります。2007年、癌の手術のための入院をされる前に電話をくださり、「俺になんかあったら、S区（の巡回相談）は頼んだぞ！」と冗談っぽくおっしゃっていたことを亡くなられたとき、ほろ苦く思い出しましたが、先生が巡回相談の仕事をとても大切にされていたことはとてもよくわかっているつもりなので、先生のお気持ちをきちんと継いでいかなければならないと思っております。

「巡回相談」。この言葉も、大場先生らしさを物語っている言葉なのかもしれません。現場では「巡回指導」であると意識され、そのように表現されることも多いのですが、先生は一貫して「巡回相談」と表現されてきました。指導する立場ではなく、ともに考える立場で保育の場にあり続けた先生の真摯な姿、信念を表す言葉なのかもしれません。

保育現場にかかわる研究者として

机上での研究をする研究者ではなく、保育実践に、保育現場にかかわる研究者として、大場先生に教えていただいたことを書いてみたいと思います。

わたくしごとですが、２００３年、韓国で行った私の結婚式にはるばる来てくださり、スピーチをしてくださったとき、学生時代からの付き合いであることをお話しされた後、「障害のある子どもの育ちや、それを支える保育者を支援するために同じような仕事の領域において一緒に実践と研究を重ねてまいりました。」と言っていただきました。もちろん、当時も〝一緒に実践と研究を重ねて…〟と言ってくださったこと、心よりうれしく思っていましたが、今現在、短大に勤めながら子育てをしている日常において〝研究〟という視点をないがしろにしがちな私にとって、〝そういえば、機会あるごとに、研究、という視点に立ち返るよう、アドバイスをくださっていたなぁ〟と改めて思い出すことができます。二次会のスピーチの中では、「〝支援する人を外側からサポートする仕事〟を共にしている」とおっしゃってくださり、実践と研究という視点を持ち続けるべき領域で仕事をしている立ち位置を再び自覚させられました。そのような意味では、数年後、日本保育学会の学会誌・保育学研究の特集論文「保育者相互の支え合い」をご担当されたときに、先生から〝自由投稿の論文を執筆し、査読を受けてほしい。〟と、論文執筆を勧められたことがありました。日頃の保育現場との関係をもとに、論拠を踏まえて取り組んでほしい。力が及ばず、査読を通ることができず、ご期待に応えることができなかったことが弟子として申し訳なく、とても心残りとなっていますが、その論文を提出するにあたって、激務の中、一度だけ、メールでご指導を受けることができたこと、今後、必ず活かしていきたいと思っています。保育現場をフィールドとする研究者ならではの研究をきちんとしていくべきだと、さまざまなタイミングで教えられてきました。

また、先生は最終講演の際、〝実践研究者〟ということばを用いられました。これは、大場研究室で育った者たちへのメッセージでもあったと思っています。

保育臨床へのこだわり

２０００年に、「保育研究の最前線（４）：〝保育臨床〟とその周辺の〝臨床〟について」という拙論を書いたことがありました。当時、〝保育臨床〟とはなにか、院生の頃から考え、その後も現場に入り、また、現場とかかわりながら考え続けていたにもかかわらず、私にとってうまく説明をすることができなかった〝保育臨床〟について周辺領域と関連付けながら書いたものでした。自分のわからなさを書いたつもりでしたが、のちに、〝師匠にかみついている〟と一部の方々にいわれ、面白がられたことがありました。大場先生からも、〝論文の中で批判を仕掛けてくる弟子〟と表現されたことがありましたが、よく「いずれキムのあの論文に対し、きちんとお返事の論文を書かなくちゃ、な」とおっしゃっていました。それは、拙論を書いた直後もおっしゃっていたことですし、『こどもの傍らに在ることの意味』をようやくまとめることができたと直筆のサイン入り本をくださったときにもおっしゃっていたことです。ご著書の中で〝保育臨床〟についての定義を明確に示された上で、お返事論文ではどのような内容を構想されていたのか、とても知りたいところでしたし、楽しみでもありましたので、お返事をいただけなくなってしまったことは残念でなりません。

話は変わりますが、『こどもの傍らに在ることの意味』が発行された数カ月後、突如、携帯電話に大場先生から電話がかかってきて、「保育雑誌に本が取り上げられることになり、書評を書く人を指名することとなったが、ぜひ書いてほしい。率直な意見を書いてほしい。」と言われたことがありました。この時も今回の原稿同様、「困った…、何を書こう…」と思った記憶がありますが、大場先生の唯一最大のオーダーは〝率直な意見〟ということでしたので、再読したうえで緊張しながら書かせていただいたことを記憶しています。

ご著書の中に、「スーパーヴァイザーではなくパートナー」という見出しがありました。本章冒頭でも記しましたが、大場先生は他者と対等に意見を出し合うことを大切にされていたからこそ、半ば身内である私に、同じ分野に興味を持っている一人のパートナーとしての私に書評を書いてみるよう依頼されたのではないかと思い、身の引き締まる思いをしたことを思い出します（書くにあたって、雑誌のバックナンバーを見てみると、書評を書かれていたのは錚々たる方々だったので、「どうして私が書くことになってしまったのだ？」と思いあぐねて出した結論でした）。

そして、先生のご退任記念パーティーでは、御指名をいただき、卒業生を代表してスピーチをさせていただきました。そのとき、直々の御指名だったにもかかわらず、のちに何度も「お手柔らかに」とおっしゃっていた姿は、うまく表現できませんが、何とも先生らしいお姿だったような気がします。

以上、いろいろと徒然なるままに書いてみましたが、大場先生の考えていらっしゃった保育の原点は、よくわかりません。

大場先生の考えていらっしゃった保育の原点…。

それは、子どもとかかわる一人ひとりの大人が自分自身に〝本当に私は子どもの傍らに存在しているのか？〟と問い続けながらあり続けること。日常的にこどもとかかわるが故に見落としがちな〝こどもにとってのストーリー（保育者とその子とのストーリー）〟をきちんと語れること。身近な大人が自分の立ち位置や見方を意識しつつ子どもの世界に寄り添うこと。ではないでしょうか。そのような大人であり続けるためにカンファレンスが大事であり、同僚の存在が大切である。大人同士の支え合いなしに、大人が一方的に子どもの育ちを支えることはできない。また、大人が子どもと共に生きる場が保育の場であり、保育の原点となるのではないでしょうか。私自身、大場先生が書かれる〝保育の原点〟を読むことができないことが残念でなりません。

最後に、大場先生が大切にされていたことを挙げてみたいと思います。

●子どもの生きる場において専門性に基づく判断をしながら、また責任を持ちながら、しかしそのことをあまり意識することなく、また、特別なこととして扱われることもなく子どもの日常に寄り添う保育者の専門性を支えること。

●子どもの育ちにおいて、日常がいかに大切であるか、ということ／日常は当たり前のものとして訪れるのではなく、子どもとかかわる保育者の専門性に支えられ訪れる、ということを丁寧に見つめ、保育者と共有していくこと。

●専門職である保育者に対し、敬意をもって接すること。

このように列挙してみると、関連して思い出されるのが、「専門職養成」という言葉です。現在、保育者養成に携わっている私にとって、大場先生が時折使われていた「専門職養成」という言葉は常に肝に銘じておかなければならないことだと強く思っています。大場先生は、子どもが生活をする場所にともに生きる保育者、かわらない日常を支える保育者の仕事・役割をとても重要なこととして考えていらっしゃったと思っています。その専門的な役割、専門職としての力を支え、意味づけていくことをご自身のライフワークとして長年取り組んでいらっしゃったといえるでしょう。

そのように考えますと、大場先生の考える〝保育の原点〟には子どもと共に生きる保育者の存在が大きな位置を占めていたように思えます。大場先生の教えを受け、子どもの日常を支える保育者をサポートできる存在になれるよう、自分を磨いていくことが大場先生への恩返しだと胸に刻み、驕らずにしっかりと保育者に、子どもに、保育者になっていく学生たちに向き合っていきたいと思います。先生から教わったことを大切にしていくことがささやかな恩返しだと思っています。

金　瑛珠（千葉明徳短期大学保育創造学科准教授）

先生に教えていただいたことを大切にしながら保育に携わっていきたいと思っています。これからもずっと見守っていてください。長い間、本当にありがとうございました。

語られた言葉から想起する大場先生の保育論

◆佐伯一弥

大場先生との出会い

大学4年生の私

私が初めて大場先生と出会ったのは、1994（平成6）年の4月でした。当時、私は青山学院大学文学部教育学科の心理学専攻に在籍しており、4年目の新学期を迎えたところでした。折しも、バブルがはじけ、就職氷河期なるものが、その兆しからいよいよ本格的なものへと変貌しつつあり、就職活動に取り組んでいた学校の仲間は一様に苦労していました。私は…というと〝何となく〟自分の卒業した都立高校の社会科の教師になりたいという思いをもってはいたものの、一方で、当時の倍率が3桁になったなどという噂を聞いては、それを口実に「どうせムリかな…」などと思い、格別の努力をすることもせず、半ば逃避的な心情を携えながら、心理学専攻の大学院にでも行こうかな…などと考えていました。

「臨床保育学」の受講とその理由

しかし、私は当時水曜日の5限という、ほとんどの学生が受講したがらないような時間に通年開講された「臨床保育学」という教科を受講しました。そこには二つの理由がありました。

一つは、もっともらしい理由と言えるものです。私は大学2年生の時に受講した「発達心理学」という教科で課された夏休みの課題をきっかけに、自分の卒園した保育施設に足を運びはじめ、そのまま3年生のゼミ課題レポート、4年生の卒業論文作成のために、データ収集という名目のもと、足繁く通いました。しかし、それは研究対象としての幼児への興味・関心よりも、素朴に子どもとかかわることの面白さ・楽しさを求めていたことによるものでした。ですから、その時点で取得希望の教員免許を高校の社会科から幼稚園に変更することもできたのですが、そこまでの思いはないままに、でも、保育の現場には頻繁に足を運んでいたわけです。そのような経緯から、「臨床保育学」という教科名そのものに大きな魅力を感じました。すなわち、「どうやらこの教科をとることで、自分の専攻している心理学と、これまで興味本位でふれてきた保育のことが、何らかの形で結びつくのではないか…」と予感されたのです。そして、この予感が、受講した理由の一つになったわけです。

しかし、正直に言えば、もう一つ、不純な動機に裏付けられた理由がありました。それは、当時在籍していた部活からの逃避というものです。私は大学選びの基準を、当時親しんでいた吹奏楽のコンクールで優秀な成績を収めていた東京都内の大学にしており、大学生活の多くも吹奏楽部の活動に重きが置かれ、むしろ、部活動の合間に学業をしているといった有様でした。けれども、大学4年になる頃、当時の部活を指導してくれた学外の講師（指揮者）の指導法に対する違和感や、そのことに端を発した部内の対立などから、本来、部の運営の中心的な役割を担わなければならないにもかかわらず、半ば、いや、ほとんどそこから逃避するためのいわば正当な理由として、部活の時間と重なったこの水曜5限の授業を受講したという経緯があるわけです。

大場先生と出会った「運」と「縁」／大場先生がつないでくださった「運」と「縁」

そういうわけで、もっともらしい理由と不純な動機の二つを携えた私は、青山キャンパス5号館1階の教室で、大場先生と出会いました。

決して広くはない教室で、初回の授業には十数名の学生がいたように記憶していますが、2回目以降は激減し、その後はほとんど1対3ないし1対2といった限りなく個人授業に近い形態で受講することとなりました。

このように大場先生との出会いを振り返ってみると、本当に「運」と「縁」は大きな力があるのだな、と強く実感します。その後、この「臨床保育学」の授業を通して、「保育臨床」という概念を媒介に、「保育相談事業」を通じた「保育者支援」の在り方について、大場先生ご自身の体験に基づいた、まさに〝現在進行形〟の語りに接する中で、自分も同じ道を歩みたいという思いをもつようになりました。そして、その年の秋に、児童学専攻のある大学院を受験し、無事に合格した後は、大妻女子大学で月1回のペースで開催されていた研究会に参加させてもらいました。そこでは、当時若手と言われていた、そして、いまでは保育界で活躍されている先生方とのご縁が一気につながり、いまの私の仕事につながっています。さらに、個人的には、1997（平成9）年に大妻女子大学大学院の博士後期課程へ進み、大場先生のもとで研究に勤しむことができるようになったことにくわえ、その年の秋には、大場先生に私たち夫婦の結婚式の媒酌人を務めていただきました。このように振り返ると、「運」と「縁」のもつ力はもとより、さらにそれを紡いでくださった大場先生の存在と力に感謝以上の思いをいたすのです。

「臨床保育学」のノートを読み返す

「臨床保育学」の授業概要と〝こだわり〟のノート

先にも述べたように、もっともらしい理由と不純な動機から受講した「臨床保育学」でしたが、その内容はとても興味深く、4年間受講した教科の中でも特別な意味合いをもっていました。それは、この教科のノート作りにも表れています。もともとメモ魔で、（学習内容の定着如何にかかわらず）ノートをきれいに構成することが好きだった私ですが、この「臨床保育学」については、受講時に、ただのコピー用紙に鉛筆で記録し、その後、改めてノートに4色のボールペンを使いながら、きれいに再構成していました。いまではすっかりボロボロになってしまったノートですが、いまでも時折読み返すと、自分自身の「原点」を確かめることができます。

ちなみに本教科の授業は、テキストとして指定された『保育臨床心理学』（大場幸夫・山崖俊子編著、ミネルヴァ書房、1993年）の中の、大場先生が執筆された第1章「園生活が治療的な意味をもつこと」をベースに、さまざまなビデオやオーストリア・西ドイツの研修報告資料、さらには、〝当時〟現在進行形の研究会や保育相談の事例を交えながら、大場先生の問題意識と研究課題に関する語りを軸とする形で展開されていきました。

そして、このノートの内容を振り返ると、13年後に刊行された大場先生の主著と言える『こどもの傍らに在ることの意味—保育臨床論考』（萌文書林、２００７年）のエッセンスがほとんど含まれていることを確かめることができます。すなわち、この教科の内容は大場先生の思考の最前線であったと同時に、揺るがしがたい先生の思考の本質そのものの展開であったと思われるのです。

付け加えると、先ほど述べたように、受講生はごくごくわずかでしたが、いわば私塾のような雰囲気の中で大場先生の語りを伺うことができたのは、本当に幸いなことだったと思います。あわせて、いわゆる保育者養成課程を受けてこなかったことから、私にとっては大場先生の語りそのものが「保育学」の入り口となり、大場先生ご自身へのあこがれと相俟って、私の思考法の礎もここで築かれたと自覚されるのです（ちなみに当時の青山学院大学には、大場幸夫先生をはじめ、大場牧夫先生、阿部明子先生、玄田初榮先生、そして夜間開講の2部には森上史朗先生といったそうそうたる方々が、非常勤講師としていらっしゃいました。したがって、大学2年もしくは3年の段階で進路を変更し、幼稚園教諭免許の取得を目指す中で、こういった先生方の教科を受講していたら、また、私の中での保育学や思考法も異なっていたかもしれません。その意味でも、「運」と「縁」は不思議な力をもっている、と改めて思うのです）。

「保育者の手による保育事典の必要性」という問題意識

さて、今回、自分の非力さも顧みず、本書の企画に賛同した際、真っ先に目を通したのが、この「臨床保育学」のノートでした。色とりどりに再構成された紙面を見るにつけ、当時の私の青くも熱い思いが想起されると共に、その文字面の向こうに聞こえる大場先生の語り、そして声が自ずとよみがえり、得も言われぬ感慨を覚えたわけですが、しかし、一方で、先にも述べたように、その内容は『こどもの傍らに在ることの意味―保育臨床論考』に結実したわけであり、いまさら、その断片的な記録を紹介しても仕方がないな、と感じていました。

しかし、そのような思いをもちながらページを繰っていくと、このノートの最終ページ、すなわち、1年間の授業の最終日（1995年1月11日）のノートの中の、次の記述に目がとまりました。

> ※　保育者の手による保育事典（辞典）の必要性
> 　cf. 看護学事典（…看護学の歴史をみることに興味がある）

おそらくこれは大場先生が板書されたものの転記ではなく、先生の語りから自分なりに括りだしたキーワードのメモだと思うのですが、頼りなくも自分の記憶を辿ってみると、「将来、保育者の人たちの言葉による保育辞典をつくりたいんだよね」という声が聞こえてくるのです。そこで、さらにページを遡る形で繰ってみると、後期1回目の9月28日のノートの中には次のような記述がありました。

> ・　保育者の専門性
> 　「保育用語」…保育者自身の意味、保育者自身のことば
> 　　ex. 〝ごっこ〟は単なる虚構か?、〝にらめっこ〟は会話（dialogue）か?
> 　　cf. V. Paley『ウォーリーの物語～幼稚園の会話～』（世織書房）

これも記憶が定かではないのですが、当時刊行されたばかりの書名が記されているのをみると、もしかしたら、こちらは板書の転記かもしれません。

いずれにしても、大場先生が、保育者自身のことばを通じて保育者の専門性を捉える、言い換えれば、当事者のその内部からその専門性を規定しようとする、かなり強い研究的な関心（もしくは問題意識）をもっていたことは伺えます。それは、現場に身を置く保育者なる存在が、子どもと共に生活しながら、保育を実践していく主体であると共に、（日常生活の異化を通した）省察の主体でもあるということをふまえれば、保育臨床研究の第一義的な当事者の資格と捉えることができるわけであり、そう考えると「保育者の手による保育事典」の必要性は、その当然の帰結として位置づけられることでしょう。

言葉へのこだわり

ともあれ、そのことは同時に、私自身にとっても、言葉に対するこだわりを強く意識するきっかけになりました（のちに、大妻女子大学大学院に在籍していた頃、ふと大場先生から投げかけてもらった課題、すなわち、「ケアとキュアって、どう違うんだろうね」という問いは、言葉に対する感覚とこだわりを強化しただけでなく、近接する概念の異同を検討しながら、当時の私が親しんでいた現象学の文献にしばしば見受けられる「存在論的差異」なる概念を具体的に理解していくという思考法を会得するきっかけになりました）。

それと同時に、このノートを読み返しながら、頭の中で大場先生の声を〝再生〟していると、低音で深みのあるあたたかな声質にくわえ、独特の言い回しや単語が聞こえてくるのです。そのことから考えてみると、先ほど記した問題意識、すなわち、保育者自身の言葉による専門性の規定ということへの強い関心も、大場先生ご自身のもつ言葉へのこだわり（言い換えれば、言葉ないし概念を慎重かつ丁寧に取り扱う姿勢）があればこそのものだったのではないかと思うのです。とはいえ、そのことを直接的に伺ったことはなく、したがって、大場先生の言い回しや単語の選び方の原理となるターミノロギーも直接的にはわからないままになってしまったのですが、だからこそ、本書の企画を契機として、大場先生がよく使われていた言葉を並べ、振り返ることにより、大場先生の考える「保育の原点」に迫ってみたいと思うのです。

想起される言葉／言葉から想起されること

そこで、ここから大場先生がよく使われていた言葉を振り返っていくことになるわけですが、すでにいくつか留意するべきことが見えているので、本論に先立ちそのことを確認しておこうと思うのです。

まずは、これから登場する言葉はあくまで佐伯の記憶の中から、佐伯の関心に沿って選ばれたものであるということです。したがって、もしかしたら私の記憶ほど大場先生は使われていなかった言葉があるかもしれないし、仮に多かったとしても、それは大学生ないし大学院生である私との間に生じた語り合いの中で用いられる頻度が高かっただけのことであり、他の場面においてもよく使われていた言葉かどうかはわかりません。

さらに、そのことに付け加えれば、仮にこれらの言葉が使われていたとしても、その意味する内容はあくまで私の理解したものであり、大場先生が使われた意味と異なる可能性は完全に排することができないということも確認しておかなければならないでしょう。

しかし、以上のような留意点をおさえてもなお、このような試みは一種の対話のようなものであり、少なくとも私自身にとっては大きな意味があることに変わりありません。ですから、少しでもその意味がより多くの人たちに伝わることを意識しながら、言葉の紹介と振り返りに努めていきたいと思います。

「見届ける」「面白がる」――先生のまなざしを表徴するものとして

この作業にとりかかってみて、真っ先に思い浮かんだのが「見届ける」という言葉でした。それは、何かのノートやメモなどに残されていたわけではないのですが、しかし、大場先生の声が私の頭の中で再生されるとき、すなわち、先生の研究室をはじめとするさまざまな場面でのやりとりを思い起こすと、しばしばこの「見届ける」という言葉が使われていたという印象を強くもつのです。もっとも、この言葉は何か特別な意味をもつ学術用語ではありません。しかし、私の記憶の限り、身のまわりでこの言葉を日常的に用いられる人も思い浮かびませんでした。

実際、私が身を置いている保育に関する文献を一瞥しても、「見通しをもつ（見通す）」や「見守る」といった言葉には出くわすものの、「見届ける」といった言葉には出会えませんでした。

そうした「見届ける」という言葉の意味を辞書で調べてみると、「最後まで見て確かめる。終わりまで見る。見きわめる。」（『大辞林（第二版）』三省堂）といった記述が見られます。繰り返し述べるように、この記述内容が大場先生の真意そのものかどうかはわかりませんが、しかし、同じように「見守る」という言葉の意味に関する「（1）目をはなさないで見る。間違いや事故がないようにと、気をつけて見る。（2）じっと見つめる。注意深く見る。熟視する。」という記述と比べると、真っ先に「見届ける」という言葉が思い浮かんだ理由をより明確に自覚することができます。すなわち、「見守る」がその対象に対して短いスパンの中で（もっと極端に言えば、いま・目の前のことに限り）集中的に意識を向けているような認識作用を表しているのに対して、「見届ける」はもっと幅広いスパンから捉えようとすると共に、その対象に対して最後まで責任を負うといった関係性が仄見えてくるのです。もちろん、保育の場面に置き換えれば、対象としての子どもの行動を「見守る」ことも、子どもに信頼を置いたかかわり方を表徴するものとして捉えられますし、その限りにおいて、私もしばしば用いるものではありますが、それと比べると、「見届ける」はもっと泰然とした構えの中で相手を信頼することは許より、育つ者―言い換えれば、変化生成する子どもの存在そのものを敬重しながら、そこにある責任を果たしつつかかわり続けていこうとする志向が伺えるのです。そう考えていくと、私の頭の中に真っ先に浮かんだことにも合点がいくわけです。すなわち、「見届ける」という言葉からは、直観的であれ、大場先生の子どもたちに対するあたたかなまなざしを受けとっていたと思われるのです。

そして、このような振り返りを行ってみると、「見届ける」と並んで、大場先生の在りようを表徴する言葉として、もう1つ、思い浮かんでくるものがありました。それが「面白がる」です。これは、前出の辞書には掲載されていませんでしたが、いわゆる「好奇心」にとどまらず、研究テーマや目の前にある課題・問題といった諸々の対象との関係性を示す言葉として用いられていたように感じていました。すなわち、それらの対象に対して、客観的に――言い換えれば、冷静に（もしくは冷淡に）関係を取り結ぼうとするのではなく、肯定的なまなざしを携えながら、好意にも似た積極的関心をもって臨んでいこうというものです。つまり、仮に、その対象が私たちにとって、扱いやすく、もともと好まれるようなものに限らず、むしろ、取り扱いにくく、できればかかわりたくないような難題やケースであっても、「それでもなお」よりよいその後の進展に向けて、まずは自らの在りようをポジティブな方向へセットしようというふうに理解していました。このように書き記してみると、いわゆる「ポジティブ・シンキング」に過ぎないと捉えられるかもしれません。しかし、そのような態度転換のさらなる前提には、先に挙げた「見届ける」と同じように、その対象に対して責任をもって最後までかかわり続けていくための覚悟もしくは決意があったようにも感じられるのです。ただし、このような言い回しをすると、何か悲壮感のようなものを感じられるかもしれません。それだけに、自分自身の在りようも含めて、前向きにセットできるよう、「面白がる」という言葉が用いられていたのではないかと思われるのです。

「慣らし保育」「適応」――抵抗感が見受けられたものとして

その一方で、逆のベクトル、すなわち、いわば負の意味合いをもたせながら語られるときにしばしば登場する言葉も思い起こされます。その典型例が「慣らし保育」です。このことについては、前出の『こどもの傍らに在ることの意味―保育臨床論考』の中でも3ページにわたって記述されており（p.47〜49）、この言葉に対する抵抗感が垣間見られます。紙面の都合から、該当箇所の全文を引用することはできませんが、象徴的なところを紹介することにしてみましょう。

> 園生活がこどものものにならない限り、その子にとっての非日常的な世界への馴染めなさ、不安の緊張の場以外のなにものでもない。入園直後あるいは入園のために〝慣らし保育〟という期間をおいている地域や園がある。これは一つ間違えれば、現状にこどもの方が馴染んでくれるかどうか、という一方向的な了解しか成り立たせないで、終わりかねない。慣れないのはこどもの方であり、こどもが悪いという暗黙の前提が存在するとしか考えられない。その発想には、私は違和感がある。（p.47）

ここでは抑制のきいたトーンで記されていますが、かつて私は「いっそのこと、慣らし保育という言葉自体がなくならないかな…」といった旨のつぶやきを聞いたように記憶しています。

そのことから拡げて思い起こすと、大場先生は「適応」という概念に対しても、慎重に取り扱われていたように思われます。とりわけ、障害児保育の文脈の中で「適応」という言葉が用いられている文献や資料に出くわしたときは、その言葉を用いる人の〝暗黙の前提〟を注意深く考慮しなければならないことをおっしゃられていたことが強く印象に残っているのです。ここで「臨床保育学」のノートを読み返すと、次のような記述が見られました。

※　進化論…適応（順応）の考え方

・〝弱視〟は新しい適応なのではないか？　という説

↓

「不登校」は、新しい適応（↓進化）か？

↓

心理的環境をもたらすもの

ここから、〝弱視〟や〝不登校〟といった現象に対して、あえて適応という「概念」を用いることにより、そこにポジティブな意味づけの可能性を拓いていく、まさに視点の転換の例として読み取れるのですが、それは逆に、これまで用いられてきた（否、いまもなお用いられ続けている）「適応」の用例が、やはり子どもたちを従属させるような関係を前提としていることの証左としても捉えられるわけです。

それだけに、同じような文脈で「不適応」という言葉が用いられている言説と出会ったときには、まさに先ほどの引用箇所にあるような「適応できないこどもが悪い」という前提の可能性そのものから問い直さなければならないということを強く語られていたことが思い起こされるのです。

「異議申し立て」――子どもの視点からの捉え直しを表すものとして

そのように「不適応」という言葉を措いてみたとき、反対に、その当事者である子どもの視点から、その現象を捉え直した言葉として大場先生が用いられていた印象深い言葉が「異議申し立て」というものです。

実際、『こどもの傍らに在ることの意味――保育臨床論考』の中でも、かつて大場先生が従事されていた虚弱児施設での出来事に対して、自戒の意味を込めながら語られているパートの中では「問題となる行動や症状つまり身体によって、こどもは〝異議申し立て〟をしていた。環境の劣悪さを教えてくれた。」（p.12）という記述が見られます。このことは、「問題」となる事象も、それをそれとして捉えようとする立場の違いによって、見え方が変わると共に、そのような視点の転換ができるようになること――大場先生の好まれた表現を用いれば、エコロジカルな視点から多義的に捉えることの重要性を示す表徴として捉えられるのです。

さらに言えば、このような「異議申し立て」という考え方は、国連の「子どもの権利条約」12条にある、いわゆる〝意見表明権〟にも通ずるものとして捉えることができるでしょう。ただし、大人の提案を受け入れたり、大人の行動を是認したりするような意見は、その大人にとって容認できる可能性が高いようにも思われますが、逆にそれらに対する異議は必ずしも同じように受けとめてもらえるとは限らず、あまつさえ、そのような表明をする子どもを問題視したり、抑圧したり、排除したりすることになりかねないと思われるのです。したがって、子どもにとって〝異議申し立て〟をすることは、時に強い決意と覚悟を要するものになるかもしれません。それだけに、大人の側に「異議申し立て」という言葉を日常使う言葉のリストの中に組み込むことは、こうした言動を行う子どもに対するかかわり方をより柔軟なものにする可能性をもたらすものとしても期待されます。

しつこいようですが、これらはあくまで佐伯自身の推測と勝手な考察に過ぎませんが、このような考えを展開するにつけ、大場先生が「異議申し立て」という言葉を用いられていたこと自体の〝意義〟を見出すのです。

「きれいごとにならない」「手垢にまみれた」――言葉にすることの課題を表すものとして

以上のような言葉がちりばめられた語りに接しながら、私は大場先生のもとで研究の在り方を学ぶことができました。そして、研究の諸段階で関与することとなる「言葉にする作業」について、ここでも大場先生がしばしば用いられていた言葉を振り返ってみると、次のようなものが思い起こされます。

一つは、「きれいごとにならない」というものです。これは、「臨床保育学」の最終回のノートにも見出されるのですが、仮に誠実な思考過程を経て紡ぎ出した言葉も、しかし、それがあまりにクリアなものになってしまうと、逆に「きれいごと」として、本来、その元となる実践事例やそこにまつわる諸々の悩みなどの諸事象を覆い隠してしまうことになりかねないという、一つの警鐘として鳴らされていたように理解しました。

実際、「臨床保育学」のテキストでもあった『保育臨床心理学』の中には、次のような記述が見られます。

〝共に生きる〞ということは、そのまま社会的な望ましさを込めたフレーズとして用いられやすい。その点で、〝共に生きる〞は標語やスローガンとして人気もある。その魅力にまぎれて、その実体を丁寧に見つめて吟味することがおろそかになっては台無しである。物理的に一緒にいるという意味ではなく、ましてや大人の観念に過ぎないのでは、子どもの園生活の根幹を支えることとしての〝共に生きる〞は、有名無実のようなものでしかなくなる。（p.11）

そして、これと同じように、一見するともっともらしく、しかも多くの人に対して好意的に受けとめてもらえるようなキーワードに、安直に乗ってしまうことを戒めるものとして、「手垢にまみれた表現ではなく…」といった言葉をしばしば使われていたことが印象に残っているのです。

このように振り返ってくるとあくまで、子どもの幸せな生活の実現を願いつつ、そこに保育者としての自分がどう存在し、どうかかわりうるのか――それを自分と子どもたちとの間に織りなされてきた生活を振り返ることで見つめ直す（re-search）――さらに、そのような研究的態度をベースとする保育臨床に携わることの自覚に基づいた、繰り返される問い直しの営みの中に、保育の原点があると、大場先生は考えられていたのではないかと思われるのです。

その意味で、大場先生の発案で、私も参加させていただき、２０１０年に刊行された翻訳本の原題が"WHO AM I in the Lives of Children?"（子どもたちと共に生きる私って誰？）であったことは、いろいろな意味で感慨深いものがあります。

佐伯一弥（東京家政大学短期大学部保育科准教授）

大場先生から語りかけていただいたことを胸に、少しずつ、自分なりの言葉でものが言えるようになりたいと思います。

始めに事例ありき

◆佐木みどり

はじめに

大場幸夫先生との出会いは、大学院修士課程に入学した今から二十二年前でした。

その頃、理想に燃えて創立した幼稚園も十年目が過ぎ、落ち着いて振り返ったとき、園児募集、補助金申請などに追われ、それらに多くのエネルギーを使っていることに気付きました。また、その当時、私は、幼稚園の現場で副園長という立場の保育者でしたが、幼稚園教育要領はどのような理論背景があるのか、「自由保育」とはどのような保育をいうのかを知りたいと考えていました。そこで、もう一度、初心に返って地域に根差す幼稚園、子どもの育ちにとってより良い幼稚園をつくりたい、そのために専門的な知識を学びたいと考え、大学院への入学を決めたのです。

大学院に入学した最初の頃は、研究の作法もわからず、研究とは実験研究とか、文献研究のようなイメージしか持っていませんでした。大場先生は実践現場にいる私の立場を生かし、仕事をしながら研究の成果が実践に生かせる方法を教えてくださいました。

研究方法は、事例研究法でした。

しかし、私にはその意味の本質は理解できていなかったようです。修士論文を書き始めたときに、最初は先人の研究の知見に頼り、それに寄り添って事例を書くということをしたのです。今でも忘れません。「佐木さん、始めに事例ありきだよ」「保育の事実があって、それと知見を照らし合わせ、事実とずれていなければそれを援用しなさい」と先生がおっしゃったのです。とても印象深い言葉ですし、これが私の研究のスタイルになりました。

もう一つ先生から学んだ大切なことがあります。「考える」ということです。先生のお話は具体的です。しかし、核心には触れられません。つまり周辺的なことは、具体的に話されますが、答えは出されないのです。例えば、学生さんが次のような質問をしました。「先生、いま、AとBについて話されましたが、先生はどっちだと考えてみえますか」すると先生は、（それは、自分で答えを出しなさい）というようにその人を見つめながら何も言われませんでした。それは、知っていることは教えるが、そこから考えるのは自分なのだということだと私は捉えました。自分の考えを押しつけない先生のナイーブさの表れだったのではと思います。いつか先生は「サロンのようなゼミにしたいんだ」と仰っていました。和気藹々として自分の考えを出し合える談話室のようなイメージをお持ちだったのでしょうか。一人ひとりが自分の考えや意見を持ち、色々な事柄についての見解を述べ互いに刺激しあえる場を考えてみえたのではないかと思います。

「考えること」は、事例分析で子どもの行動の意味を考えるときに大変重要で必要なことでした。さまざまなその場の情報と、子どもの表現や表出された表情やまなざしの行方、身体の動きなどから、子どもの行動の意味を解釈するのには、深く考えられることがその質や深さを決定するからです。まだまだ多くのことを先生から学びましたが、言い尽くすのには無理があります。そこで、私の拙い研究の一例を提示し、先生から学んだことの一端を知っていただければと思います。

これから、A先生とリョウタの事例を通して、幼児の「表現」を育てる保育者の援助について考えていきます。

幼児の「表現」を育てる保育者の援助についての一考察―A先生とリョウタの事例を通して―

幼児期の子どもの「表現」とはなんだろう、それを育てるためにはどのような環境、指導・援助が必要なのだろうか、それにはどのような意味があるのだろうかを課題とします。そこで、描いたりつくったりする幼児期の子どもの「表現」を育てるための手がかりをA先生とリョウタの事例を通してつかむことを目的とします。具体的には、「表現活動」に取り組む保育者が、子どもと相互にかかわり試行錯誤している姿から、「表現活動」における保育者のかかわりについて考察します。

表現について

「表現」を指す場合、現場では大きく分けて二つの意味合いが持たされています。

一つめは、「幼児期は表出的段階から表現へのとき」とし、幼児期のそれを人間存在としての「あらわし」と大場牧夫（『表現原論　幼児の「あらわし」と領域「表現」』萌文書林、１９９６年、１８１～１９８頁）が述べている視点です。これは、言葉で自分の状態や心の内面を表すことが十分でない幼児期の子どもにかかわる保育者にとって、子どもの表した、表れ出た行動をキャッチし、かかわり方や援助や指導を判断・決定する保育行為の基盤となる視点です。

二つめは、保育現場で一般的に使われている表現活動という言葉に置き換えられる捉え方です。

一つめの「表現」は保育の基盤であることから、それが前提となっての「表現活動」です。このようなスタンスに立ちながら、描いたりつくったりする、「表現活動」に視点を定めたいと思います。また「表現活動」を保育における「表現」にとらわれることなく幅広い視点、例えば、アートの視点に立って考えることにします。従来の保育の枠組みから距離を置いてみることで、保育における「表現」を俯瞰することになり、その枠組みが見えてくるのではないかと思うからです。また、園の環境や状況、雰囲気から受ける影響や、日常の生活の中での保育者や子ども同士のやりとりも重視していくことにします。

研究の場について

私の園の保育形態は、自由保育・設定保育といわれる従来規定されてきた形態に当てはまらない保育形態です。つまり、「設定保育」と言われる保育者中心型の固定化された中での指導形態とか、「自由保育」と言われる子ども中心型で、保育者がその場の状況や子どもの思いや育ちを捉え援助するといったものではないということです。

幼稚園は、子どもと保育者が共に生活する場であることから、本園ではどちらもがそれぞれの在り方を肯定的に認められる居心地のよい環境であることを前提としています。そして、保育者が子どものよりよい育ちを願い、実現するために考えた具体的な環境に、子どもが主体的にかかわり、そこで生じた遊びや活動を援助していく視点を持っています。しかし、一方で生活体験や知識が少ない幼児であることから、教え導くことも必要であると考えているのです。幼稚園教育要領第一章第1の2に「幼児の自発的な活動としての遊びは、心身の調和のとれた発達の基礎を培う重要な学習であることを考慮・・・」と示されています。子どもが自発的な活動を展開するには、「伏流」となる必要な体験を体系的に積み重ねていくことが重要であると考えています。つまり、自然発生的に遊びが湧いてくるのではないのです。しかし、これは保育者側から一方的に仕掛けるということを言っているのではありません。「伏流」となるための遊びや活動などの体験は大枠で編成し、月案や週案の予定に入れますが、それには保育者が子どもと相互にかかわりながら遊びや活動を創り出す余地が考慮されています。

事例の背景

2000年から保育者の研修と保育内容を深めるために「アート」の専門家との出会いをワークショップという形で設定し、年間カリキュラムに位置づける努力をしています。そのワークショップはそのときだけの活動ではなく、年間の核となるようなテーマ性を持ったものとしているのです。

本事例のテーマは現実世界にないもの、子どもがイメージを作り、現実世界と想像の世界を行き来できるものを演劇の専門家と当時の園長（アーティスト）と筆者とで考え、「妖怪」をテーマとしました。このテーマが一年間の保育内容や活動にも影響を与えたのです。

A先生が抱えた問題と事例解釈の視点

保育者になって三年目、初めて年中組を担任したA先生は『「はっけんとぼうけんパートⅠ」』（十一月に行われた舞台の上での「表現」遊びの発表）を子どもと楽しみ、子どもの育ちにつなげるには、遊びをどのように発展させたらよいのだろうかということが、二学期に入った九月から頭から離れなかった」と発表会後に述べていました。A先生は試行錯誤しながらも、子どもたちが親しみイメージを共有しやすい「3びきのこぶた」にすることに決めました。しかし、年長児が楽しんでいる妖怪遊びに影響されたリョウタは「3びきのこぶた」ではなく妖怪に関心を持ち、オオカミ役になりながらも自分は狼男（妖怪）のつもりだったのです。A先生は自分の意図とリョウタの思いとのズレに悩みました。特にリョウタはクラスのリーダー的存在で他児がリョウタの遊びに関心を持ち、リョウタの遊びに参加していったことでA先生の悩みは深まっていったのです。A先生とリョウタの姿を捉えながら、リョウタが他児と毎日繰り返し遊んでいた遊びとA先生が発展させたい遊びの内容とのズレを捉えることに視点を定めることにします。

A先生が捉えたクラスの様子

1学期の新しいクラスと担任に慣れないことで生じるクラスの子どもたちの落ち着きのなさも九月には見られ

なくなり、A先生と子どもの関係は安定しているように私には見えていました。しかし、A先生は、十一月の研修会で七月や八月の夏季保育、九月を振り返り、「具体的にねらいを持たず環境構成もあいまいに進めていたことで、子どもたちは遊びを見つけることもできず、遊んでいても十分遊び込んでいなかったと思う」と述べていました。

七月頃、保育室の環境構成は豊かでしたが、子どもの関心の在処に添ったものでなかったのか、子どもたちはテラスやスロープ（二階から園庭に出るための螺旋階段のような坂）を走り回る姿が私には気になったのです。A先生はクラスや子ども一人ひとりの発達課題をいかにして捉え、子どもの育ちにつなげるのかを試行錯誤していたようです。つまり、月案・週案で話し合われたねらいや保育内容をいかにして具体化したらよいのかがわからなかったのだと思います。そこで、私はA先生の問題を考えるためにクラスに入り保育をサポートすることにしました。クラスに入るためには、その日のねらいなどを知る必要があるため「どこを中心に遊びを進めているの?」と保育の意図を尋ねました。その時、A先生は戸惑った表情をし、答えることができませんでした。このことがA先生が、自分の保育を考える契機となったようです。また、十一月の「はっけんとぼうけんパートI」の表現遊びに向かって、子どもたちとどのようにして劇遊びを創っていくのかも考えるようになったのです。

A先生が捉えたリョウタの遊びの内容

九月に入りA先生は落ち着いて遊べるように、そして、劇遊びにつなげていけるような遊びを子どもたちと創り上げられるようにと願い、ブロック遊び、ままごと遊び、虫取り、色水遊びなどの環境を整えながら、次の記録のような言葉がけをして、子どもたちの遊びを誘導することにしたのです。

［記録1］　9月2日（金）記録：A先生

夏季保育明けで落ち着いて遊べるようにと、何か一つ流行る遊びができたらと願って、ワークショップの話（「妖怪踊り」を年長児がしたこと）を集いの時に話した。リョウタは「知ットル（知ってる）。一反木綿ヤロ（でしょ）！　リオチャンチで見タモン」といった。それを聞いた男児たちはつられたように「僕ダッテ知ットル」と次から次へと話し始め盛り上がっていった。ちょうどその日からリョウタとソウタロウが大型積み木で基地を作り始めた。（この基地が流行って遊びが盛り上がるといいなぁ・・・と思い）「この基地を妖怪の基地にしてみたら」と声をかけ雰囲気が出るようにと願い、黒のカラーポリ袋を用意すると「ヤルヤル」とリョウタだけでなくソウタロウ・ヨシタ・タイト・ユウジら男児が作り始めた。

［記録2］　9月5日（月）記録：A先生

リョウタは「一反木綿作ロ！　目、作ロ！」と中心になつて牛乳パックなどの廃材や色ケント紙を使って目などを作り、用意してあった白のカラーポリ袋に付け始めた。リョウタは家の近所に住む年長児に話を聞いたり、年長児の保育室にある一反木綿を見ているのか男児の中心となって遊びをすすめていった。

［記録3］　9月7日（水）記録：A先生

リョウタの中で妖怪の基地・一反木綿のイメージがはっきりとあるのか、自分の思い通りに友達がやらないと怒ったりする場面が見られるようになってきた。「入ッタラダメ、俺ガ作ッテイルンダゾ」などと言うことでトラブルが多くなってきた。（トラブルを解消するために新たな遊びを提示するつもりで）呪文を教えた。呪文を言って基地に入ったり、出たりするように知らせた。リョウタは呪文を楽しみ、基地の出入りをする他児とやり取りを楽しむ姿が見られた。

このようにしてリョウタの妖怪の基地遊びが始まり、十月九日の運動会が終わってからもこの妖怪の基地遊びは続いていました。同時進行でA先生は、十一月二十日の「はっけんとぼうけんパートⅠ」に向けて、絵本を読み始め、「3びきのこぶた」の絵本を読んだ時の子どもたちの反応を見て、「3びきのこぶた」の表現遊びをすることにしました。そして、「3びきのこぶた」の手遊びや「オオカミとこぶた」ごっこを流行らせることにしたのです。

［記録4］　十月二十四日　記録：A先生

子どもたちと話し合って、「3びきのこぶた」に決めた日の集いの時間に、「お話には何が出てくるのかな？」と問いかけると、リョウタが「オオカミ、オオカミハ、爪ガアッテ　ツヨインヤゾ」とはりきって話をする姿が見られた。他児も「オ兄サン豚！」「オオカミハ食ベルンヤゾ！」などとリョウタを中心に話が盛り上がる。

この日、A先生はリョウタが自分の思いをはっきり伝えること、遊びの中心人物で、クラスのムードメーカーであることを述べていました。「はっけんとぼうけんパートI」に向けて盛り上がっていく中で、クラスの中でのリョウタの存在の大きさを再認識すると同時に、リョウタ中心に遊びが盛り上がっていくことを願っているようでした。

このころから、二、三人の男児たちがオオカミの牙をイメージしたのか、新聞紙で牙を作り始めました。時期を同じくして、A先生は、保育室の中に木の家を作るための場所や材料を用意し、戸外では鬼遊び「だるまさんころんだ」を「3びきのこぶた」鬼にしてオリジナルな遊びを始めました。このような遊びを進めながら、子どもたちと相談してレンガの家・わらの家作り、それぞれがなりたい役を決めた。リョウタはオオカミ役になった。多くの子どもたちが衣装作りに取り組み始め、できあがった衣装を着て遊んでいる姿が見られるようになっていきました。

［記録5］　十一月四日　記録：A先生

クラスの子どもたちが衣装作りで盛り上がっている時、リョウタは妖怪の基地遊び一筋だった。登園すると妖怪の基地に入り遊び始めるのが毎日の日課だった。オオカミ役の子どもたちの衣装もどんどんできあがり始めたので、「リョウタ君も作る?」と誘うと「俺、狼男ニナル!」と言った。その時、リョウタは妖怪の狼男をイメージしているのだと気づいた。リョウタは衣装作りよりも、妖怪の基地に月を作ったり「狼男ハ夜現レルンヤ」と遊んでいた。すると、他のオオカミ役のカナコ、ソウタロウも「3ビキノコブタのオオカミヨリ、狼男ノ方ガ強イナ」と言い、一緒に妖怪基地の遊びを楽しむ姿が見られた。

このころ子どもたちから「オオカミノ曲ヲ流シテ」「発表会ゴッコシヨウヨ」などとA先生にかかわる姿が見られました。そんな中でリョウタを中心にした四、五人の子どもたちは「3びきのこぶた」に興味を持たずに妖怪基地での遊びに没頭していました。A先生は、遊びのリーダー的存在のリョウタが妖怪遊びに夢中になっていく中に他児も引き込まれ、自分の誘いに乗ってこないことに戸惑いを覚え始めていました。発表会(十一月二十日)が迫り焦りもあったようですが、A先生は九月から遊んでいた妖怪の基地も壊すことなく、基地で遊んでいる子どもたちを認めていたことから、妖怪遊びを黙認している姿勢が感じられました。

[記録6] 十一月八日 記録:A先生

初めての遊戯室での練習。今までの保育室での遊びの中では、リョウタは発表会ごっこをしたり、衣装作りにも取り組む姿は全く見られなかった。しかし、リョウタは「俺ハオオカミダーッ」と体で表現することを楽しむ姿が見られた。

「3びきのこぶた」ごっこに参加していなかったリョウタが、遊戯室でオオカミになって遊ぶ様子を見て安心をしたA先生。リョウタにとっては「3びきのこぶた」に登場するオオカミのイメージではなく、狼男のイメージかもしれないが、A先生の目にはオオカミになりきっていたように思えたようです。

そして、十一月二十日の発表会でのリョウタは、誰の目にもオオカミになりきっていたように思えました。怖そうに前屈みで腕を肩近くに挙げ、手は長い爪がはえているように開かれわしづかみにするような勢いがありました。オオカミは三回の出番があり、リョウタはその都度、舞台の上で豚をのっしのっしと威嚇するように追いかけていました。発表が終わった後、「出番ガ少ナカッタ」と不満そうに筆者に話しかけてきたのです。A先生にも「先生、僕モット毛ヲフサフサニスレバヨカッタ」と言っていました。このことは、オオカミになって発表したことを十分楽しんだからこそ、もっとやりたいという気持ちからの発言であると思われます。リョウタは、A先生の心配にもかかわらず、「オオカミ」役になりきって、クラスの友達と発表することを楽しむことができたのです。

リョウタの「表現」とA先生の援助

まず、A先生とリョウタの「表現」のズレを整理し、リョウタにとって「表現」遊びにどんな意味があったのか、A先生のどのような姿勢や態度がリョウタの「表現」遊びを豊かにしたのかを考えてみます。

A先生の意図とリョウタの思いのズレが生じたことについて

A先生は、クラスが「3びきのこぶた」遊びで盛り上がっている時にリョウタが妖怪遊びに夢中になる姿が見られ不安になり、『何とかクラスみんなで「3びきのこぶた」を楽しみたいと強く思っていました。発表会を前にして不安と焦りがあったため、よけいにリョウタの姿に悩んだ。』と研修会で述べていました。クラスの子どもたちが「3びきのこぶた」の表現遊びで盛り上がり、楽しんで欲しいと願う気持ちが強かったのでしょう。しかし、リョウタは3びきのこぶたのオオカミではなく、妖怪遊びから出てきた狼男になるために爪を作ったり、月を作って妖怪の基地に飾っていくような遊びに夢中でした。A先生が提案した「3びきのこぶた」に登場するオオカミは、リョウタにとって目指したいオオカミではなく、年長児がやっていた狼男が彼にとって目指したいオオカミ像であったのだと思います。そして、爪や月を作ることで狼男になりきることができる遊びの充実感や達成感を味わっていたと思います。

この両者のオオカミイメージのズレは、見方によればズレてはいません。リョウタにとって「怖くて、強い」オオカミイメージにぴったりなのは狼男のオオカミなのだと思います。「3びきのこぶた」のオオカミが狼男でも、子どもたちが共有して作り出している劇遊びを豊かにしたとは言えないでしょうか。いずれにしても、統合して遊びを発展させることができるように思われますが、A先生は「3びきのこぶた」で遊びが発展していくことを願ったのです。

このこだわりのズレをズレとして保育者だけが感じていて、リョウタはズレを感じていなかったと思います。しかし、リョウタの生き生きとした姿は、A先生が悩み、迷いながらもその表現活動を認めていたからでしょう。なぜ認めたのかは、リョウタの姿にあります。生き生きと自分の世界を創り出し、一つ一つ意味づけをしていく行為を、自分の意図とは異なっても制止はできなかったのでしょう。

リョウタの表現活動の意味

リョウタは「狼男になる」ためにお面や鋭い爪を作り、月を作りました。爪やオオカミのお面だけではなく、月が必要だったのはなぜなのでしょう。それは、狼男に月が必要だったからです。狼男の世界に居続け、狼男としての自分を創り上げていくのに必要な小道具だったのです。それはリョウタの「表現」であり、リョウタは自分なりの狼男の「世界」を創り出したのです。そこでは、彼なりの「3びきのこぶた」への参加の仕方があり、自分の力でその世界を創り上げることができたことが満足感や達成感となり、このことが「出番が少なかった」

という言葉に表れていたのだと考えられないでしょうか。

また、このような満足感や達成感を味わうことができたのは、発表会までA先生が迷いながらも彼の「表現」を肯定的に受け入れようとしていたからでしょう。


どのような小さな表現であれ、それは幼児が自己の世界を創り出すことです。子どもの世界づくりのために、A先生のように彼なりのイメージの持ち方や表現方法を受け入れることが子どもの世界づくりを手助けすることです。子どもは自分なりの表現を認められることで、達成感や満足感を味わうことができるのです。そして、自分の世界を少しずつ構築していくことができるのです。

おわりに―幼児の「表現」を育てるために―

リョウタにとって表現活動が持った意味は深いことがわかります。作品の出来不出来という次元ではなく、発表会までの過程も、「表現」であることが明らかになったと思います。

結果としての「作品」も重要ですが、それにもまして創り上げていく過程の持つ意味は大きいのです。

保育の願いや考えなどの意図を持ちながら、子どもの思いも受けとって、活動を進めていくことは難しいことです。保育者の意図をどこまで出し、子どもの思いをどのように受け入れ、いかにして活動の展開に活かすのかは、保育者にとっては重要な課題なのです。子どもと相互主体的にかかわり、共同で活動を発展させていくことで楽しく思え、意義ある発表にしたいとA先生も願っていました。しかし、相互主体的にかかわることや、対等の他者として子どもとかかわり活動を創り上げていくことを、実践場面で具体的な保育行為として実現するのはたやすいことではなかったのです。子どもの関心の在処を見届け、保育者の意図とすりあわせをしながら、A先生がリョウタの狼男を受け入れたように、自分の意図するところと子どもの行動がズレていても、意味あるものとして受けとり、様子を見守っていきながら、柔軟にかかわっていくことが、相互主体的にかかわる秘訣でしょう。そして、保育者はどこまで子どもの表現活動に関与し、どこで背景に退くのかも援助としては重要なポイントだと思います。その場の状況と子どもの表現を相互にかかわりながら的確に見ていくことが必要になってきます。

また、A先生の事例のように「3びきのこぶた」というテーマがあり、それらを日常的な保育に具体的な活動として取り込むことで、保育者は保育の活動を子どもと創り出すイメージを作ることができると同時に、子どもと創り出す過程で課題も生じます。

たまたま本事例のA先生は、リョウタの遊びを迷いながらも肯定的に見ていました。迷っていたことで、遊びに対して手を出しすぎない結果となったことが功を奏したのでしょう。また、彼が、遊びを豊かにする道具作りを実現できる援助も行ったのです。このことで、リョウタが「3びきのこぶた」の狼を創り出すことができました。

表現活動はたとえどのような小さな表現であれ、それは自己の世界を創り出すことに他ならないのです。つまり、そのときの状況全体の中に、世界の中に自分を位置づけ、そこにあってこそ意味ある自分を創り上げていく営みなのではないでしょうか。このような点から考えると、「表現」が幼児に対して持つ意味は、結果的産物よりもその過程の中において論じられることが重要だということがわかります。

大場先生から学んだこと

本事例は、A先生がリョウタを対象児とした研修会のために作成した資料や、仲間の保育者の記録、私の記録をこのような事例としてまとめることができました。そして、これらを開示することが、省察そのものであると思っています。また、研修会を本園の仲間内だけの議論にしないで、読者の意見や批判を受け、本園の保育の見直しにつなげることができます。このような研究の方法や、在り方を先生は教えてくださったのです。私にとって自分の立場を生かしながら、実践を深めると同時に、さまざまな理論や先人の研究の成果や知見を実践の事実に照らし合わせて学ぶことが無理なくできたやり方でした。

自らの保育の在り方を問うこと、役割の違いがあるが基本的には共に実践している仲間と同等の他者であることなど、幼稚園の現場の力は、人同士のかかわりの温かさ、柔軟さ、他者の存在を肯定的に受け止めることなどです。このことを先生が教えてくださった研究の方法や先生の在り方を通して学んだように思います。そして、○○理論にとらわれ影響されると、先生が「佐木さん、軸足はどこだ」と言ってくださいました。この言葉で、いつも実践の事実に立ち返ることができたのです。

「始めに事例ありき」、「軸足はどこだ」と言ってくださった先生の声が、今でも耳の奥に残っています。

佐木みどり（岐阜聖徳学園大学教育学部准教授、学校法人佐木学園揖斐幼稚園園長）

大場先生から学んだ様々なことがらを大切にし、実践研究を深めていきたいと思います。

保育実践から感じたこと

◆佐藤慧子

大場先生との出会い

大場幸夫先生と初めて出会ったのは、平成元年、東京都公立保育園研究会（研究部）の打合せの時でした。

この日は、研究部主催の講座「研究方法を学ぶ」というテーマで、大場先生に講師をしていただくため、事前打合せを行う日でした。場所となった研究部長のM保育園でお待ちしておりますと、「ヤァ！」と気さくに手を振り笑顔で見えたのです。お会いするまでは、「どのようなタイプの先生なのだろう？」と少し緊張しておりましたが、「ヤァ！」の一言で緊張が和らぎました。いいかえますと、打合せがいい雰囲気の中で進行していったと今でも心に残っております。

その時、「実のある研究とは」について、先生の思いを示してくださいました。

一つ目としては、日常の中の小さな一こまに目を向けて事実を語ること。二つ目として保育を高めていくにはネットワークを広げながら交流・情報交換を続けていくことでした。

先生のお話を聞きながら、日頃の保育の中の戸惑いや迷いなどを出し合うことで、いろいろな考え方・思いがあるという道案内をしてくださったように受け止めました。その時から、職場を超えて研究者・他園との交流をしてみたくなりました。

先生のお話が「縁」で、保育実践を通していろいろな場で話し合う機会を得たことは、自分の保育を掘り起こす大きな力となりました。

「保育の原点」に「保育実践あり」という先生の心情からは、保育は保育現場の声なくして語れないという奥深い意味が伝わってきます。

「保育の実践」について語り合い、学びあったことを紐解きながら述べてみたいと思います。

保育の悩み

〝保育は人〟と言われます。長い年月、保育に携わっておりますと、特に複数担任の場合、こどもの対応が担任間で食い違うことがあります。

三歳近くになりますと、ボタンのとめ外しに興味を持ちはじめたこどもには、ゆとりをもってかかわりながら、こども自身が「やってみよう」とする気持ちを大切にしたい人、少しでも早く着替えを終わらせたいのか、こどもの気持ちを無視して手伝ってしまう人などがいます。

また、食べ物に好き嫌いのあるこどもの対応について、こどもの目の前で「先生って、Eちゃんに甘いんじゃない」と先輩保育者から指摘され、ショックを受けたこともあります。本来なら、こどもの特徴をどのようにとらえているのかを出し合い、こどもとのかかわりについて考えていくことが求められているように思いました。

当時は、自分の保育に戸惑いや悩みがあっても保育を語る機会がなかった、というより、どこで誰に相談してよいのかわからない状況でした。いつしか園長となり、職員へ「こどものかかわり」について、どのようなことに悩みますかと投げかけてみましたら、クラスを乱してしまう、落ち着きがなく目が離せない、就学まで何とかしたいが…どうしたらいいかわからない、大場先生に相談できないでしょうか？　などがあげられました。

このような話し合いが出発点となり、大場先生をお迎えして　保育相談にのっていただくことになりました。

こどもと自然に溶け込む大場先生

二十二年前、「気になるこども」ということで、先生に保育見学をしていただいた時のことです。何か思い出されたかのように、園庭で遊んでいるこどもの近くで黙々とダンゴ作りをされたのです。しばらくすると年少男児が先生の存在に気がつき「なにしてるの？」と、先生のすぐそばに腰をおろし、覗き込むようにして見ていました。すると、一人、また一人とやってきて同じように見ていました。先生は、「水があるといいけどなぁ」と独り言のようにつぶやくと、一人の男の子が素早く反応し、小さな容器に水を運んできたのには驚きでした。水のやりとりから、先生とこどもの距離感が近くなり自然な形でダンゴ作りが広がっていったかと思います

先生とこどもの様子をうかがっておりますと、先生は主体的に遊んでいるこどもに、けっして「ダンゴ作りしましょう」と誘いかけてはおりません。また、こどもも「ダンゴ作りに入れて」と頼んでいるわけでもなく、いつのまにか、「水」が仲立ちとなり、自分の意思で始めたのです。園庭の砂をかき集めたり、泥がにがてな子は、砂場のバケツに水を運んできたり、いつしか、まわりのこどもたちも共同作業遊びに参加しています。遊びの発展過程で力を出し合い、自分の持ち味を生かし、遊びきる満足感がこどもたちの言動から伝わってきました。

保育者の一方的な指示なら、友だち同士で興味を深めて遊び込むことは得られなかったでしょう。水がきっかけで、先生とこどものいい関係が生まれたと思います。その経緯を目のあたりで見せていただき、「気になる子」というより「かかわりとは」について糸口が見えてきました。

大場先生がホールに姿を現すと、九月生まれの誕生会です。「さっきのおじちゃん」「おじちゃんどこから来たの?」とこどもたちからワクワクした気持ちで質問が始まりました。司会者が先生をご紹介すると、「大場先生、僕のいすに座っていいよ」と分け合って座ろうとする子がいました。先生もこどもの思いを受け止めて、座ってくださるので、周りの子もゲラゲラ笑い、ホール全体が楽しい雰囲気でした。「大場先生いつまでいるの?」「誕生会が終わったら帰るの?」とこどもたちは先生の滞在が気になるようでした。先生が、「ごはんが終わっておやつが終わるころかな」とこどもに向かって伝えたことで、「やったね」と安心した表情のこどもたちでした。

さらに、先生とこどもたちのかかわりが続きました。九月生まれの誕生児に「肩車」のプレゼントです。確か四〜五人はいたと思うのですが、こどもたちは大喜びでした。「肩車」されたこどもは、しっかり先生の頭を押さ

え、ホール半周を乗せていただきました。後ほど、先生から腰痛があることをうかがい、申し訳ない気持ちでいっぱいでした。きっと、先生は誕生会の流れを変えたくなかったのでしょう。いつもの笑顔でこどもの両足をしっかり支えて無事終了です。

こどもと先生とのかかわりは、一時間ほど前にお会いしたばかりでしたが、先生と接するこどもたちに違和感はなかったような気がします。こどもには「面白い先生」「一緒に遊びたくなる先生」ということがわかっていたようです。

「かかわり」とは、こどもの思いを心から受け止めていくこと、そしてこどもは、受け止めてもらったことで満足感を得る、という積み重ねが、絆につながっていくのだと気づかされました。「絆」とは、指示・命令から生まれるのではなく、「こどもの気持ちに寄りそう保育」「思いやり」から生まれ、そのことがいかに大切か再認識させられた時でした。

こどもとかかわるとは

こどもの「お昼寝」時間を使って、先生と職員の話し合いが始まりました。

はじめは、先生とこどものかかわりから、「何をどのように感じたか?」に焦点をしぼり、一人ひとりがざっくばらんに意見をだしていきました。

先生の笑顔とおだやかな語りかけが、溶け込みやすく感じた。日ごろ、気になるこどもの受け入れに悩んでいたが、今日は、こどもから先生に近寄り、「ニヤ・ニヤ」笑って、先生の後ろに触れ、先生が後ろを振り返るとサッと逃げる、その繰り返しに先生も面白く感じているようだった。私だったら「やめて!」と拒否していたと思う。先生の接し方を見て、自分の対応してきたこと、これでよかったのかと考えさせられた、などとお互いが感じたことを飾らずに出し合ったのです。

先生が感じられたこととして、一人ひとりのこどもの思いを受け止めていくには、「担任まかせでいいのだろうか?」という問いかけがありました。全職員が一つになってこどものサインを受け止めていくことが求められるという理解にいたりました。

話し合いに参加していた職員は、先生の何気ない一言で考えさせられ、先生と話し合うことで新たな発見があるという気持ちが湧いてきたようです。その流れで本格的に園内研修の実現につながっていました。

園内研修スタート

職員から園内研修（以降：園内研）を本格的にしたいという要望があり、一九八九年十二月、実践事例「気になる子とのかかわり」から始めることになりました。

園内研は、全職員が参加できるように、遅番（開園時間：七時三十分～十八時三十分）の終了後から行われます。当時大学院生の梅田さん（現・県立新潟女子短期大学）が修士論文テーマ「気になるこども」にとりくんでおり、勉強したいというご希望があり、一緒に参加するようになりました。

年中児（Mくん）とのかかわりについて意見交換をした時でした。クラス担任は、Mくんが就学するまでにどのように手助けしていけばよいか戸惑っていたようでした。Mくんの言動で特に気になることは、落ち着いて座ることができない、遊びではトラブルを起こしやすい、何とかクラス内で遊ばせたいが、いつの間にか部屋を飛び出してしまうなどと、担任の悩みは、こどもがマイナスの方へ向かっているように見えたことでした。

Mくんの行動の観察から、クラス担任だけでは限界があることは、ほとんどの職員が暗黙の了解だった気がします。それまで、担任は他の職員が接すると喜ばないようでした。周りの職員たちは、「見て見ぬふり」とあいまいな保育があったかもしれません。

先生は園の雰囲気を見通されていたことでしょう。だからこそ、職員一人ひとりの生の声を大切にされておりました。

自分の思いや悩みを正直に出してみる、他の職員の意見を聴きながら、自分の保育と重ねてみようということになりました。

それから、「Mくんとのかかわり」について、「何をどうしていくか」話し合いとなりました。クラス担任は、他クラスに迷惑をかけるからなるべく自分のクラスでかかわりたい、と職員への気がねから発言したと思います。

そこで、先生は「クラスの仲間と一緒に過ごせば良いのかな」と投げかけてくださいました。

一人ひとりのこどもの思いを受け止めていくには、園全体で取り組むことが必要だという三カ月前の、先生の言葉を忘れていたのかもしれません。それからは、「保育の原点」に戻り、Mくんが安心して生活できる「居場所」に、目を向けたのです。

用務のYさんが掃除機をかけていると、必ずMくんはそばで吸いこみを見て喜んでいるので、一緒に掃除機をかけて楽しむこともあるけど、まずいかなと本音を出しました。乳児クラスに来ると、小さい子は「お兄ちゃんが来た」と喜んで、一緒に遊んでいるという話が出ました。また、梅田さんの観察記録から、Mくんの行動パターンが見えてきたことを話してくださいました。

担任のこうしたいと思う気持ちと、Mくんのしたいことがずれているというのです。クラスで一斉保育が始まると、ホールの隅で大の字に寝転がる。時には、廊下でゴロゴロしている場面があるということでした。第三者の方に「こどもと保育者のかかわり」を継続的に観察していただき、意見をもらうことは非常に勉強になりました。保育園の中でどう育てていくかを考えるいい機会となったように思います。
話し合いから共通認識したことは、全職員が一体となりMくんにかかわっていく、園生活が楽しめるように、「ダメ」という禁止語は使わないようにしていくことでした。

園内研の成果

全職員が話し合いに参加することで、共通認識・共通理解が浸透していることを、いろいろな場で実際に見ることができました。

Mくんが掃除機に興味を示したときは、用務員がMくんの手を添えながら一緒に掃除してかかわりを持っているし、また、二階（乳児室）に遊びに行った時は、乳児担任からクラス担任に連絡が入り居場所を伝え合っているのです。職員同士のコミュニケーションが活発になり始めますと、クラス担任は、気持ちにゆとりができたのか、こどもがクラスに戻ってくると「Mくんお帰りなさい」と明るく迎えるようになりました。不思議とクラスの友だちも「Mくんお帰り」と話しかけるようになってきたことで、Mくんを軸として友だち・担任が良い関係になっていると思えるようになりました。

その後の園内研では、Mくんが変わってきた姿を先生に伝えたいということで、全職員が嬉しそうでした。

乳児室に行くときは、Mくん自ら伝えていくようになり保育者が誉める。クラスで遊ぶ時間が長くなってきた感じがする。布団敷きが大好きなようで、一緒に手伝ってもらっているなどが語られました。『敷き方がうまいですよ』などと伝えていることが、Mくんのプラス面になるなど変化が見られるようになりました。以前は、どちらかと言えば、マイナス面で話すことが多かったのです。

先生は、一人ひとりの意見を聴きながら「ホゥーそうでしたか」「それは嬉しいね」と相槌や言葉を添えておりました。話の内容から、こどもと職員が良いかかわりをしているな、と実感されたのでしょうか、心から喜ばれた姿が目に浮かびます。

「保育を語る」ことで保育を見直し、こどもに生かす大きな成果になったことが思いだされます。

感情表現が豊かになった

こどもは、自分の要求が満たされていくと、人とのかかわりが広がり、いろいろな面で意欲が芽生えていくことがわかってきました。

Mくんが成長し、変化することで、園内研に熱気が漂い始めたころ、先生から質問が投げかけられました。「Mくんは、泣いたことがありますか?」の問いかけに、全員が考え込んでしまいました。毎日、一緒に生活を共にしているのですが、あらためて問いかけられると「あらっ」「どうだったかしら?」と確信を持って答える人がいなかったのです。一人ひとりのこどもを丁寧にみているようで見ていないこと…を反省してしまいました。

近いうちにMくんは泣くような気がしますよ、と先生が全職員に話しかけてくださいました。翌日、園内で話し合いの結果、「Mくんの泣く姿」は誰も見ていないことがわかりました。

いつしかM君がクラスの友だちや担任とトランプ遊びや大型積み木などで遊ぶことが面白いと感じるようになり始めたころより、落ち着いて話が聞けないとき、自分の思いどおりにならないときなど、トラブルを起こしやすくなったのです。

一カ月もたたないある日、友だちとのけんかで泣いたようでした。

一人ひとりの職員は、先生の言葉「泣く」に注目をしていましたので、「Mくんが泣いた」と耳にしたときは驚きました。もちろん職員が一体となり、驚きと同時にうれしくて抱き合って喜んだことを覚えています。そして、先生にすぐ報告してしまいました。先生からは「感情表現が豊かになってきている」と助言をいただきました。成長過程において喜怒哀楽の表現がいかに大事か、一人ひとりのこどもと今以上に丁寧にかかわらなければ…と思いました。先生のお力添えには感謝の気持ちでいっぱいでした。

大場先生との交流から

「かかわり」についての話し合いは、Mくんが卒園するまで続きました。ときには、母親をふくめて、担任・先生と一緒にMくんの成長を話し合う時もありました。こどもが登園するのを楽しむようになったことがきっかけとなり、母親は家庭での様子を教えてくれるようになったと思います。以前は、「何々ができない」と言われるたびに、どのように対応したら良いか戸惑っていたようでした。一方の園でも暗中模索で「どうかかわったらよいか」迷っていたのです。

先生とは、回を重ね交流を深めていくことで、保育の道案内をしてくださったと理解しております。また、こどものありのままの姿をどう受け止めていったらよいか考えてみますと、園内で話し合うことが大事ですが、先生との連携で「見えない」ことが見え、支えてもらうことで職員の志気が高まり、意欲が生まれ、貴重な時間だったことを覚えています。

意味深い講演

園内研が軌道に乗ったことから、今度は、子育て奮闘中の保護者を対象として、講演会が行われることになりました。

子育てについて、保護者と一緒に考えながら信頼関係を深めていくという目的で、テーマは「自主性をどう育てていくか」になり、講師は大場幸夫先生にお願いしました。

先生のお話を集約してみますと、自主性、自発性とは、周りの世界に集中することであり（一つの事に集中しないからといって落ち着きのない子とはいえない）、向かう力が大切と捉えられました。

また、自主性、自発性を育てるには、聞き上手に大人側がなる（こどもが何をしようとしているのか、何をしたいのか、行動の意味を考えていく）など、先生ご自身の体験から話されたので具体的でわかりやすい内容だったように記憶しております。

保護者からは、親の持っている価値観をついこどもに押しつけているなぁと反省したこと、こうした企画をまたお願いしたいなどの感想をいただきました。また、先生を講師として招いたことで、園の保育への姿勢がとてもよくわかったなどの嬉しい声も聞くことができました。

先生のお話は好評で、「大場先生のファンになってしまった」という保護者の声が心に響いています。

講演会後から、「こどものかかわりについて」保護者と園側とが身近に語りあえるようになったことは、思いがけない喜びでした。それには、先生のお話が「架け橋」になったに違いないと受け止めております。

男性保育者に光を

S区では、昭和五十四年に初めて男性保育者が採用されました。しかし、長年にわたり「女の園」として保育を支えてきた歴史がありましたので、男性保育者を快く受け入れることに抵抗を感じる状況でした。

言葉が乱暴・大声を出しすぎる・抱き方がぎこちない・二日酔いの時があるなどと言われ、「日陰の身」が続きました。あこがれて保育者になったにもかかわらず、周囲から冷たい目で見られ、苦しんだり、悩んだりから辞めざるを得ない保育者も見受けられました。

本来なら、互いに支え合い、協力していくことが必要なことだと思っていました。特に、男性保育者が採用されて、一年未満で辞めたという噂を耳にするたびに心が痛みました。

「子育て」って、本当に女性だけでいいのだろうか？ 女性にない発想や遊びの広がりを持つ男性の存在を引き出したい、という思いから大場先生に相談してみました。

折しも、私は現場から保育課指導係に異動となり、仕事の一つに研修担当がありました関係で、テーマ「日々の保育実践を確かなものに」と題し、先生に講師をお願いいたしました。内容は、参加者の実践事例をたたき台として、いろいろな角度から話し合うことでした。事例発表を、男性のTさんに依頼することで、男性の参加者が多く見受けられました。

それまで、研修と言えば一方的に聞くことが主流でしたが、今回は参加者の意見交換が中心なため、消化不良と感じた人もいくらかいました。数名の参加者は、グループでいろいろ考え合い、意見を出し合いながら、講師に理論づけていただき刺激を受けました。日ごろの保育者とこどものエピソードを語ることで見えてくるものがあった、という前向きの感想もありました。先生の保育への思い、実践を語ることの大切さについて手ごたえのある研修だったと思います。もう一つ嬉しかったことは、事例発表を快く引き受けたT保育者の努力が実り、事例から学ぶことが多かった、と女性の参加者から認められたことです。

保育者が性別を超え、お互いを認めながら、一歩踏み出す足掛かりができたのは、この時の先生の研修からでした。

保育臨床研究会の発足

研修終了後、大場先生を囲んで男性保育者と交流の場を設定しました。おもしろいことに、研修に不参加の男性も仕事が終わると駆けつけたのです。話題は、「振り返り」がきっかけとなり、もっと実践から他の人の話が聞きたいという点で一致しました。研修から一カ月余で保育臨床研究会（以降：保臨研）が始まりました。

先生は、この会の名づけ親であり、各園で孤立しがちな男性が本音で語れる場を提供してくださいました。あれから十五年が経ちます。

保臨研のあゆみ

保育の悩み、不安、疑問などについて、研究者・大学院生・雑誌の編集者・他県保育者と交流し、ネットワークを広めながら自由に発言していくという目的で、一九九五年の暮れより、保臨研が始まりました。月に一回、実践事例や保育の用語にかかわることばから意見を出し、考え合っていきました。保臨研の話し合いから、いくつかをあげてみます。

◎「ごめんね」は、どのようなときに使っているか？

「ごめん」を言えば何でも許してもらえると思いこんでしまう危険性がある。その言葉の奥にあるものを探っていくと、保育者が事実を確認しないまま〝ごめんね〟は？　と催促してしまうことがある。「ごめん」は自分の気持ちからでる言葉、しかし、言わされているような気がする。

意見を出しあっていく中で、当たり前に使っている言葉が、こども側から見ると「させられている」場面がいかに多いかに気づき、頭が真っ白になってしまいました。こうした保育の一場面を浮き彫りにしていくことがいかに大事なことかも痛感しました。

◎「がんばれ」は保育の中でどのようなときに使っているか？

食事が遅い子に対して使うことが多い。保育の都合で（散歩の帰り・お昼寝前の食事など）遅い子に対し言うことがある。

◎「がんばろう」ということで、どのような効果・影響が考えられるか？

クリアできない子にしわ寄せがくる。「がんばろう」イコールこどもが我慢している。人のために「がんばる」ということはないだろうか？　など意見がでたところで、また、「食事にがんばれはどうかなぁ」と質問があり、ハッとさせられました。

先生は、自分のこととして真剣に考えてくださり、食べられない子の対応の一つとして、食事だけでなく他の場面（人の関わり・遊び）から考えることで見えてくるものがあると話されました。そのお話はとても参考になりました。

◎「約束」は誰のためにあるか？　では、半年近く継続したように思います。

子どもが思う保育園の約束ときまりとは？　おもちゃを取り合いっこしない・部屋の中で暴れない・廊下を走らない・順番をちゃんと守る・残さないでちゃんと食べるなど次から次とたくさん出るのです。日頃、保育者が口にしていることや保育者の視線をこどもたちが感じていることが約束になっていると気づきました。

保育現場に関心のある研究者や保育関係の本の編集者の意見として、こどもにとっておもしろい遊びが、「危ないから…」と禁止されていることは楽しさを保障できていない気がする。こうあるべきだと、当てはめようとしてはいないだろうか？　約束の中で伝えたいことは何ですか？　等話し合いの場で話され、また、大人に都合のいい約束じゃないかなぁ…とも言われて考えさせられる時もありました。大人にとって当たり前の保育から、それはこどもにとってよかったのか見直してみる場ともなりました。

副学長就任後、先生は仕事の関係で保臨研会の参加が難しくなられ、年一回「大場邸」で話し合うことになりました。昨年は、八王子市恩方で囲炉裏を囲みながら語りました。余談ですが先生は、恩方で猪と共存して生活したいと話されたのにはびっくりでした。

最近の話題は、平成二十一年四月より施行された「保育所保育指針」について取り組んでいること、試行錯誤している点などです。注目は、保育所指針第四章の小学校へ資料の送付でした。「保育所児童保育要録」の様式作成や記述の仕方に神経を使っている園のことや、小学校へ送るようになってから、一人ひとりのこどもの育ちを丁寧に話し合うようになったこと、また、日誌の書き方、表現の仕方などを考えるようになってきた、と前向きに取り組んでいる様子などを伝えることで情報交換の場となりました。

大場先生から学んだこと

先生は、一貫して「保育実践」を語り合うことを重視されました。

意見交換することで自分なりに省察してみようとする、このプロセスがとても重要で「保育の原点」と重なるような気がいたします。

園内研、保臨研をスタートした時は、戸惑いや不安もありました。しかし、小さなエピソードを語り合う中で、他の人の考えや意見が自分の保育を見つめ直し、見方や発想を変えてくれたことは大きな収穫となりました。

また、大人の見方・かかわり方でこどもの育ちが左右されることも実感しております。

「保育者と語り合うこと」を一生の仕事にしたいと先生は話されておりました。

まさに、保育現場の質を高めていくために、先生は身を尽くされた気がいたします。

先生の思いを少しでも継承していくことが大場先生へのご恩返しになると信じて…これからも保臨研の仲間と

歩み続ける覚悟です。

佐藤慧子（元東京都公立保育園園長、Dr.MOM Nursery School（顧問））

大場先生、「保臨研は、ずっと続けようね」と話されたありし日の笑顔が、忘れられません。いつまでも、見守ってください。

大場幸夫先生との出会い

◆下田敏江

子どもを通して、大場先生と出会う

20数年前、Aという子どもを通して大場先生と出会えたことは、私にとって忘れられない大切な出来事になりました。私に保育の原点を教えていただいたのです。今、私は保育の楽しさ、保育実践の面白さを感じ、子どもの心に寄り添うことの大切さを伝えている自分となっています。

その出来事とは、私が担任したAの問題行動に悩み、大場幸夫先生による巡回指導（やがては巡回相談）が行われることになり、Aへの援助の方法を教えていただくことになった時のことです。

Aは2歳児クラスから保育園に入所した子どもです。当時、Aは母親と二人の生活でした。Aが育ってきた家庭環境は色々な事情があったようでしたが、その事情がわからない状況のまま園生活はスタートしました。Aは色白で線が細く神経質そうで、まわりへの不安が強いような行動を見せていました。登園時は必死に母親の洋服をつかんで、離れた後、母を追う姿を続けていました。園生活にはなかなか慣れず、偏食もあり、食への関心もありませんでした。担任には、べったりと甘えて独占したい思いを出し、前抱っこを好み、常に保育士の膝にいました。こうしてもらうことで、Aの不安は減り、安心感が生まれ笑顔を見せてくれるようになっていきました。母親自身も必死になって離れ、職場へ向かい、忙しそうに迎えに来ては帰宅していく日々を繰り返していたように記憶しています。

保育園生活を続けていたA。私は育児休業から復帰し、Aのいる年中組の担任になり、Aと再会しました。年中組は、難病の寛かい後でゆっくりと発達している子どもや、身体面の障害を持つ半身不随の子どもなどが加わり、配慮が必要な子どもと共に生活するクラスでした。Aの家庭環境は大きく変化していました。母親は再婚、新しい父親の存在、そして、妹の誕生とAの精神的な面での負担は一段と大きくなっていたようにみえました。母親が妹を抱いての登園ということもあり、Aは母親と離れる時には気持ちを切り替え、時間はかかりませんでした。母親を見送った後、自分に注目して欲しいような仕草で胸を突き出し、肩を張りベランダから部屋に入ってきます。Aはピーンと張り詰めたような表情に変わっていました。遊びに集中することもなく、居場所が転々と移り、目に入った子どもたちの遊んでいる所に行っては友だちの作った物を壊したり、友だちが遊んでいる遊具を取り上げていったりしました。事務所に入ってきては、机に乗りテーブルの上に置いてある書類を気にすることなく自分の目の前から消していくように落としていきます。放送用具に触り、大きな音を出したり止めたりとやりたい放題。禁止されるような行動をしては、職員に注意を受けていました。ある時、職員の休憩室に一人で入って放尿し、洗面所に排便するなどAの行動は私にも職員にもつかみにくいものでした。また、同クラスの援助の必要な子を見つけてはその子の装具を取り上げ、絵本をぶつけるなどして困らせていました。園庭で遊ぶ男の子たちをみつけると、車のタイヤを転がしてぶつけ、遊んでいる物を取り上げてみたりするなど、次から次へと嫌がられる行動をしていました。Aの行動は何がきっかけでエスカレートしていったのか私には解りませんでした。

担任である私のAへのかかわりはというと、Aの行動を止め、抱きしめ、顔を見てやってはいけない行動について伝えて理解させようとしました。Aは目をあわせず、うなずきながらすぐに離れようとし、また同じ行動をしていきました。こうした行動をとってしまうAの複雑な思いや心からのメッセージに気づくことはできませんでした。

Aの様子を、お迎えの時に母親に報告することが多くなりました。Aに家族で向き合って欲しいという私の思いでした。もっと母親に甘えたいというAの気持ちを解って受け止めて欲しいと強く思ったからでした。母親は最初のうちは、私の話に耳を傾けてくれました。しかし、園での様子の報告を重ねていくたびに、段々と母親の顔も曇っていきました。私からの報告や思いを聞くことがつらかったのだと思います。また、私の対応の仕方にも疑問も与えてしまったこともあると思います。後になって知った家族の対応ですが、Aのことを変えようと一生懸命だったとのことでした。家では、母親の言うことを日増しに聞かなくなることで、父親が対応するようになっていき、父親は自分の出番と思い、Aを変えようと必死になって根性のムチを与えていったようです。Aのその後の行動次第で、罰が増えていき、結果として一層、Aの心は壊れていくようになってしまったようでした。

巡回相談

そんな状況の中で、大場先生の巡回相談の日がきました。
その日はいつもどおりのAの姿をと考え、自由遊び中心に保育は進められていきました。ところがその日のAはいつもはみられない表情を見せ、それからのAの行動には大きな変化が現れることとなっていったのです。

大場先生はAと一緒に過ごし、Aの思いを自然に受け入れていきました。楽しんでいるAの表情から、Aの心を一瞬にして大場先生がキャッチしていたのが解りました。大場先生はAの目線に立ち、Aの心を探っていました。先生ご自身の表情からも笑顔が溢れ、汗もたくさんにじんでいました。大場先生に肩車をしてもらい、みんなの中を王子様のように誇らしげに通るAの姿が、私にとって一番印象に残った姿でした。今までに見たことがない子どもらしい屈託の無いAの笑顔でした。Aと大場先生の周りにはたくさんのクラスの子どもたちがいて、Aも仲間の中にいました。

私はショックを受けました。一瞬にしてなぜあんなにいいAの表情が生まれるのだろう。そのような関係とはなんなのだろう。今まで私はAに何をしてきたのだろう。すぐに私のかかわりとの間に違いがあることを感じました。

Aはとても気持ちが満たされたようで、会話も弾みスムーズに給食に向かいました。

大場先生は疲れた様子も見せず、園の職員との午後のカンファレンスへと準備されていきました。この時点から大場先生は臨床心理士の顔になり、事務室で午前のAとのかかわりあった様子を、同行したケースワーカーが撮影したビデオを通して振り返っていきます。行動観察から心を探り、望ましい大人のかかわりの方向性を見出していきます。その時の大場先生は、とても難しい表情になり、鋭く厳しいまなざしに変わります。Aは楽しかった先生とのかかわりを期待して求めるように事務室を覗きに行ったりしていました。

午後のカンファレンスになりました。

私自身は、真っ白な状態になっての参加でした。Aの家での様子やいつもの園での過ごしている姿等話題になりましたが、参加することで精一杯でした。自分の反省が先に立っていました。ただ、この時の話し合いの一部の内容だけは印象に残っています。それは、大場先生から語られた大切なかかわりについてのやりとりのことからです。肩車をしてくれる大場先生に何かを感じたのでしょう。Aは「おじさん、僕のことおぶって重くない?」という言葉を発したとのことでした。「子どもは自分が思うことを中心に気持ちを表現する。『うれしい』とか『もっともっと　やって!』と大人に求めてくる。しかし、Aはまったくそうではなくおぶってくれる私(大場先生)を気遣っていた。Aはとても周りの環境の変化に敏感で、繊細で痛々しい心を持っている。今までの環境の中で大変な思いをしているのではないか。Aはきっと解って行動している。大人のかかわりとして、Aに接する時は、行動を止めることを優先させるのではなく、なるべく禁止する言葉は使わず、職員皆でAの思いを探って、保育士同士で上手くいったかかわりを共通に理解して対応をしていくように」ということでした。

また、「あと1カ月後にAの変化を見にきたい。僕はAにとても興味があるから」と話されました。大場先生は保育士の話にじっくりと耳を傾けながら、Aの思いを探り、かかわり方や職員同士が協働しあって保育をしていく方向性を見つけ出していく話し合いに持っていかれました。今後の保育の方向性を導いていただけることに、子どもや自分たちの可能性が広がったような思いになりました。この話し合いで職員から語られたことは、残念ながら覚えていませんが。

大場先生のカンファレンスから、Aへの見方が私自身も職員も変わっていきました。Aを否定するような言葉がけが無くなり、Aの表情も明るくなり、この時を境に好転していきました。私が、Aの気持ちを探って解ろうとする姿勢を持つと、Aが自分の気持ちを伝えてくれるようになっていきました。また、Aが行動していることを解ろうとするために目を配り、見守ることも多くなりました。回りの職員たちもAへ否定するような声かけは無くなり、見守りながら、一緒に行動していこうとしていくことが増えてきました。Aの乱暴な行動は減っていきました。「こんなことがイヤなのね」「こうして欲しいんだね」と、職員みんながAの気持ちを大事にしていくということが、Aの安心を得たように思います。クラスの友だちへのかかわり方にも、幼い子への対応にも変化が生まれました。私自身、Aの家族のあたたかさも感じられ、すべてを自然に受け入れていけるようになり、不思議でした。大人の見方で子どもの行動が大きく変わっていくことを実感しました。

しかし、私の中では自分を責めていた気持ちを持ち続けて保育を進めていました。自分はAの気持ちが見えていなかった。Ａに変わって欲しいと思っていたが、本当に変わらなければならなかったのは自分の見方、かかわり方ではなかったか。Ａは自分をわかって欲しいと色々な行動でアピールをしていたが、否定されることで、荒れた行動をせざるを得なかったのではと思いました。家族の方々の思いを受け入れずに要求をしてきていました。自分がしてきたさまざまなことが廻っていました。まわりにいた職員は私の気持ちを察知したのでしょう。気遣ってくれる温かさややさしさを感じながらも、自分としては、子どもの心の痛みを気付けなかったことで、深い穴に落ちているような思いでした。

そして、1カ月後……

1カ月後の巡回相談の日がやってきました。

園を訪れた大場先生の表情は晴れていたように見えました。Ａは大場先生を覚えていて、自分の気持ちを素直に出し、膝に抱かれ会話を楽しみ一緒に過ごしました。Ａはとても落ち着いて満足していました。

午後のカンファレンスは次のような内容でした。

Ａの表情が和らいできた。気持ちの変化がとても大きい。心のよりどころができたようだ。クラスの仲間もＡを否定しなくなり、保育士の声かけにも応じようとするＡの姿が見えたことについても話されました。あっという間のカンファレンスでした。すがすがしく大場先生が園を去っていく姿が印象的でした。都合をつけて訪れてくださったことも聞いていましたので、私自身とても感謝し、Ａへの私の接し方について確信を得た気持ちになりました。今でもあの日の夕焼け空を思い出します。

それから、Ａは年長組となり、友だちと気持ちをぶつけ合うトラブルもありました。Ａが気持ちを伝え、相手の気持ちを知ろうとしたり、友だちに譲る姿も見せてくれるようになりました。遊びはとても広がっていきました。サッカーに取り組む姿や飼育図鑑をみて関心を寄せ、飼育していく姿もあり、友だちから認めてもらうことも増えました。Ａの家庭での反抗も減って、家族との関係も良くなっていることが母親から話されるようになり、妹の面倒をみるようになったようでした。落ち着いて過ごすことが増えていき、Ａの表情が豊かになっていきました。

友だちの刺激を得て自分のできないことにも挑戦する姿がみられました。そんな成長を見せてくれたＡは、仲間とともに卒園していきました。卒園後は、家庭の事情で関西での生活となりました。きっとＡは家族と共に環境の変化をプラスにして過ごしていると思いながら見送りました。今Ａに会えたら、心の深い傷に気付けなかったことを詫び、保育士としての私を成長させてくれたことに、感謝の気持ちをぜひ伝えたいと思っています。

私はＡとのかかわりから、たくさんのことを学びました。

保育士として、子どもへのかかわり方が子どもの育ちに大きな影響を与えていることを痛感しました。Ａと過ごしている中で、自分は楽しめていたのか。子どもにとって保育園という生活の場が、心から安心して過ごせるような場であることをまずなにより大切にしなければならなかったのではないか。保育士が子どものありのままの姿をしっかりと受け入れ、子どもの行動や姿からその子の気持ちを探り、保育士が寄り添っていくことで子どもの心を知ることにつながり、理解していくことから関係性が生まれること。これらのことの重要性を実感いたしました。遊びについては、子ども自身の好きな遊びを通して一緒になって楽しみ、遊び込めるよう環境をつくって、育ちを引き出していくこと。自分のことを振り返ると、自分にクラスを任されたという責任感だけでとらえてしまうと、子どもにとってもつらく、保育士間での連携も取れなくなってしまうことなどがあったように思いました。一人の子どもの姿に問題となるような行動があったとき、職員みんなに提案し、話し合い、問題行動をどのようにとらえているか、みんなで出し合い、かかわりを考えていく職員集団がとても大事であること。その際、みんなの意見に耳を傾けていくことも大事であることを認識しました。保護者と共に子どもを育てていくためには、保護者の悩みをしっかりと受け止められるよう保育士が耳を傾けていく姿勢が大事であること。このことがとても大きい大事な姿勢であるということでした。私にとって、大場先生の巡回相談は真の保育の出会いとなり、新たな気持ちで保育に取り組むスタートとなりました。

あれから、何十年という月日が流れ、現在では、多くの心理相談員の先生方が大場先生の大事にされてきた巡回相談をたくさんの保育園で行われています。

その対象となる子どもたちも増え、相談内容についても、子どもたちを取り巻く環境の変化は大きく、さまざまな子どもの姿や行動が課題となって、保育園側が巡回相談に求める期待感はさらに増しています。

私自身、たくさんの子どもたちと出合い、園で育っていく子どもたちの姿を見て、あの時の大場先生の巡回相談で学んだことが、どの子どもの育ちにおいても大事なかかわりとして裏づけされているように思います。

現在でも巡回相談では、相談員の先生方から、保育の取り組み方についての視点として提案をいただいています。私自身も、目の前にいる一人一人の子どもの姿や行動から、かかわりを見直し保育の方向を探り、自分の保育士としての姿勢のあり方、職員のかかわり方等、巡回相談でいただいた新たな視点を生かせるようにと日々の保育に取り組んでいます。園生活をその子らしく楽しみ、育ちに導く保育のあり方は常に学びです。保育士としての課題を、たくさんの子どもたちを通して教えてもらっています。

今現在、子どもの育ちを導けるような保育士集団でありたいと願っている保育士たちが増えてきていることを実感し、とても嬉しく思っています。このことは、巡回相談を通して多くの保育士たちが、相談員の先生方から救われ、支えられてきたからこそと思います。

保育現場で大場先生は、巡回相談で出会う保育士たちに対し、じっくりと話を聞いて理解していく姿勢を持ち、優しさで包みこんで、新たに保育に向かっていこうとする気持ちにと変えていきます。保育士たちの可能性を信じて新たな取り組みをいただくことは、保育士にとってとても大きなことです。保育の現場を理論とつなぎ、生きる実践の場として導いていただいたように思っています。

大場先生は、子どもの最善の利益を保障することを自らの巡回相談を通じて実践され、人を最大限に愛する哲学者であられたと思っています。

保育のあり方を問う

大場先生は多忙な合間にも、巡回相談の振り返りをされ、相談事業を深めていく研修も行われていました。私はその相談研に参加させていただいたことがありました。その研修の中で、大場先生は「僕、いくつか質問あるけど聞いてもいい」と、保育の問題点に厳しく迫り探っていました。大場先生から、保育園のあり方や取り組みへの疑問が投げかけられると、私はとても緊張しました。その問いは、保育士としても、保育園としても見えていないことへの問題提起であり、園の保育のあり方に課題をいただいたように思い、この研修を保育現場で生かしていけるようにと考えることが多くありました。相談員の先生方が、巡回相談をとても大事にされていることを実感する研修でした。そして研修の中での、大場先生の微笑みや、穏やかな表情は、私自身宝物をいただいた気持ちになって、明日の保育へのエネルギーとなった瞬間で、保育の可能性が広がり、保育することへの輝きを得ることができたひとときでした。私は、保育のあり方を問いただしていく大場幸夫先生のカンファレンスとあの素敵な笑顔をもう一度みたいと願っています。

私は、これから自分が生きていく中で、一人一人の子どもにとって、保育園がよりよい生活と育ちの場になるよう、また、それぞれの親の願いに応えていける園になるよう、多くの保育士と共に精一杯努めていきます。最後に、大場幸夫先生に出会えたこと、御指導いただいたことに心から感謝申し上げます。誠に有難うございました。

下田敏江（元さいたま市立保育園園長）

子どもの主体性を導く保育のあり方、育つことの意味を問い続けさせていただいた先生の思いを深く胸にきざみ込んでいきます。

大場幸夫先生に学ぶ

◆鈴木素麗香

大場先生への感謝と敬意は、他界されてなお深まるばかりです。そしてどんな言葉をもってしてもこれを表すに十分でないとも思います。けれども、尽きない感謝をもって学びを振り返り〝大場幸夫先生〟をここに描き出すことで、私からの最大限の敬意を表せたらと思います。

「描き出す」とは、先生が最もよく使われた言葉のひとつです。もはや信念とも言えるのかもしれない先生のお考えの、根幹にあるものではないでしょうか。

保育臨床に身を置きながら「子どもの姿」を話題にするとき、「その子のプロフィール（客観的な発達輪郭など）」をあらわすことに終始せず、保育という生活の場におけるかかわりの中での「その子のストーリー」を描き出すことを、大切にされておいでてでした。ここで言うストーリーは、誰が何をしたのかという単なるあらましにとどまりません。「私」と「この子」の、あるいは「だれか」と「その子」の共にするかかわりの中に見出されるその子の姿であり、その子らしさ、総じてその子のストーリーのことを言います。それは、他者によって見出されていくものであり（自他によってとも言えるでしょうか）、それがその子のすべてではないし、決してその子の内面やその子像を断定するものではありえません。そういうまなざしのさきにある、〝手触りのある〟やりとりの記録─〝手触りのある〟というフレーズももちろん、描き出されたストーリーを評する先生のことばです。本稿も、それに倣ったものでありたいと思います。

ストーリーの描き出しに際して、もうひとつ、大場先生が大切にされていたことがあります。それは、登場人物である私と誰かの「出会い」─何者として出会ったのか、どういう出会いだったのか、ということです。

大学院入学直後のある日、大場研究室のドア外で背後から呼び止められました。振り返ってようやく声の主が大場先生であることに気づき、ドキッとして言葉を失ったことを覚えています。当時私は他大学から入学したばかりで、先生とお話しするのは面接試験以来初めてのことでした。

「ちょうどよかった、少し時間あるかな。話があるんだけれど。」

と、柔和ながら真面目な面持ちで仰います。

「巡回相談って知ってる? 僕がずっとやってきていることなんだけれど。」

残念ながら私にとって、巡回保育相談とは未知の領域であり、初めて聞くことばですらありました。申し訳ない気持ちになりながら正直にそれを話すと、それでも先生は続けて下さったのでした。

お話によれば、保育園には障害を持つ子どもたちがいて、先生はその現場に赴かれ、かかわる保育者たちと話し合い相談に乗っておられるといいます。そして、これまでさいたま市で長年続けてきた巡回保育相談を他区でも始めることになり、この日の午前中に初めて伺ってきたとのことでした。極めて発症率が低く重い障害を持ち、両親共に悩み深い状況にある園児の相談を担うことになったのですが、本務の忙しさに現場へ赴く機会が少なく案じているとのこと。神妙な面持ちで、プライバシーに配慮されながら慎重に言葉を選んで話される先生のご様子から、そのお子さんとご両親のことを心から案じておられること、巡回保育相談そのものや保育者に対する先生ご自身の思いの深さが伝わってくるようで、こちらも自ずと真摯な気持ちに思いあらたまっていく感覚を覚えました。

「そこで君に頼みがあるんだよ。僕の代わりに、君が時々経過観察をしてくれないだろうか。レポートにして報告をもらえると助かるんだけれど。」

現場に入り込んでのフィールドワークに強い魅力を感じていた私にとって、これほどに有難い提案はありません。もちろんさせて頂くことにしました。

「あぁよかった、よろしくネ。」
相好を崩し、ゆっくりと背伸びをした先生は、頭の後ろに両手を組んで、
「そうだ、実際の巡回相談にも来てもらって構わないよ。今度一緒に行こう。」とも仰って下さったのでした。とても爽やかな笑顔で。

経過観察に備えて、持つべき視点や記録の取り方についてご相談すると、先生は「ベタ（記録）でいいよ。まずはこれ読んでおいて。」と、一冊の本を本棚から取り出してサラリと手渡されました。ドキュメンテーションについての本でした。そして「読み終わる頃に、またこの辺に色々置いておくよ。」とのことです。こちらが内心拍子抜けするほど、それ以上は何も仰いません。ベタ記録というものがまずわからないし、先生がどういったものを求めておられるのかがわからないけれど・・・と焦る思いもしましたが、これを読んだら何かしら掴めるはずなのだと信じて読み始めることにしました。

振り返れば、先生はいつもそうでした。学び始めた者や実践者が未だ自分なりの手ごたえのない状況では、先生の方から「こうしなさい」「ああしなさい」等とは決して仰いませんでした。指導教官と学生という教育関係にある時でさえ、学びの主導権は基本的に一貫して学生側にありました。主体性ありき、なのです。

ときに、大場先生が他者の「自主性」・「主体性」を重んじておられたことは、学生指導の場面に限りません。子どもに対しても、巡回保育相談で協働する保育者に対しても、そのスタンスは一貫されていたのではないでしょうか。このことについては、後段を通しておわかりいただけるかと思います。

次節ではまず、大場先生の巡回保育相談を通して学びえたエッセンスのうちのいくつかをご紹介します。

大場先生の巡回保育相談に学ぶ

『この子のカリキュラム』ってなんだろう?

A児の第1回目巡回保育相談を終え、先生が「その時に僕もハッとさせられたことがあった」と、あるお話をして下さいました。その日のカンファレンスで担当保育者のB先生が「この子のカリキュラムってなんだろう?」と仰っていたのだそうです。重い障害のために通常の4歳児のカリキュラムに即して育ちの見通しを持つことが難しいA児とかかわりながら、B先生がそう思うようになったといういきさつを聞いて「そうだよなぁと思って。僕も一緒に考えるよって、約束してきたんだ。」とのことでした。

これまで保育経験がなく、4月に4歳児クラスに入園したばかりのA児は、重い障害のために、肢体不自由(下肢麻痺)と知的発達の遅れがあり、移動はずり這いで、有意味語はほとんどありませんでした。おもちゃを操作して遊ぶことはまだ見られず、近くの床にある物を拾って口に運んでは舐める・齧る。何かを手にしていても、その時は手先を見ていません(食事は、スプーン&フォークに一口分用意しておけば自ら口に運んで食べる)。視線・遊びやモノや人への興味がはっきりとは捉えにくく、共同注意が未成立であり、感情の共有が難しいことがありました。過敏さがあり、大きな音や泣き声、身体に触れられたり頭をなでられることを嫌がって泣きました。不快であったり泣くときには、自分の手を繰り返し齧り、手の甲の骨ばったところで頭を叩き続けます。特に入園当初からしばらくは頻発していたといいます。

B先生によると、そのようなA児が通常の4歳児クラスで他児と生活を共にするとき、そこで大切にしていくことは何かを、A児の育ちの現実に起点を定めて見通しを持つ必要性が生まれたのだといいます。そこで出てきたのが、『この子のカリキュラム』という発想だったのです。A児の4歳児クラス時代は、騒がしく慌ただしい場面も多い保育園生活に安心をもって慣れていくことから始めなければなりませんでした。

実はこのことは、これ以降、大場先生が授業や講演の中でたびたび話されていたエピソードなのです。「子どもが通常の発達に近づくために保育者が何をするか、ではない、この子とのかかわりを通してこの子の育ちのありようを起点にした、この子独自のカリキュラムの在り方という発想が、障害を持つ子どもの保育にとって重要な意味を持つのではないか。それはあるいは、障害を持つ子どもたちに限られることではない。本来すべての子どもと育てるもののかかわりの中に見いだされるものと言えないだろうか」といった話題の中で話されてきていたと記憶しています。

当時の私には、このことが子どもの保育にとってどれほどの意味を持ち得るのかを推し量ることはできませんでしたが、相談員として巡回保育相談を積み重ねていく中で、実感を伴って思い起こされるようになりました。たとえ障害はあっても、難しい状況にあっても、その中でその子がその子らしく育つことを意図したカリキュラムです。さらに言えば『この子のカリキュラム』が見出される前提には〝かかわり〟ありきであり、この子の育ちも〝かかわり〟を通して育まれ見出されていくものです。この営みの中で自ずと、環境は子どもの姿に合わせて意図的にアップデートされていくものでしょう。「保育は環境とかかわり（かかわりの生成）ありきである」ということも、先生から教えられたことですが、私にとってはそのことにも改めて立ち返ることができる大切なエピソードです。

7月下旬、第2回の巡回保育相談と同時に経過観察が始まりました。B先生によれば、保育園生活外でいくつもの訓練を受けている（それでたびたび欠席もある）ことや、体温調節がうまくできず暑さに対応しきれないことが原因なのか、A児が最近朝からとても疲れていて、生活・遊び全体に影響があり、生活習慣の積み重ねが難しいとのことでした。クラスの子どもたちは相変わらずA児を温かく受け入れていると感じるものの、〝自分たちより小さくて弱い赤ちゃん〟というような扱いをしているように思われることがあるといいます。A児自身は、先生や他児に遊んでもらうことや触れ合いを心地よく感じ始めているのか、そのような時に表情がよく出るようになってきた、とのことでした。

この日のプール遊びの場面では、皆と共に大きなプールには入らずタライの水で水遊びとなりましたが、自ら水に触れて遊ぶ様子ではなく、手渡されたものをそのまま口に入れ齧っている場面が主でした。そのような時、意思のある確かな視線は捉えられません。しかし時折、友達が水を汲んで移し替えている様子を見たり、友達から魚のおもちゃをコップに入れて見せられると、それを見てニコッとすることがありました。

Aちゃんグッズ―A児にとっての遊び環境をめぐって

水遊びを終えて事務所でひと時を過ごすA児に、B先生がカゴいっぱいの何かを持ってきてくれました。それは、既成のおもちゃに興味を向けて楽しめるものがなかなか見つからないA児のために、B先生が作ってくれた手作りのおもちゃたちでした。楽しく遊びながら、物を操作する力も育ってほしいと意図して作られていました。A児が掴んで投げることができる大きさのボール（さまざまな素材のもの）や、それを型落とし する缶、缶の穴から紐や色とりどりつながった布が出てくるもの、ペットボトルに鈴やビーズやドングリを入れたもの（振って違いを楽しめる）等さまざまです。「ここから紐を引き出すには、左手で缶を押さえないといけないから、自ずと両手を使うことができるかな、音を出そうとして振って遊ぶようになるかな、とか考えて作ってみたんですけど…」とB先生が説明されるのを、大場先生はとても面白がって「いいね。Aちゃんに合わせて作られている。まさに〝Aちゃんグッズ〟だね！」など仰りながら興味津々で聞いておられました。そして「これ、今度写真撮っておいてね。」とご機嫌で私に仰ったのでした。

これらを使って、A児がB先生と一緒に遊びを楽しむ様子がありました。B先生がピンポン球をミルク缶に型落としして見せてカーンと音が出ると、跳ねるようにしてA児が笑います。「おもしろいねぇ」と語りかけるB先生。明確にとは言えないけれど、期待感をうっすら漂わせているようなA児の微笑みと視線、佇まい。それに応えるようにB先生が繰り返してやると、またゲラゲラと手を打ち合わせて笑うA児。ボールを取り出して手渡すと、自分も型落としして音が鳴って、A児はゲラゲラ笑います。ひとしきりやりきった雰囲気が漂ったところで、B先生が飴玉大のビーズをペットボトルの口から中に落として見せ、同じビーズをA児に持たせると、おぼつかない手先で真似るようにやっとやっと中に落とすこともしました。今度は対照的に、もう1回とはならずペットボトルをやおら掴んで齧り出します。それ以上やってみようとは思わなかったのでしょう。あるいは難しかったのかもしれません。再びB先生がピンポン球を型落としして音を出すと、再び大笑いのA児。「やっぱりこっちがいいんだよね」とB先生が語りかけます。

こういうやりとりを通して、A児の気持ちが動いていてこちらに伝わるものになってきている様子が見て取れました。また、自ら籠の中のものを次々出しては手放し、出しては手放し、ボールを手にするとニヤリとしてポイッと投げ、自ら手を叩いて笑い声をあげる姿もありました。A児の中に、安心できる場所でおもちゃで遊ぶ楽しさと「やってみたい」気持ち、自発性の芽生えをうかがわせるものだと、感じたものでした。

保育園が何をすべきなのか？—保育園に来ている理由・保育園にできること

2回目の巡回相談であるこの日は、両親を交えてのカンファレンスとなりました。そこでA児の父親からは開口一番「運動機能が落ちている」と話されました。切実な思いと焦りが伝わってきます。入園前のA児は、専門機関療育の他に自宅で運動訓練を行っていたのですが、入園に伴って訓練時間が減り、このところ自宅での自力移動が減っているのが気にかかるというのです。保育園ではたくさんの子どもたちが生活する環境下で、ずり這いで動く時空間は限られており、通常保育中はほとんど見られませんでした。そのため、これからいくつか他所での訓練を増やそうと思っている旨が話されました。一方母親からは、「これまで訓練的なものをたくさんしてきて、これからは自発性とか社会性とかを育んでいきたい、保育園で伸ばしてもらえれば…」とのことでした。

これを受けて先生は「訓練の良し悪しは別として、子どもを疲れさせてしまうことは自主性を阻む要因になってしまうので、そのあたりを考えてやっていくとよいでしょう。目を開いてアンテナをめぐらす余裕があることが自発性を育てる前提になるのでね。」と話されました。父親の思いとA児の現実の双方が考慮されたものと感じられました。また、「保育園は集団社会化の場であり、自発性を育てる場としての役割を持つ。この子の自発性に関しては、遊び道具を工夫したりなどまだ工夫する余地がたくさんあるが、当面課題となるのは〝手と目の協応〟で、これが達成されればもてなし行動につながったり、コミュニケーションの広がりにつながるだろう。」とも話され、これは母親の発言（思い）に応えてのものであり、同時に両親と保育者へ向けての今後の見通しと手がかりになりうる意見であるように思われました。母親が少しだけホッとした表情になったことを覚えています。

そして、さらに療育が増えることになるかもしれないA児の生活を預かる保育の在り方については、園長と保育者とに向けて「保育園に来ている理由・保育園では何ができるのかというところをもう一度確認して、保育園が何をすべきなのかを考えていく必要があるでしょう。」と仰ったのでした。

保育園が何をすべきなのか？　という問いに答えがあるのかと言われたら、それは1つではないだろうし、〈正解／不正解〉あるいは〈すべき／すべきでない〉というものの見方を土台にするものではないでしょう。ここで言う〝すべき〟とは、〝しなければならない〟ではなく〝選択〟のこと、何を選択するのかということではないでしょうか。それはそのまま、その子の育ちへの願いであり、保育（者）の意図なのだと思います。だから、その問いの答えはそれぞれの子どもの数だけあるでしょう。時を経て移りゆくものもあれば、卒園するまでずっと変わらないものもあるのだろうと思います。

この時のことを振り返って、今後変化する可能性もありつつ、今現在の私にはそういうふうに思えます。けれども、当初はその言わんとするところが見当もつきませんでした。だから、後日、大場先生と2人で歩きながらの帰りしな、この「保育園が何をすべきなのか」ということについて、単純な質問として聞いてしまったことがありました。単純に先生のお考えを聞きたかったし、A児の保育園での様子を見ていて私自身もそれを考え始めたからこそ、聞かずにいられなかったのです。こんな怖いものなしの発言に対して、思うことは色々とありだったと思います。後になって考えると、その質問自体も、それを質問すること自体も、ナンセンス以外の何ものでもないのですから…。けれども、先生は〝答え〟の代わりに、ゆっくり時間をかけてこう応えて下さったのでした。「子ども自身が答えを出してくれるよ。」と。

保育者の主体的な実践を支える、協働ということ

さいたま市巡回保育相談における保育カンファレンスの方式は、午後の1時間半を利用して、育成支援児担当保育者と園長のほか、可能な限り多くの保育者が集まって話し合うものですが、他区の方式は少し違って、午前中に観察とカンファレンスの両方を行い、それも園長と担当保育者と相談員との3者（時には保護者同席）で話し合うものとなっていました。それぞれの方式の違いは、各々の参加姿勢に違いを生じさせ、話し合いの持ち方・内容・関係性や物事の捉え方等にもさまざま影響することがあります。

同席していた某区巡回保育相談では、3者によるために、保育者と相談員とのやり取りが主となることも多く

あります。大勢のカンファレンスであれば、すんなりとテーマに沿った意見交換となりうるやり取りも、互いに向けられた意見として発言が捉えられること、つまり、相談員の発言が保育者自身に対して向けられた発言と捉えられる可能性も少なくありません。常にそのリスクを負っているようなところがあります。実際、私もその方式で巡回していて実感させられることです。その人を責めているつもりはなくても、相手が自分に向けられた批判と思ってしまうことがあると、保育者の保育へ向かう気持ちに水を差すような影響が出てしまうこともあるのです。大場先生は、このようなカンファレンスの場で、保育者の保育・言動をあからさまに批判したり否定したりなさることはなく、細心の配慮をなさっていたように、当時私は感じていました。

けれども、もしかしたらその私の感じ方は一義的ではなかったかと、最近は思い直しています。先生のスタンスは、さらに言えば〝批判的に見なかった〟ということではないのだと思います。ものごとに対して「ダウトをかけてみろ」「自明性を問うてみろ」と常々仰っていた先生の多様で多角的な視点の中に、批判的な視点がなかったはずはありません。当時のメモを見返していて、カンファレンス中の先生の発言の中に「保育者の先生の場の選択ややり方の選択については、それを選択して良かったか悪かったかという考え方はしない方がいい。良い・悪いは色々なところでたくさん出てくるものだが、大きな括りで考えながら、先生の意図をその都度確認しながらやっていって、選択の幅を狭めていくという方向でやっていきましょう。」というものがありました。大場先生は、巡回相談のカンファレンスの場で決して保育者の言動やその方自身、ひいては保育の在り方そのものに対するジャッジメントをなさらなかったと言えるのではないかと思います。言動を安易にジャッジメントせず「先生の意図を確認しながら」というところに、理解を前提としたスタンスが明確にうかがえます。その上で、現状に必要なもの・大切にしていくべきことは何かという今後の保育への示唆となりうることについては、はっきりと率直に仰っていたと記憶しています。時に保育者から、大場先生の発言について「厳しい言葉だった」

「鋭い発言」と述懐されることがあるのは、このあたりに所以があるのかもしれません。

先生はなぜそんなふうに率直に意見を言うことができるのだろうか？　ということを、考えてきました。そこで最近になって思い至ったことがあります。

先生はかねがね巡回保育相談について「我々の営みは保育者への指導ではなく、保育者との協働である」「巡回相談における保育カンファレンスでは、外部者としての相談員の立ち位置から、保育者の協議に参与し、問題の理解と解決の方向性を探るために協働する」ものであるとされてきました。協働は、パートナーへの信頼と敬意の上に成り立ちます。このことも常々強調しておられたことです。先生が率直に意見なさる時、そこにはパートナーである保育者に対する敬意と、信頼があったのだろうと思います。だからこそ、誤解や見解の相違を恐れずに、発信してこられたのではないでしょうか。先生にとって見解の相違は恐れるべきものではなく、むしろ多様な見方による意見交換のプロセスやそれを通じて得られるもの・生成されるものにこそ意味を見出されていたのだろうと思います。「保育の主体は、とりもなおさず保育者と子どもたちである。相談員である私たちは、指導ではなく協働の協議として、子どもの姿から見た率直な意見を述べ、信頼をもって保育者の実践に子どもの育ちを委ねる」、そういうスタンスが感じられるのではないでしょうか。

ある保育者は、大場先生から言われた「忘れられない衝撃的な一言がある」と率直に仰います。ある日の巡回相談で、保育する上での心配や恐れや考えていること等をとにかく話し続けていたところ、傾聴されていた大場先生から一言「すべては結果論だからね」と言われたのだそうです。その言葉が胸を打ち、本当にハッとさせられたとのこと。その一言をどのように捉えられたのか、その心をうかがうと、「ショックだったというよりも、あ、やるのは自分なんだな。自分がやらないと、考えているだけでは何にもならないんだな、というふうに意識が変わった」といいます。「背中を押された思いで、ああやってみよう、こうやってみようと、体当たりじゃないけど思いきってやるように」その後の保育に向かうようになり、そうしていくと「色んなことが変わって」いったそうです。〝色んなこと〟の中には、担当する子どもの成長だけでなく、保育者自身のものの見方・見え方、子どもとの関係、自分の思いや言動等さまざまあるのだと思います。試行錯誤の中で、子どもの育ちにつながっていく、その保育者にしかわからない実感と手ごたえが。

このような営みのことを、先生は「かかわり直し」と呼んでおられました。このように保育者の主体性が発揮されて、子どもとのかかわりが見直されていくこと、あるいは問題とされてきたことが新たな育ちのステージへの展開をもって終息に向かうことが、大場先生のカンファレンスの意図のひとつであったと思います。

そして、統合保育における保育者の存在と在り方について、次のように仰っていました。「統合保育では、保育者の存在とサポートがとても大きい意味を持ちます。障害を持つ子どもが子ども同士の中で遊び、学ぶ中で、自分（保育者）が見えないように他児とのつながりを支えていくことなどはとても重要。〝子ども主導〟という感覚を失わずに、どう（保育者が）主体的に動いていくのか、ということです。」と。とてもシンプルだけれど、保育者にとっても相談員である我々にとっても、大切なことは何かという原点に帰らせてくれるようなメッセージではないでしょうか。

大場幸夫の考える「保育の原点」——子どもの主体性、その子らしさということ

先生の考える保育の原点とは…？　というふうに直接伺ってみたことはありません。しかしまさにこのことについて先生は、保育そのものに対する自身のスタンスとして、とある記事の中に簡潔に表しておられました。

保育とは「乳幼児期の子どもの日常を、直接的に支える実践」であるとし、「直接的」であることの本意は、

子どもと実際にかかわりながら、ということであるといいます。そして「子どもの日常」とは、子どもさながらの生活、子どもが子どもらしく生きることのできる生活であり、すべての中軸となる保育の原点を、子どもの「主体性の尊重」に求めるとしました。ここで言う主体性の尊重とは、子どもの自尊感情・有能感（子どもが何かを「やれそうだ、やってみたい、やってみよう！」と思える感覚）・アイデンティティの3つを尊重し育てることであるとしています。さらにここで、出典は異なりますが、先生が子どもの「主体性」について「保育活動という目先の取り組みに対応する子どものありようを考えるためだけの概念として、この『主体性』を用いる気持ちになれないのです。自分という人間の歴史そのものを包むような大きなスケールで考えるべきことではないかと。主体性という概念に対する畏敬の念とでも言うのでしょうか、ずしりとしたことばの重さを感じます。」としている点に留意していただきたい。主体的な態度というだけではない、子どもの「主体性」。どのようなスケールで「主体性」を考え語るかで、その質に大きな違いが生まれることでしょう。

また、「子どもが人への信頼感を育み、また自らの遊びと学びの活動に主体的に取り組むことを通して、子どもらしい『センス・オブ・ワンダー』すなわち飽くことのない探究心の芽生えと、子どもらしい『センス・オブ・ユーモア』すなわち愛しみ豊かな人間性の芽生えを、共に育むことのできるような実践への取り組みが、保育である」ともしています。これは、昨年1月、先生が最後にさいたま市保育研究大会の記念講演に立たれた際に伝えられたメッセージでした。

これらのことは、この10年間ご一緒させて頂いた限り、保育現場での巡回保育相談であっても研究会であっても授業であっても、保育にかかわるどのような立場の人へ向けても、先生の直接的な語りあるいは先生が語られることの向こう側に、一貫して感じとることのできるご自身のお考えでした。子どもの存在を、大人に比した対象としての子どもではなく、他の誰でもないひとりの人間として愛しむようなまなざしが、感じられてなりませんでした。「子ども時代が、小学校時代のためにあるとか大人になるためにあるとか言われると、ツラいよな。そういうものではないだろう。」という先生のことばを思い出します。何かのためのものではない、子どもの純粋な今である子ども時代が十二分に豊かであるように支える実践こそが保育であるということでもあるでしょう。そういう意味で、保育の原点は「子ども」以外の何ものでもないと言えるのではないでしょうか。

鈴木素麗香（さいたま市巡回保育相談員）

「その営みが本物であるならば（携わる人がかわっても）、かならず続いていくものだ」と、先生は仰いました。これからの巡回保育相談の営みもそうでありうるように、実践しながら願ってやみません。

大場幸夫先生の巡回相談を受けて

◆関野史世

はじめに

私は小学校卒業を前に「将来の夢」についての作文を書きました。今でも覚えている内容は、小さい子どもたちの先生になりたいと書いたことです。昭和三十年代の初期で、私たちの住んでいた町には保育園も幼稚園もなく、その存在も内容も知らなかったのです。小さい子の集団とは小学一年生くらいの子どもたちを思っていました。四人兄弟の末っ子の私は、姉の友人が遊びに来るときに連れて来る弟や妹たちと遊ぶことが大好きでした。当時は小学一・二年生でも一・二歳の弟や妹たちの子守をしながら遊んでいました。保育園のことを知っていたなら保育園の先生になりたいと作文に書いたと思います。

中学・高校時代は、将来の夢に向かって努力することもなく過ごしていました。高校三年生になっても進路を考え始めた私に、父が浦和市に保育専門学院がある事を知り合いから聞いて私に受験することを勧めました。そんなわけで、埼玉県立保母専門学院に、どうにか入学はできましたが、ピアノなどは入学してから始めることになりました。

専門学院を昭和四十年三月に卒業しました。その頃になると、子育て中の母親たちが生活のためや職種を生かして働き続けるようになり、保育所の需要が増えてきました。そのため、各市町村でも保育所の増設が盛んになり、卒業と同時に私たち全員が希望する保育所や施設に就職できました。

私は大宮市立保育園に勤務することになり、それと同じくして、保育専門学院先輩たちが中心に活動している保育研究会に入会しました。保育の現場に入り、子どもたちと過ごす毎日は楽しかったのですが、自分の力のないことや保育技術の不足などで悩むことが多くなり、研究会に行っては相談していました。保育者は技術も必要だがそれ以上に子どもたちを思う気持ちが大切なこと。子ども一人ひとりに愛情を注ぎ、その親を心から信頼し安心して仕事をしてもらえることだと教えられました。それなら自分も、この保育の仕事に携わっていけると思い、保育者として働き続けてこられました。

平成元年に大宮市の障害児保育が制度化されて三年が過ぎた時、私たちの保育園には巡回保育相談を受けている園児が四人おりました。そこで、障害児保育実践のまとめ「制度化から三年の節目にあたって」の発刊に当たり、担当者から私たちの園の実践を園長の立場からまとめて欲しいと依頼されましたが、私たちは何も特別なことをやっているわけでもなく、記録することはできないと断りました。その時、大場先生から「さながらな保育をめざしてとし、当たりまえのこと、わかりきったことでも、記録する中で問題が整理でき、保育の見通しが見えてくるから、記録を書くことは大切である」と言われ、原稿を書くことにしました。ダウン症児二名、知的面で問題のある園児二名がいる保育園の毎日の生活をありのまま書きました。障害のある子も含めて職員全員で受け入れてくれるので、園長としても安心していられたこと、どこのクラスでも障害児が受け入れられていたので、園児たちも個性のある子と思い一緒にあそんでいました。園児の親たちも障害児を含め他の子どもたちの成長、発達を喜んで見てくれていました。そんな、保育園の様子をまとめてみました。

大場先生が良くお話していたことで、事例を記録することで、事例から学ぶことはいっぱいあると思います。障害のある子どもの問題から保育の基本的なことを考えさせられるような、大事なことが出てくるでしょう。それは、事例の読み解きに関心を向け、ていねいに見ることにつきると思います。ていねいに見ようとする子どもとの出会いによって、保育者も育てられ、保育実践を書くこと、語ることの大切さを教えていただきました。

巡回相談

A子の家族は母親と子ども三人の四人家族です。この家族を知的面での遅れを持つ一つのまとまりとして捉え、母子ともに基本的な生活習慣を身につけることが望ましいと保育園に措置され、それと同時に母子生活支援施設に入所しました。母子生活支援施設では母親の生活支援、保育園では子どもたちの発達支援をしていくことで連携を深めていきました。

知的発達面の遅れが見られる妹と弟は、A子ちゃんより一年前に入所し、妹は三歳児のクラス、弟は二歳児クラスで保育者がていねいにかかわることで保育園生活に少しずつ慣れてきました。

長女のA子は保健センターの紹介で、療育センターひまわり学園で療育を受けることになり、母親と一緒に精神発達外来で月二回のグループ指導と個別指導のため通園し、年長児の四月に保育園に入所しました。その年度は年長児のクラスの子どもの人数は二十二名で、四歳児は十一名だったことから、妹と同じ四歳児クラスに席を置くことになりました。

当時のA子の姿は、下半身がきゃしゃでお腹が出ていて一歳児の体型を思わせるようでした。身体的接触は求めてきますが、名前を呼んでも、働きかけてもほとんど反応は見られませんでした。周りの子どもたちに対して興味を示さず、模倣もみられず、時々、「エヘヘ〜〜〜」と笑い声のような声を発していました。食事は手づかみで口へ運んでおり、あまり噛まずに飲み込んでいました。排泄はおむつを使用し、常時濡れている状態でした。A子が生まれた後に年子で妹、弟が生まれたので、A子は母に甘えられる機会が少なかったと思います。保育園に登園する時も、母が妹と弟の手を引いて、A子はその後からうつろな目をして歩いてついてきていました。

この年の保育園は、巡回相談の対象になる子どもがA子と妹の他に二人いたので、担当保育者だけでなく、職員全体でとりくみ、「障害児」として構えるのではなく、その子の個性として捉え、どこのクラスでも受け入れ、発達年齢に合わせた保育を心がけて、子どもたちの遊びを保障していくことを話し合っていました。

巡回相談当日は、大場先生と児童福祉課のケースワーカーが一緒に午前九時半ごろ、保育園に着きます。先生と担当保育者と園長で簡単な打ち合わせをしてから観察保育に入っていただきます。そして午後、子どもたちの午睡の時間を利用してカンファレンスを行いました。

第一回目（五月）巡回相談

・人との関係を軸にして、基本的なやりとりを、体全体を使ってやることからはじめる。
・まなざしを合わす、「ちょうだい」と言うと渡せ、手を出せるようなやりとりが楽しめると良い。
・「エヘヘ～～～」の声が無くならないと、伝えたい言葉は出て来ない。

というような大場先生の話を聞いて、担当保育者は今まで以上にA子との関係を深めようと、抱っこ、おんぶ、手遊び、時には肩車などをしました。A子から担当保育者の膝や肩によじ登ったりして遊んでもらっても、嬉しいとか、楽しいなどの表情は見られないが、満足したかのようにスーと離れていきました。また、ふらっと二歳児の部屋に入り、保育者に声を掛けられても振り向くこともなく出ていってしまうようなことを繰り返していました。担当保育者にとっては、一生懸命にかかわってもA子からの反応や笑顔なども返ってこないので、疲労が蓄積されているようでした。園長としては保育者の腰や肩が悪くなるのではと心配になりました、もし、ここで保育者が病気休暇を取るようなことになったらと思うと内心ハラハラしていました。

第二回目（七月）巡回相談

その日は全クラスでプール遊びをしていました。
大場先生から午前中の子どもの様子を話されました。
・A子はプールの中では体の動きが滑らかで、A子なりに楽しんでいる様子が見られる。
・水道の水いたずらでは玩具のカップなどを石鹸で洗っているが、カップの大きさに合わせて水の出し方を調節することができるようになると物とのかかわりに広がるのではないかと思える。
・子どもたちとのかかわりはあまり見られないが、食事準備の時、クラスの子どもがA子の箸入れから箸を出している手元をじっと見ていた、このようなことが増えると良い。
・人とのかかわり合いが大勢の中では見えにくいが、一対一の場面ではA子の気持ちの動きが見えてきた。
・大人とのかかわりを繰り返し、ていねいなやりとりが大切。
・A子がぼんやりしている時間も無駄ではない、探索している。周りの物に関心を持ち始めるチャンスと捉えられる。
・母親に子どもが保育園で楽しんでいる様子を報告し、家でも母子とのかかわりが深められると良い。

大場先生とのカンファレンスからA子は人とのかかわりを掴みかけてきて、誰でも良いのではなく担当保育者を選んで抱っこやおんぶなどの要求を出すようになってきたこと、A子のじっと見る力が付いてきていることに気づかされました。食事準備の時、クラスの子どもに箸入れから箸を出してもらっている姿を私たちは見逃していました。二歳児担任保育者からは、A子が部屋に来た時、「A子ちゃん、これ捨てて」と頼むとゴミ箱を探して捨てに行ったという場面が話され、簡単な指示が通るようになっていることもわかりました。

保育者からA子がチューリップのうたを歌えるようになったと喜んで報告すると、大場先生は「うたを真似るより、うたを歌っている人に興味をもち、歌ってくれと要求がだせる、人を利用するなどが増えてくれることが大切です」と言われ、私たちははっとして顔を見合わせました。先生の言う、何ができる、うたが歌えるより先に、人とのかかわりの大切さをここでも知らされました。

母親は、子どもたちが保育園に来ている間、母子支援施設で生活指導を受けていることもあり、気持ちの上でも余裕ができてきたのか、最近子どもに対する対応が変わってきていました。保育園に迎えに来る時など、A子は母のそばに行っても甘える様子はないのですが、妹と弟が甘えてくるのを母親は受け入れていました。

母親が迎えに来た時の光景で、今でも忘れられず涙してしまうことがあります。A子は母の姿を見つけると、担当保育者の膝の上で遊んでいる時でも、さっと通園カバンを持って母の所に行くのですが、抱きつくことも手を取ることもなく所在なくうろうろしていました。妹と弟が母と手をつないで帰る後について、とぼとぼと歩いて行く姿が私には寂しそうに見えました。

第三回目（十月）巡回相談

午前中の子どもの様子が次のように大場先生から話されました。

・人間関係が成立しないと言葉は出てこない。やりとりを楽しめることや、また、人を意識して、要求することや楽しいと思えることが増えてくると良い。
・A子がジーと何かを見つめている時間を妨げないで大切にする。
・感覚運動的な知力を深める環境が必要。

担当保育者からは、この頃くすぐったりすると表情は弱いが笑顔が見られる、追いかけっこを楽しむまでにはいかないが、担当保育者の姿が見えなくなると、泣いていることもあると語られました。年長児の担任からは、毎日のように部屋に来て子どものロッカーの上に乗り、カレンダー（子どもの絵の手作り）を見ている。そのカレンダーは、今日遂にぼろぼろになり壊れたと話していました。この頃から、A子が絵を描いている姿が見られるようにもなりました。頭足人を画用紙いっぱいに十人くらい描いており、毎日、保育園で大勢の子どもの中で生活していることと関係あるのかと思いました。

運動会では、A子と共にクラスの子どもたちの成長ぶりも発揮される場面がありました。保育者がA子にていねいにかかわっている姿を毎日見ている、クラスの子どもたちがA子の手を引いて、走ったり競技に参加したりする姿が見られ、保護者席からも大きな拍手が起こりました。保護者も障害のある子に、優しくかかわっている我が子や園児たちに感動したのだと思いました。

第四回目（一月）巡回相談

大場先生から話された子どもの様子は、

・園全体で受け入れてもらえるので感情的に落ち着いているが、人へのまなざしがごっそり抜けているのでまだ時間がかかる。

・大人との一対一の関係を軸として、人に対して興味を育てる。就学の時期で人との関係が崩れる心配もあるが、今までの関係を積み重ねる中で耐えられる力が付いていくと思う。

大場先生から担当保育者に、A子ちゃんとの九ヵ月のかかわりの中で、大きく変わってきたことは何ですかと聞かれました。担当保育者は「人間らしくなったと言うか、血が通い合ってきたように思います。保育者の働きかけに反応が見られ、保育者を見てくれるなどから感じ取れます」と答えていました。

この、「血が通い合ってきた」という言葉は、子どもと保育者のかかわりの中から子どもを可愛く思え、手をつないだときの温もりからでてきた言葉であり、保育現場でしか語れない言葉だと大場先生は話していました。

大場先生は、相談員の先生たちや保育者の研修時などに、くり返しこのことについて話されていたそうです。このようにいつも保育に携わる私たちを励ましてくれました。

A子の卒園前の姿は、担当保育者に対して甘えや焼きもちなどが見られるようになってきていました。例えば保育者が他児を抱いていると、強引に退かそうと腕を引こうとして、声を上げるようになったり、登園すると嬉しそうに保育者に近寄って来るし、声を掛けられると、通園かばんからタオルを出すなどの支度ができるようになっていました。降園時、母の姿を見ると担当保育者に甘えていても、ぱっと切り替えるように通園カバンを持って帰ろうとする姿は変わっていませんでした。母親には、担当保育者にするような甘える姿は見られませんでした。食事はスプーンを持っても手づかみで食べ、好き嫌いが出てきて嫌いなものには声を出して拒否する力がついてきていました。普段はあまり声を出さないけれど、遊びに夢中になっている時や機嫌の良い時に意味不明の喃語のような言葉がでてきていました。生活面の簡単な指示がわかって行動できるようになり、排泄はおむつが濡れていないときはトイレで排尿していました。言葉は「バイバイ」「ア、パ、マン」（アンパンマン）などは言えるようになっていました。まだやりとりの言葉には至っていませんでしたが。着脱では上着を着ることはまだでしたが、揃えてやるとズボンは一人ではけるようになっていました。

三月の卒園式には、母が用意してくれた、真っ赤な新しいワンピースを着て卒園していきました。A子と担当保育者を写真に撮っていた母の嬉しそうな顔が今でも思いだされます。四月からは養護学校に入学することが決まりました。

A子の通う養護学校から、六月に授業参観のお誘いがあり、担当保育者と一緒に行きました。クラスの中で過ごしていたA子が自分からトイレに行き、排泄して部屋に戻ってきた姿が見られました。帰り道、昨年一年間、保育園でA子にかかわってきたことが、養護学校のトイレトレーニングに応えられ、学校の仲間の中で生活していけるようになったのではないかと、私たちの一年間の保育の積み重ねを確認し合って帰ってきました。

保育実践研修会で、一年間のA子の事例を園として発表することになりました。大場先生の講評の中で、担当保育者の思いや園の全職員の思いを受け止めていただいたように思います。

「子どもが自ら外の世界にかかわろうとする力を育てるためには、我慢比べとか、格闘に近いと言う人もいます。いろいろな悩みもありましょうが、気をもんでくれる大人がいてくれるから子どもが回復して行くと言うこともあるのです」と。そして「さりげなく園全体で子どもを受け入れることが、大宮市の保育のベースになりつつあることです。子どもがもし変わったとすると半分は子どもの力にあったと信じますが、その回復力を支えたのは保育だと思います。子どもが自分から人とかかわりをもとうとする土台となるのは、子どもの動ける時空を園生活で保障することだと思います」と言われました。

大場先生と保育園の子どもたち

保育園の玄関には、保護者専用のスリッパが置いてあります。ある日、「園長先生、大変です。スリッパで、スリッパで」と一人の保育者が私のところに飛んできました。何事かと思い一緒に走っていったら、巡回相談に来られた大場先生が、座って対象児の観察をしていたところに、三歳児の子どもたちが先生の頭や背中をスリッパで叩いていました。ビックリした私たちが、子どもたちを必死に制止しましたら、先生は笑顔で「いいよ、いいよ、」と逆に私たちが止められました。今まで、スリッパを履いて遊ぶことがあっても、叩いたり、投げたりすることはありませんでした。どうして、叩くような遊びが始まったのでしょうか。いつも、先生が巡回相談に見えると、子どもたちと良く楽しく遊んでくれます。この日もスリッパの近くでA子の観察をしていた先生を見て、三歳児の子どもたちが遊んでもらえると思いスリッパで先生の気を引こうとしたら、先生が笑顔で受け入れてくれたので、さらに、エスカレートしたのだと思います。大場先生が巡回相談に来られると、保育者は緊張していますが、子どもたちは嬉しくてわくわくした気持ちで事務所から出てくる先生を待っているようです。

先生は子どもの目線に添って、子どもの興味や関心ある遊びを、子どもたちと一緒に楽しそうに遊び、子どもたちの気持ちを認めて受け入れてくれるから、子どもたちは先生が大好きです。先生と子どもたちの間には信頼関係があったから、スリッパの遊びができたのだと思います。先生と楽しく遊び込んだ子どもたちは、二度とスリッパで叩いたり、投げたりすることはありませんでした。

おわりに

旧大宮市立保育園には宝物があります。それは、大場幸夫先生と出会えたことです。

昭和五十年代初期から大場先生の巡回相談が始められ、保育園の中で、発達の遅れが見られる子どもや気になる子どもの様子を見ていただき、指導を受けられたことです。それまで画一的な保育をしてきた私たちは、一人ひとりの発達に合わせた保育をすることが大切であることを知ることになり、一人ひとりにていねいにかかわることの大切さを学ぶことができました。子どもが問題を抱えている保育園や障害児を受け入れる保育園が増えて、巡回相談の先生は杉本栄子先生・小野嘉美先生・栗澤尚子先生が入られて四人になりました。巡回相談を受ける園も増えて、大宮市の保育園の保育内容が大きく変わり始めました。巡回相談員の先生たちには変わることなく継続していただいたことで、保育内容の深まりへとつながったと思います。

昭和六十一年に障害児保育の制度化に向けた準備として「保育実践研修会」が設置されました。「保育実践研修会」では、障害児を受け入れている園から保育実践発表してもらい、大場先生の講評をいただき、保育園職員全体で考えていきました。「保育実践研修会」を重ねていく過程で、この取り組みは障害児保育の対応ということだけでなく、保育者に保育そのものを見つめなおす機運の高まりを与えることになりました。そして保育園に通う個々の子どもたちの発達に応じた保育やそれを可能とする保育園運営のあり方などを、保育園職員と共に考えることのできる機会として園内研修が深められてきました。

障害児保育の制度化に向けて障害児保育の理解を深めるために、大場幸夫先生に講師をお願いして、保育園職員全員の研修を実施しました。必ず全員が受けられるようにと、勤務時間内で行うことになり、二ヵ月以上かけて実施されました。大場先生の研修は毎回内容が違うので、研修の報告を職員会議に出しあって、職員全員の統一した理解になったように思いました。大場先生の研修を受けた、調理室の職員から「保育士たちが園児の要求を受け入れ過ぎて、我がままな子どもを育てるのではと思って見ていたが、大場先生の話で、保育士たちや園長の気持ちがわかりました」と言っていました。その頃、かかわりの取りにくい、乱暴な二歳児の男の子がいました、その子とかかわりを持とうと抱っこやおんぶをすることを心がけて、強く叱らないことを保育士の中では話し合っていました。そんな様子を見て歯がゆかったのだと思います。全職員に向けられた大場先生の研修が障害をもつ子どもや保育全体の土台づくりとなりました。

この原稿依頼の話をいだだいた時、書くことの苦手な私がと思いましたが、旧大宮市立保育園の保育を変える原動力になってくれた大場先生のことを書かなかったら申し訳なく思い、筆をとることにしました。

大場先生の巡回相談を受ける中で、心に残ったA子の事例を書いてみました。二〇年前の事例で資料が少ないため、大場先生の思い、保育者の思いが十分に書きとれなかったことが心残りです。A子と過ごした一年間で、子どもの育ちの原点を、そしてまた保育の原点を再度学ぶことができた事例だったと思いました。人とのかかわりを軸にまなざしを合わす、やりとりを楽しむ、人に興味を持つ、などは〇歳児が母とのかかわりで自然と育っていくことです。保育者はていねいにかかわることで子どもたちの力を引き出すことになります。その保育者の力を引き出すには、保育園のリーダーである園長の役割は大きいと思います。

今回の原稿依頼を受ける機会を得て、A子の事例をまとめてみましたが、現職の時、これを書いていたら、私の保育もさらに変わっていたと思います。大場先生が良く話をしていた、記録をとること、事例を書く、保育を語ることの意図が改めてわかったような気がしました。

大場幸夫先生、長い間ありがとうございました。旧大宮市が大場先生と出会えたことは、大宮の子どもたちにとってとても幸せなことと思います。

関野史世（元旧大宮市立保育園園長）
大場先生には巡回相談、保育研究会、講演などで一貫した教えを頂きました。これからも、さいたま市の保育園で大きく羽ばたいていきます。先生、見守っていてください。

こどもと共に生きるという保育者の専門性

◆田代和美

大場幸夫が考える「保育の原点」は、私が代わりに書けるものではありません。背中を見てきた者の一人としての私に書けるのは、大場幸夫の著作から「保育の原点」を私なりに読み解くことかと思います。と、ここまで書いてきて大場幸夫と呼び捨てにすることに抵抗が生じてきます。私にとってはやはり呼び慣れた大場先生の方がしっくりくるようです。以下では文脈の流れで呼び方が変わってしまうことをご了承ください。

「保育の原点」という言葉から思い出されるエピソードがあります。私が大妻女子大学に勤務する際に、大場先生に定年までの年数を伺うと、先生は5年と答えられました。「じゃあ、5年間は先生の後ろで仕事ができるんですね」と言うと、先生はいつもの穏やかな口調で「後ろじゃなくて横でしょ」とおっしゃいました。年齢や地位や肩書きや・・・そういうものを抜きにして、私のような者にもいつも対等にかかわってくださいました。相手を尊重して対等にかかわる。それは大場先生の一貫した姿勢でした。この姿勢は、先生の倫理観であり、先生が提唱した保育臨床に、そして「保育の原点」に連なるものだと思います。

「保育の原点」を巡って大場先生を思い出しながら、以下では著作『こどもの傍らに在ることの意味　保育臨床論考』（萌文書林）の記述を引用しながら書き進めていきます。

こどもにとっての自分の在りようを問うこと

こどもの傍らに在るということについての大場先生の考えの原点は、児童福祉施設で心理判定員として務められた際の経験を語り直す中で核になっていったのだと思います。保育臨床をテーマに講義や話をなさる際には、この施設でのご自身の在りようを語り直すことから始まるのが常でした。著作の中に「〝そこに身をおきながら、そこに在りえてはいなかった〟自分として、当時の自分の在りようを想起する」という記述があります。ご自身の職務であった入所しているこどもたちの発達診断の結果を資料として作ることが、「そこで幼児期を生きるこどもの現実」をよりよくすることにつながっていなかったことや「こどもの求めていた大人という立ち位置を果たせなかった」ことを、施設職員を辞められた後に、自戒を込めて先生は問い直し続けられました。先ほどの引用につながりますが、「今の自分にとっては、現場に臨むことの有無が問題でなく、どのように臨むかという姿勢そのものの在りようが問題となっている」(p.27)という記述もあります。

原点という言葉の辞書上の意味は、物事を考えるときの出発点です。大場幸夫の「保育の原点」を保育を考える際の出発点とするならば、ご自身の児童福祉施設での在りようの問い直しにあると言えるように思います。その後、保育にかかわり続けられてきた長い年月の間にも、徹底したご自身の現場での在りよう・こどもにとってご自身がどのような存在だったのかという問い直しが通奏低音のように響き続けていたのではないでしょうか。それがあるからこそ、保育臨床という言葉が生み出されていくことになったのだと思うのです。

施設で生活していたこどもたちへの思いは、おそらくご自身のこども時代の体験と重ね合わせられながら、多くの幼いこどもたちへの思いへと広がっていったのではないでしょうか。身近な大人と自分を信頼し、外の世界に興味を広げながらかかわっていくことで、感性と理性を育てていく体験を積み重ねていってほしい。大切にされた(スポイルではなく)記憶が詰まった、心の糧となるこども時代を過ごしてほしい。それがこどもがこどもとして生きていく当然の権利だから。こどもがこどもとして生きていくことが尊重されずに、急がされて育っていく時代の中で、こどもたちの代弁者として、こどもたちの育ちを支える保育者の代弁者として、こどもと共にある大人の在り方を熱い思いで、しかしあくまでも理性的に訴え続けてきたように思われるのです。

保育臨床

『こどもの傍らに在ることの意味　保育臨床論考』には、保育実践とは、「こどもの生きる現場を支える専門的営み」ということができる。このように、日常的な生活の営みという文脈の只中に生成されるかかわりや行為について、人と人とが共に生きる在りようを問う視点を、〝臨床的な視点〟と名付けることは許されるだろう。保育臨床とは、このように、保育者がこどもと共に生きる在りようを問う視点からの省察と対応であると、包括的に定義しておきたい（p.117）と記されています。また、保育実践の日常をこどもと共に生きるという在り方が、臨床の本質から外れるどころか、むしろ人と人とが苦楽を共にすることの中に、人が人と具体的な時空を互いに支え合いながら生きるということ自体が、保育臨床の本質である（p.125）とも記されています。

障がいをもっているこどもの保育にかかわるから保育臨床なのでなく、保育現場に臨む（身を置く）から保育臨床なのではなく、園生活の中で、ともすれば当たり前のこととして見過ごされてしまいがちな日々の出来事ややりとりを、これがこどもと共に生きるということなのだろうか？　という視点で振り返りながら日々こどもとかかわり続けていくことが大場先生のいうところの保育臨床なのだと私は理解しています。

共に生きること・・・人と人が具体的な時空を互いに支え合いながら、苦楽を共にして過ごすこと。そうしようとする姿勢を持っていること。言葉にしてしまえば簡単なことではありません。しかし言葉や形でなく、これを実現するのは簡単なことではありません。相手は乳幼児です。大人から見れば、一人でできることは少なく、何をするにも大人の力を必要とする手のかかる存在です。大人はこどもたちに何かをしてあげたり、教えてあげる立場にあると思いがちです。将来保育者になりたいと志望してくる学生でさえそうであることが多いのです。こどもたちに絵本を読んであげたり、折り紙を教えてあげたりしたい。障がいを持つこどものお世話をしてあげたいという動機を抱いて保育者を志望してくる学生もたくさんいます。保育者はやってあげる人、こどもはやってもらう人なのです。体の大きさも強さも言葉の豊富さ巧みさもこどもの比ではない保育者は、常に心しておかないとこどもと持てる者と持たざる者の関係に陥ってしまいがちになります。大場先生のいう「共に生きる」はそのような関係ではありません。

日常生活の中で私たちは、相手がこどもだからと見下して対応してしまうことはないでしょうか。「なんで、こんなことをするの？」と思う時には、たいてい、大人は端から自分が正しく、こどもがまちがっていることを前提にしています。「この子は落ち着きがない。」「この子は人の話が聞けない。」そのこども自身に問題があるかのような見方をして、その状況にかかわっている自分たちの在りようを振り返らない。そんなことはないでしょうか。たとえば泣いて何かを訴えているこどもに、「泣かないで、お口で言いなさい」と言うのは大人としては簡単だけれど、でもその子からしてみれば、言葉で言えないから、泣くことしかできないから泣いているのです。こどもにも言い分はあります。こどもと共に生きるということは、相手であるこどもを一人の人間として尊重する姿勢でかかわることであり、こどもが行動で表している言い分を感じ取ろうとしながらかかわることです。日常の出来事やかかわりについて、いつもやっていること、これまでやってきたことだからと流してしまわずに、相手はこどもだからと処してしまわずに、これが本当にこどもを人として尊重して共に生きるということに値するのか？　という視点で問い直しながら自分の見方や捉え方を変えたり、かかわり方を改めながらかかわっていくことです。こどものためによかれと思うことも、こどもの立場からしたらどうなのだろうか？　という視点で問い直す。つまりこどもにはこどもの思いがあり、ノーという権利があるという双方向性を前提にした上で、今のこの子にとって大切なことは何かを判断していく。このような姿勢が保育臨床という保育者の専門性なのです。

でもたとえば保育者から見て「この子は落ち着きがない」ということひとつをとっても、その時々の状況によって、その落ち着きのなさがどういうことを意味しているのかは違います。保育臨床という姿勢に伴う視点は、そのような具体的な状況の意味を丁寧に考えることを求める視点です。「落ち着きがないこども」にどのように対応すればよいのかというノウハウを求める視点とは一線を画す視点です。すぐに正解を求めたがる時代の空気にも逆行する視点です。それだけに日々の生活の中で、こどもに責任を負わせて自分の在りようとは関係ないこととしてすませてしまうのではなく、自分たちの在りようを振り返るこの視点を持ち続けるためには、プロとしての高い意識を必要とします。

こどもを養護する保育者の倫理的責任

著作の中では、「保育の原点」に関係すると思われる養護についても熱い思いで述べられています。例えば、「こどもの傍らに在るおとなが問われること」のひとつとして、養護を柱にした保育の営みを担うこと（保育者の倫理的責任）という項があります。そこでは、養護を危険がないように保護し育てるということと、こどもの体質や心身の発達状態に応じて適当な保護と鍛錬とを加え、その成長、発展を助けることとした上で、「どのような育ちの状況においても、幼少期のこどもは養護される存在である。ただし、世に言う〝こども扱い〟ということは、養護されるべき存在という意味において用いられることはなく、差別的な含意が露呈する状況を示す場合に用いられる。養護の本質はこのようにこどもの人権を無視したこども扱いを意味しない。養護は幼少期の正当な権利である。養護されることとは、こどもの生存権と発達権そして教育権という基本的な人権の擁護要件となるべき3つの主要な権利を保障される人間としてのこどもの存在様式でもある。これがこども養護の理念である。そこに保育者の倫理的社会的な責任があることを銘記しておきたい」（p.201）と述べられています。

ここにも、こどもを一人の人間として尊重する姿勢が象徴的に示されています。養護を必要とするこどもとかかわる上で、身の引き締まるような厳しい言葉が保育者に向けられています。それだけ保育者という存在がこどもにとって大切な存在であると考えた上での期待の裏返しなのだと思います。

相手を処するのでなく、人として尊重して対等にかかわるためには、相手が幼ければ幼いほど、高い倫理観が必要になります。高い倫理観を持った上で、こどもの喜びを自分の喜びとして感じられる。こどもの悲しみを悲しみとして受け止められる。そういう感性を持ってこどもたちと一緒に過ごしながらこどもがよりよく育ちゆくように願いをこめてかかわる姿勢。保育臨床とは、倫理的責任を持つ者として必要な保育者の姿勢であり、児童福祉施設でのご自身の在りようの問い直しを出発点とされた大場幸夫の存在そのものが体現していた、こどもにとっての大人の在り方だったのだと改めて思います。この姿勢に、私は大場幸夫の「保育の原点」をみます。

理性と感性

大場先生はとても感性が豊かでした。こどもの身に起こっていることをこどもにとってどのような体験なのか、こどもの立場に立って感じとることができました。感性が豊かだからこそ、こどもの思いを感じとれて、それを代弁、擁護できたのだと思います。それは保育者に対しても同じでした。現場での保育者の感じ方・とらえ方を大切にしていました。日々そのこどもとかかわる保育者だからこそ感じられる感じ方を大切にしていました。保育巡回相談でも、たとえば、それまでかかわる手だてが見つからずに苦しんでいた保育者が、そのこどものことを可愛いと思えるようになったという保育者の感じ方を大切にしていました。当事者である保育者のそのこどもとの具体的なかかわりの場面や当事者の感じていること、当事者の置かれた状況を保育者全体で共通理解することを大切にしていました。保育カンファレンス（事例協議）の場で語られる言葉だけでなく、身振りや表情などから感じ取れることも大切にしていました。

それにもかかわらず、先生の書かれる文章は言葉遣いが難解でした。大場先生の言葉遣いを、私たちは「具体抽象」などという言葉で笑って先生に悪態をついていましたが、当たり前と思われがちな日常生活での事柄を、研究上の言葉にすることは難しいのです。今思うと、具体はたとえば、こどもの思いのような感性で捉えたこと、抽象はそこから距離を置いて理性的に捉えなおして表現した言葉だったのだと思います。先生の穏やかなユーモアも、この物事から距離を置こうとすることから生まれていたのだと思います。日常的な生活の営みはたわいのないことと片付けられがちだけれど、その日常生活での経験はこどもたちが育つ過程そのものです。日常生活の中でこどもが育っていくプロセスとそれを保育者が支えていくことの重要性を表現するための理性的な言葉を、先生は心理学・哲学・社会福祉学・精神医学・発達生態学と広い領域に「知の越境」をしながら探し求めていたのだと思います。

中村雄二郎の臨床の知から示唆を得て保育臨床を提唱した時にすでに、先生は保育現場の働きは、近代科学の知に依拠していては位置づけられないと考えて、新たなパラダイムを求めていました。私が保育の現場で先生方とこどもたちについて語りあう場を持つようになり、現場の先生方との話し合いの逐語録を材料にして学会で発表したときに、先生はすぐに電話をくださいました。「いや〜こういうやり方があったか〜って驚いてね」とお茶目な感じで話しながら、すかさず認知意味論をベースに日常会話の生の営みを扱った「意味づけ論」に関する本を2冊教えてくださいました。私が試みたことなど、とっくに先生の射程に入っていたのです。せっかく教えてくださった分野の理論を保育の場での具体的な話し合いにつなげることができないまま、それらの本は私の本棚にあります。保育巡回相談を長く続けられてきた先生は、保育カンファレンスでのやりとりを、参加者の意味づけの相互作用のプロセスとして位置づけようとされていたのです。

保育カンファレンスをこのように位置づけようとされた点も理性的です。保育カンファレンスでの話し合いの中でしていることを「お互いがいったい何をどのように意味のあることとして捉えているかを、感じ取り合っている」（p.153）ことと記述していることなどをみても、先生が保育カンファレンスでのやりとりで理性だけを重視しているのではないことがわかります。感性を働かせて当事者である保育者の思いを感じとり、こどもの思いとすり合わせながら、その場に臨んでいた姿も想像に難くありません。それでもその世界を描き出そうとする時には、あくまでも理性が主になっていました。保育者が倫理的存在で在り続けられるためのサポートを、35年にわたる保育巡回相談という形で行い続け、保育者集団がお互いを支え合い高め合う関係を作るための実践にかかわりながらも、先生はその具体についてではなく、そこから距離を置いて、保育者集団の協働性や同僚性の大切さを説いていました。それは、当事者ではない立ち位置にある者としての先生の倫理でもあったのでしょうか。伺っておきたかったです。先生は長年に亘って大切にしてきた保育巡回相談について、これからまとめたいとおっしゃっていました。抽象の世界（理性の世界）に変換する前の、保育の中で感じとった具体の世界（感性の世界）についても、もっと話したかったです。

「後ろじゃなくて横でしょ」が現実になるために・・・

先生が言ってくださった言葉とは違い、私ははるか後方で背中を見てきました。先生が醸し出す平らかな雰囲気の中では、さんざん生意気なことを言ってきたけれど、でもはるか後方を歩いてきました。いつか本当に先生の横で保育の話ができるようになりたいから、そのためにどうしていきたいかを最後に考えてみます。

保育者養成の仕事で学生とかかわる上でも、保育現場での実践にかかわる上でも、具体の世界では感情にどのようにアプローチしたらよいのかに頭を悩ませられます。先生の著作の中でも感性や感覚については大切なものとされながらも、「感情的な抗争でしかない」「感情的な関係である」と感情は一刀両断にされています。感情的な抗争や感情的な関係にならない場を作るためにも、先生は協働性や同僚性を重視したのだと思います。でも私は感情を一刀両断にはできないようです。

倫理的存在としての保育者の姿は、こどものためにそうあってほしい、あり得べき保育者の姿であり、それを専門性として身につけてほしいと願って保育者養成の仕事に携わっています。けれども現実に目を移してみると、それがいかに大変なことであるかがわかります。誰にでもできることではないからこそ専門性なのであり、そして惰性や自分が楽をする方向に流れるのではなく、その姿勢を維持していくために専門家集団の士気と同僚性が必要なのだと先生は考えていたのだと思います。けれどもそのような専門性を身につけていくための養成の道筋を探っている中で懸念することは、理性だけを強調すると「べき論」に陥ってしまうのではないかということです。

先生に倣って「知の越境」をしてケア倫理学をひもといてみると、看護の領域では現象学的人間論の立場から感情に着目する研究もあります。保育者は感情の赴くままに行動したり、感情をさらけ出してもよいと言いたいわけではありません。それでも距離を置いて理性で捉える先生と違って、感情を厄介者としては扱えない自分がいます。日常を共にする生活の中で感じる喜びも悲しみも怒りもすべて、人間の生身の感情です。こどもの充実感に満ちた姿や成長を感じる姿を目にしたときの保育者の嬉しそうな表情は、この仕事がもたらす大いなる喜びとやりがいを確信できるほど印象的です。そしてやりがいというものも、感じる類のものです。それは当たり前で顧みる必要もないことなのかもしれないけれど、こどもという存在が私たちにもたらしてくれるものを再認識することも一方では必要なのではないかと思うのです。こどもと共に生きる保育者の姿勢を身につけていくためには、こどもは保育者にとってなぜ必要なのか、こどもと共に生きることの、大人にとっての意味を感情面も含めて問うことも養成の道筋で必要なのだと思います。

同じように、悲しみや怒りのようなマイナスの感情も保育者は経験しますが、倫理を盾にして当事者の感情を置き去りにはできません。保育者は時に自虐的に「いいんです。私たちが我慢すれば」などと言うことがありますが、これは共に生きることではありません。「保育者が我慢すればいいって、それってアリかよ」という先生の声が聞こえてきそうな気がします。時に状況に巻き込まれて共に生きることが難しくなってしまう中で、置き去りにされたり傷ついたままになる人が出ない途を何とか探っていきたいと思います。そのような時に感情は、こどもと共に生きられない私たちの在りようをよりよく理解したり、問い直す大切な手がかりになるのではないかと思うのです。当事者としてこどもにかかわる中で感情と理性を働かせながら、身体を通してかかわる保育者の感情にも、理性と関連し合う働きとしてのポジションを与えていけたらと思うのです。

先生が残してくれた大切な保育者の専門性が根付いていくことを願って、私は保育臨床という専門性を身につけた保育者の養成を模索し、こどもと共に在れないときの保育者の支援に携わりながら、具体を距離を置かずに深めていく途を探していって、いつか先生の横で保育を語れる日が来ることを目指していきたいと思います。

奇しくも先生は2011年3月11日の東日本大震災の直後に体調が悪くなられました。あの日と原発事故によって、それまでの日常を奪われてしまった方々が今も大勢います。当たり前にずっと続いていくかのように思われた日常は決して当たり前にずっと続くものではないということを私たちは実感しています。今の私たちは生きていく上で大事なこと、大事なものは何なのかを改めて考えさせられています。放射能を巡っては、共に生きることをスローガンではなく実践することがいかに難しいかを思い知らされてもいます。当事者と当事者ではない人。放射能についての意識の違い。それらの違いによって分断していくのでなく共に生きるためには、想像力と相手を尊重する姿勢が求められます。こどもたちには、自分も周りの人も尊重できる人になってほしいと願っている大人としての私たちが問われているのです。日常を共に生きることの大切さと難しさに気づいた今、こどもと共に生きるという保育者の専門性が専門性として自覚され、認知される必要性は増しています。親を失ったり、親と離ればなれになっているこどもたちの傍らでどう在ることが共に生きることなのでしょうか。今までの生活の一切を失って、見知らぬ地で生活せざるをえないこどもたちの傍らでどう在ることが共に生きることなのでしょうか。放射能におびえながらの非日常的な生活が日常と化してしまっている中で育っているこどもたちの傍らでどう在ることが共に生きることなのでしょうか。不安に押しつぶされそうになりながら子育てをしている保護者たちの傍らでどう在ることが共に生きることなのでしょうか。今、多くの保育者が直面している課題です。けれどもまた、こどもたちが他者と共に生きていける人間として育っていくように支えていく仕事は、未来を作っていく仕事でもあります。大場幸夫の「保育の原点」であるこどもと共に生きるという保育者の専門性は深くて重いものですが、こどもという希望が与えてくれる明るさを併せ持っている専門性でもあるのです。

田代和美（大妻女子大学家政学部教授）

「大場先生だったらなんて言うかな・・・」とよく考えます。多くの人々の中で、先生はきっとそう在り続けていくのですね。

大場幸夫先生から伝えられたこと

原　和夫
原　早苗

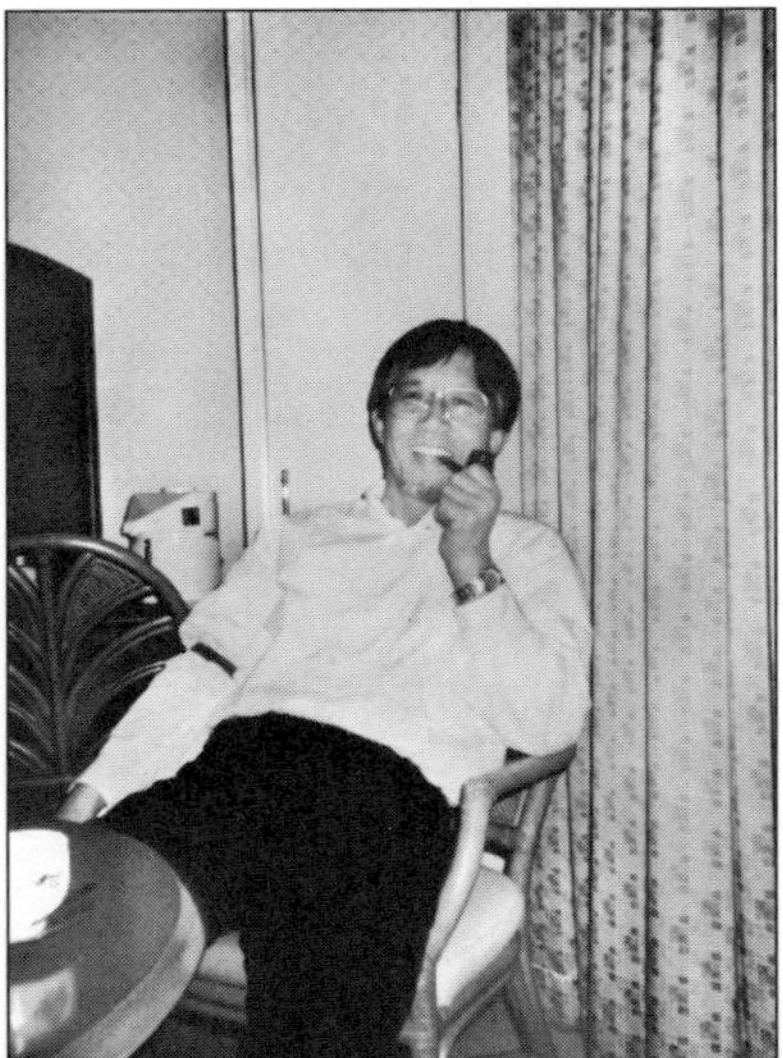

出会い

初めて大場先生の講義をきいたのは、今から三十数年前、森上史朗先生がコーディネートされていた「チーム医療」という講習会でした。

暑い夏の日、障碍児研究をはじめ、さまざまな分野の研究者の90分の講義が一日5コマ、2日間にわたって構成されていたと記憶しています。

地方にいる私はこの講習会で障碍児あるいは保育・教育の最先端の研究や実践例をきくことによって、自分が保育の場で抱えているさまざまな課題と照らし合わせたり、自分自身の保育の視点を変えられたり、保育の営みの再構築をしたり、と大きな影響を受けました。そのなかで、毎年レギュラーで講義されたのが大場幸夫先生でありました。

初めての講義の時、先生は白い麻の背広の上下、白い立襟のシャツをお召しでした。

それがとても新鮮で個性的で印象深く、いっぺんに大場先生のことを覚えてしまいました。先生の講義は言葉が四角っぽく、臨床心理の専門的なものでなかなか平易ではなく、自分のなかでかみ砕くのに時間がかかるように感じられました。

先生ご自身も受講生に理解してほしいと願いつつも、ご自分の語りたい内容をどう解りやすい言葉に置き換えたらよいか苦闘しておられるようにさえ思われました。

しかしそれからしばらくして「座コミ」やいくつかの講習会、そして保育学会などで先生の講演・講義をきく機会が増え、また身近に話を交わすことができるようになってくると、それまでの先生の印象がだいぶ違ってくるようになりました。

なかでも幼児期にお兄様と二人、縁の下に入り込み、土におしっこをかけてその泥をまるめて泥ダンゴを作った話、大学の恩師が馬に乗って東海道を歩いた時、先生がお付きをして、夜は馬がアブにさされないように一晩中追い払っていた話などが大変おもしろく記憶に残っています。そんな話をされる時の先生は本当に楽しそうで、いきいきと輝いていらしたように思いました。

まるでいたずらっ子そのままの表情、また青春期の理不尽をも楽しんでしまうバイタリティがそのまま伝わってくるようでした。そんな時の先生のことばは丸みを帯びていてストンと私の胸に落ちて、他のことはあやふやな記憶でもそういう話だけは今でも忘れないでいるのですから、私がいかにいい加減な聴講生であったのかがわかってしまいますが。

先生とはそれ程の時をご一緒したわけではなかったのですが、実践現場のレポートや研究会での発題を依頼される幸いな関わりのなかで、先生の考え方、保育や保育者への思いなどをたくさん聞くことができました。

先生の教えは「○○イズム」「○○論」といったような概念的なものではなく、その場その時の小さな事例や、子どもの見過ごされそうな心情を分析したり共感したりしながら、教育とは、保育とは、を問い続けられたもののように私は感じます。

ですから、先生の指導で現場が劇的に変わったとか、現在の保育現場に新風を吹き込んだとか、というようなものとは異質なものであり、現場で子どもと出会いをしていくその一線上で、子どものあやうさをあやうさとして感じ、自分が人としてどう関わるかを問われ、揺すられながら保育を模索していく姿勢を学ばされて今に至っているように思うのです。

けれども今、改めて考えてみますと、実は保育とはそういうささやかな、そして地道で繊細な人との関わりに終始するものではないかと思います。

今、自分の保育のあり様をみた時、大上段に構えた保育論を展開しているわけでもなく、ごく日常のなかで見過ごしてしまうくらいの子どもの心情との出会いや共感を求めて、神経を張り詰めたり葛藤をしたりしていることを確認しますと、先生の指向されていただろうそのことが私たちのなかに、また保育のなかにジワジワとしかし確実に浸透していることを思うのです。

先生の教えは、私のもつイメージや刷り込みとは見当はずれのものなのかもしれませんが、私自身がそこに思い至った背景、エピソードを少し挙げてみたいと思います。

実践記録を「ものがたり」で

二十数年前、急に依頼されて東海北陸地区の研究大会で研究発表をすることになった時のことです。めぐみ幼稚園では、特別に研究発表のための保育をしていませんでしたので、ごく日常の子どもたちの生活のなかから、子どもの遊びがどのように発生し、どのように展開してみんなで共有できたかという実践事例をひとつ取り上げてまとめてみることにしました。

ちょうどその頃、薄茶色のツクシから緑色の粉が出てくることに気づいたことに端を発し、ツクシを煮ると緑色の色水になることを発見した子どもたちが、まわりにある草花や野菜などを使って色水を作ろうと、さまざまな方法を試しながら色水遊びに夢中になり、その活動が保育者の思いを越えてどんどん展開し、家庭をも巻き込みながら数カ月継続していました。この自由な発想や展開とたくさんの子どもたちの興味関心、参加のあり様は、いきいきとして保育という枠のなかからとびだす程でしたので、この様子をまとめて発表し、そのなかで保育とは何か、本来の子どもの遊びとは何かを話題として提供することにしたのです。問題はその研究発表の形式でした。

その当時の研究発表といいますと、まず四角い枠で時系列やAやBとつけられた子どもの様子、保育者の関わり、活動の推移などが区切られ、矢印によってAやBの言動が表されているのが一般的でした。

私にはその形式が、この事例を表現するにはどうしてもふさわしいものとは思えませんでした。まずAやBという子どもを表す記号に違和感をもちました。私たちのまわりにいる子どもたちはみんな、その子固有の存在をかけて名前があります。どうも「A」や「B」では実態がないように感じました。

また子どもたちが表でまとめられるような見える活動だけをしているのでもありませんし、矢印で進展を表せるような活動の性格でもありませんでした。

むしろ表には表現しきれない、子どもや保育者の思いや葛藤、感動などの内面的なものこそが活動を支える大きな力になっていることを一番の主張としたいと思いました。

そこで、表ではなく、「ものがたる」ことにしました。状況や子どもたちのことば、表情や心情、教師の思いや関わりなどをことばで物語ったのです。

その頃はまだ「エピソード」ということばは保育研究の場では用いられていませんでしたので、この発表形式はだいぶ違和感をもって会場の保育者たちには受け取られたようです。

確かに機能的に明解なことは研究発表の場の大切な要素ですから、一目ではわからないような文章形式には批判があっても不思議ではありませんでした。

が、ちょうど大場先生がその会場の助言者として、この発表をきいてくださいました。そして、助言のなかでこの「ものがたる」という発表の仕方を評価してくださり『これからこのように子どもの姿を総合的にとらえられるような「ものがたる」ことが大切になってくると思います』とおっしゃってくださいました。保育の、明確にならない部分に光をあて、それらを丁寧にひろって全体像につなげていくことの大切さを先生の助言によって確信し支えていただきました。

子どもたちと汗を流して

市主催の教育講演会で講師をされた大場先生はその帰り、フッとめぐみ幼稚園にお寄りくださいました。

そのころ、サッカーが子どもたちの間で大人気で、朝から帰りまでボールを追いかけている子どもたちもいました。秋の午後、ちょうど保育者たちは、子どもたちと一緒に大根の漬物をしていましたが、そんなことには目もくれず、何人かの年長の男の子たちがせまい庭をボールをおいかけてサッカーに興じていました。

先生はその子どもたちをご覧になるや、上着を脱いでシャツを腕まくりされ革靴のまま子どものなかに飛び込み一緒にサッカーを始められました。

その様子は大人が子どもの相手をしてやっているなどという範疇ではなく、本気で子どもたちとボールを追いかけ勝負をするので、子どもたちも真剣な顔で全速力で走り回り、大いに盛り上がって庭は土煙があがるほどの状況でした。

子どもたちと汗を流し走り回っている先生は「体ごと子どもたちとぶつかっている」という満たされた顔をされていたように思います。

子どもたちも大人が本気で関わってくれているという満足感があったのでしょう。帰りの時間になってもなかなかやめようとせず、保育者は何と声をかけようかと戸惑うほどでした。そんな気配を察してか、子どもたちに向かって『おじさん　疲れた！』と一声。子どもたちも走るのをやめ、汗を光らせながら先生のまわりに集まり「あぁおもしろかった」「おじさんすごいねー」などと口々に言いながら園舎に入っていきました。

「先生、お疲れさま。子どもたちも喜んでいましたね。ありがとうございました」と申し上げながら心のなかでは「この頃、私たちは子どもたちとこんなに汗を流して真剣に遊んでいたかなぁ」と思うとちょっと恥ずかしい気持ちもありました。

その後、先生に、保育のことについてどんなことでもいいので保育者たちに話をしてほしいと願ったのですが、先生は笑いながら「また次回にね」とお茶を飲んだだけで帰ってしまわれました。

後で考えると先生は「子どもと真剣に精一杯遊んだよ。楽しかった。このことがぼくの言いたいことだよ。保育の理論だとかをいう前に受け止めてほしいのはこのことだよ」と伝えたかったのではなかったかと深く思い至りました。

「目つき」から「まなざし」へ

「ものがたる」ことにしても、この「子どもと汗を流して」にしても、私は大場先生が、いつも「実態との出会い」を求めておられたのではないか、そしてそれが先生の原点のひとつなのではないかと思うのです。

それはある講義のなかでお話された、こんなことと関係があるのではないかと思っています。

先生が、研究のために施設で心理判定をした時、対象児を前にニコニコと笑顔を向けて、その子のいうことに耳をかたむけ、さも共感しているように振る舞いながら、実はテーブルの下では次のテストの道具を手に握りながら、その子を「目つき」で探っている自分の姿を思い出す、というようなことをおっしゃいました。

先生はたぶん、前に座っている子の表出した部分を点数化し、その子の状態を調べ、ランク付けしている自分が、どれくらい相手の実態・全体像を知っていることになるのだろうかという自問自答のような葛藤をされていたのではないかと思うのです。

そして、子どもを研究・検査対象として「目つき」で見ている自分に気づかれ、そこでの関わりに疑問をもたれていたのではなかったかと思います。

子どもと表層的ではなく、実態として関わりたいという思いと実践は、そんなところから紡ぎだされてきた先生の信条ではなかったかと思います。

子どもを「A」「B」として記号化し、表のなかで座標のように表していく研究形式ではなく、子どもをそのまま丸ごと物語っていくという方法に共感してくださったのもそんな背景があったのではなかったか、また子どもたちと汗を流しながらサッカーに興ずるなかで、実態とのぶつかり合いを求めておられたのではなかったかと思うのです。

子どもを観察するというような、「目つき」で見て知ろうとしても、実は子どものある一面しか見ること知ることにはならない。子どものそのもの、を見たい知りたいとするならば、この子と共にいたいというようなやさしい心根のある「まなざし」を向けていることが大切なのではないか。「まなざし」は、表面からはわかりにくいありのままの状態であるところの実態としての子どもに出会う機会をもたらし、子ども理解の一歩につながるのではないか。という保育観はそのような原点から生まれたのではないかと思います。そして先生のその「まなざし」観は、その後の「こどもの傍らに在る」という保育思想につながっていくものであると思います。

では先生のそれらの思想・姿勢に大きく影響のあったものとは何だったのか、推論を進めます。

手作りの紙芝居

先生はご自分の子ども時代のことを話されたことがありました。

先生の子ども時代は第二次世界大戦（太平洋戦争）の最中。食料や物資は乏しく、夜は灯火管制のもと、子どもも大人も死と隣り合わせにいながらも必死で生きようとしていた時代でした。紙一枚が非常に貴重だったその頃、牧師であるお父様と保育者だったお母様は、聖書のなかの物語をクレヨンで手描きしいくつかの紙芝居を作り、3人の子どもたちに紙芝居をしてくれたということです。灯火管制下の暗い光のなかで、3人の兄弟妹はどんな思いで両親のしてくれる紙芝居を見たのでしょうか。物語のおもしろさは、子どもたちのなかに逞しい想像を伴ってその世界を広げていったことでしょう。しかしそれだけではなく、その空間に満ち満ちていた両親の愛のなかで、恐怖が安心に変わり、大切にされている自分を喜び、すべてに対して信頼感をもち得るようなものを培われたのではなかったかと思わされます。

先生はそんな体験のなかで、愛されること、大切にされること、信頼し合うことによって、伝える、伝わるものがあることを実感されたのではないでしょうか。

それが「まなざし」という表現になったのではなかったのかと推論します。

先生はまたこう言われました。

「保育の場が、子どもにとって自分を大切にしてくれた先生がいた、自分をかわいがってくれた先生がいた、毎日が楽しかった、うれしかった、と大人になっても思い出せるようなものであって欲しい」と。

現代の子どものおかれている状況のなかで、必ずしも家庭や社会のなかで子ども自身が愛され大切にされていると実感できるものばかりではありません。むしろ子どもたちは、愛ややさしさといったまなざしに飢えているようにも思います。

しかし保育の場だけはそんな子どもの最後の砦として、心底楽しく、うれしいものでありたいと私は願っています。

先生の「まなざしのなかにある子ども」、「子どものかたわらにある自分」を、これからも保育の原点として実践していきたいと思うのです。

薔薇の花束

「まなざし」で保育を、という思考は、保育の場や子どもとの関わりだけではなく、先生はすべての人との関係性のなかでも追求されてこられたのではなかったでしょうか。

相手の実態をつかみたいと思えば、自分もごまかしのない実態として対峙しなければなりません。

その意味で先生は、自らが「実態」として相手に真摯に向かい合うことをご自分に課しておられたように思います。

十九年前、めぐみ幼稚園は都市計画事業によって敷地の形状が変わり、新園舎を建築せざるを得なくなりました。

多くの方々のお支えにより、「大きいおうち」のコンセプトで建てた木造の園舎が出来上がり、ささやかな「園舎完成感謝の会」をすることになりました。

その会の当日、真っ赤な薔薇の花束が届きました。大場先生からのプレゼントでした。

それも10本や20本ではなく、一抱えもあるような薔薇の花束です。

それを会場に飾りました。

会場には先生の姿はありませんでしたが、その花束の存在感は大きく、先生のお気持ちが心に響いてきて、まるでそこに先生がいてくださるような思いになりました。

その思い出は強烈で、今も鮮やかに薔薇の花の深紅の色が目に残っています。

地方にあるごく小さな幼稚園の落成の祝いの会に心を込めて祝ってくださった先生のお気持ちは、通過儀礼ではない真摯さと先生らしさの象徴だと思っています。

また、その美意識は、かつて夏の出会いの時のおしゃれな「白い麻の背広と立ち襟のシャツ」にも通じていて

「大場先生のスタイル」を貫かれていたように思います。

そんなふうにご自身にも「自分らしさ」のこだわりをもち続け、そのことに忠実にまた真摯であられたように思います。

しかし相手に真摯になればなるほど、また自分にごまかしのない実態であろうとすればするほど、先生の内面の葛藤は大きかったのではないでしょうか。

特に先生は絶対者＝神を知っておられました。神の前ではいつも不完全な自分、不忠実な自分を認識させられ、そこには畏れと葛藤がおきます。

多くの重要なお仕事を果たされ、また研究者としても教育者としても大きな影響力をもたれるなかにあっても、私は先生の姿のなかにそんな謙虚さを感じていました。

私は先生と、それほど密に時空を共有させていただいたわけではありませんでしたが、いつも一人の人として、真理の前に立つ小さき者としての畏れや葛藤を内在されていたように思います。

そのことが私のなかですべてわかったように感じたのは、先生の最期の時でした。

前夜式の讃美歌

突然の訃報に半信半疑のまま、前夜式（通夜）に出席しました。礼拝のなかで先生の愛唱されていた讃美歌が歌われました。

讃美歌５１１番

1．みゆるしあらずば　ほろぶべきこの身、わが主よ、あわれみ　すくいたまえ。
　イエスきみよ、このままに、
　我をこのままに　救い給え。
2. つみのみつもりて　いさおはなけれど、
なお主の血により　すくいたまえ。
3. みめぐみうくべき　身にしあらねども、
ただ御名のために　すくいたまえ。
4. みわざを世になす　ちからあるものと、
わが身もこころも　ならせたまえ。

この讃美歌を歌い始め、そしてこの歌が先生の愛唱讃美歌だったということを知った時、一生を貫いて自分に忠実であろうとした先生の生き方が腑に落ちた、といいますか、わかったような気がしました。

神を信じる家庭に育ち、自らがクリスチャンであることは多くの場面では匿名であったのですが、先生の一生を通して神との関係、それが生き方の根底にあり続けたことを確信したのです。

そして、神にも、人にも、自分自身にも忠実でありたい、という真摯な姿勢が時には大きな葛藤を抱えることにもなり、またそれをより追求しようとするなかで苦悩や矛盾に苦しまれたのではないかと思います。

先生が私たちに伝えてくださった「まなざし」は、このような先生の生きる実態から生まれ出たものではなかったかと思うのです。

先生は保育の実践方法ではなく、人として誠実に真摯に生きるその姿勢を通して、またそのご自分の実態を通して、私たちに、人として、保育者として、子どもとどう向き合い、何を保育の原点としたらよいかを穏やかに、しかし確実に伝えてくださったと思います。

私は子どもとの生活のなかで、これからもこれらの伝えられたものを咀嚼しながら、その時その場で葛藤しながらも、子どもと自分自身の実態をぶつけ合いながら向かい合っていきたいと願っています。

原　和夫（塩尻めぐみ幼稚園園長）
原　早苗（塩尻めぐみ幼稚園副園長）

日毎に先生の存在が鮮明になっています。先生はその生き様によってたくさんの者を養ってくださいました。

保育者として〝子どもの傍らに在ることの意味〟を問われて

原田京子

保育専門学院生時代

今から四十四年前、私が栃木県立保育専門学院に入学した際、大場幸夫先生は心理学の先生としておられました。〝心理学〟はよくわかりませんでしたが、爽やかで都会的なハンサムな先生が教えるのですから、若い田舎の学生は、興味を持たないはずがありません。

大場先生の授業は欠席する学生がいないし、「シーン」と静まりみんな集中して聴いているのです。授業に臨む大場先生の態度は真摯で、私たち学生誰にでも人として、大切に丁寧に対応してくださるのですから納得できます。

私は大場先生を人として尊敬し大好きになったのですが、困ったことに児童心理学の授業が理解できませんでした。周りの友人に聞くと、やはり難しくてよくわからないけれど憧れの先生の前でわからない素振りはできない・・・という応えでした。ある日、私は勇気を出し教室の最前列中央の席に座りました。集中して授業を聴くのですが、先生の表情、話し方、決して決めつけないものの言い方、学生と上下の隔たりをつくらず同じ位置で授業を受けさせてくださる先生にうっとりしてしまい、授業についていけないのです。先生のおっしゃりたいことが、ボーッとしてしまい、しっかりつかむことができないのです。「先生難しくて理解できません、もう少し優しい表現でお願いします。」と私はなんて失礼なことを言ってしまったのでしょう。先生が優しくしてくださるので、調子に乗ってしまったのでしょうね。大場先生からは「そうかー難しいかー・・・。」と真面目な顔で、左手で右腕をかかえ「うーん、少し時間をください。」とあくまでも紳士的な応えが返ってきたのです。「えっそんなー『君が真面目に努力しないからだよー』とでも言ってくだされば救われたのに・・・恥ずかしい!」という思いになりました。ですが、先生のこの応えに、ますます大場先生の人気は上昇するばかり。当時先生は三十歳、結婚をしていらしたので、それぞれの学生が「あんなお兄さんがいたらいいなー。」と思っていたようで、勝手に〝お兄さん〟と決めつけていたのは私だけではなかったようです。それは卒業する頃にわかったことです。

その後、先生との話し合いでわかったのですが、私達は当時〝勉強〟は学校で答えを教えてもらいしっかり覚えて、試験に臨み答案を書いたら終わりという安易な受験勉強に慣れていたのです。ですから大場先生の示す授業の本質を考えず、明解な答えだけを求めている私に理解できるはずがなかったのです。〝自分で考え学ぶものだ〟と教えてくださっていたのだと後になって気づくのです。それは、とりもなおさず私たち保育者が子どもたちに物事を教え込むのではなく、子ども自らが考える環境を準備し、遊びを通して経験できるようにしていくことが大切だということを教えてくださったのです。

学生時代で忘れられない大場先生らしいエピソードがあります。ある日、いつものように真摯で爽やかに大場先生の授業が進み、一時限もあと二十分を残す頃に申し訳なさそうに「すみません、これ以降は私の勉強が足りてないので、今日は授業を進めることができません。申し訳ありませんが、ここまでにしてください」と頭を下げられたのです。私は授業が早めに終了することに「シメタ！」とも思いましたが、同時にどこまでも正直で誰に対しても謙虚な方だとますます尊敬してしまい、すっかりファンになってしまいました。クラス中の人たちが先生の真摯な態度を前に、早めに終わった授業を一瞬でも喜んだ自分たちが恥ずかしく、しばらく重苦しい空気が漂いました。そこは学生のこと、すぐに「大場先生らしいねー珍しいね、天然記念物？」と勝手なことを言い、「あの若さで凄い人だねー（クラスには先生と同じ位の年齢の学生もおりましたので）」みんな大場先生が自分の先生であることを自慢に思っている様子が伺えました。そして大場先生の生き様自体、私たち保育士になる者に、正直に、誠実に謙虚に生きよ、と示してくださっているのだと思ったのです。しかし実際に私が保育の世界に入ってそれができたかというと難しいものでした。

（失敗だらけの）保育士になって

保育専門学院を卒業し、保母資格を手にしていよいよ保育の世界に、私は実習ですっかり気に入った盲ろうあ児施設（栃木県立の児童福祉施設で盲児棟とろう児棟に分かれて生活する全員入所型の施設）に就職しました。親元から離れて生活している子どもたちに、私が私の親にしてもらったように関わりたいと思い臨みました。十八歳の男児を頭に小学生が四人の五名の担任になり、母になったつもりで三年間を過ごしました。

小学二年生男児の毎日の夜尿に悩まされておりました。夜中トイレに起こしたあと一緒に寝たりしておりましたが、あまり変化がありませんでした。ある日先輩から「こう毎日じゃ布団がダメになるので、きちんと怒りなさい！　先生が甘いから毎日オネショをするのよ。見せしめに布団を自分で干させてはどう？」と言われましたが、「オネショは怒っても治らないから・・・」と返すのが精一杯でした。「見せしめなんてひどいです」と反論もできず、担当の児をかばうこともできなかったのです。それからの私は、先輩への意地で休日も出勤し、夕食後の水分を調節したり、眠い目をこする児をトイレに誘ったりし続けたのです。そうこうするうちに少しずつオネショをする日が減ってきました。私の子どもへの向かい方は、決して子どものためではなく私の先輩に対する意地のためでしたが、その意地ゆえに夜尿する児に今までより目が向き、本を読む回数も増え、二人だけで外出する機会も多くなったのも事実でした。その結果、彼の心に変化があったのだろうと思うのですが、やはり私の心は痛みました。もっと早く彼に心を寄せていれば辛い思いをさせなくてすんだろうと。子どもの傍に在る大人として現場で私がしたことは、先輩への意地で必死になっていたのですからお粗末なものです。しかし、この後、子どもたちとの関係が近付き、子どもたちの笑顔をたくさん見るようになったのです。先輩からの言葉に抵抗しながらもオネショをする児をうとましくさえ思っていた私を、子どもたちは今までよりも喜んで受け入れてくれたのです。同僚とおしゃべりしておいしいものを食べても、ショッピングしても晴れなかった気持ちがサーっと晴れました。私も子どもと一緒にいることが楽しくなり、愛おしいと思えるようになりました。子どもたちから、子どもは身近にいる大人の理解と温かい心を求めていることを教えてもらいました。保育士になり、初めてぶつかった壁を乗り越えさせてくれたのも子どもたちでした。

保育園にて

昭和四十五年頃、東京では〝ポストの数だけ保育園を〟が合言葉になり、どんどん公立保育園が作られました。保育の質より数が求められていたのです。ちょうど現在（平成二十三年）に似た状況でした。保育園に移った私は、盲ろうあ児施設とはまったく異なる環境に戸惑いながらも、保育士経験三年という変な気負いも持ちつつ、ひたすら慣れることに夢中でした。先輩の保育をまね、目先のことだけを考え、明日必要なものだけを準備して臨んだのです。〝一生懸命〟この一生懸命が〝クセ物〟だと後で知ることになるのですが・・・。保育園の職員は私を含め新人がほとんどで、先輩といっても園長・主任の他は経験二年の人が二名でしたから、何を質問しても納得できる応えは返ってこないのです。私より若い先輩も困っていたのでしょう。そこで私たち同期の新人等はできるだけ多くの研修に出席し、朝まで語り合い、早く一人前になりたいともがいていたのです。それまでの私は毎日私の廻りにいて、そのすべてが私の責任である施設の子どもたちの姿に慣れていたので、昼間だけ預かる保育園の保育士であることに物足りない気がしていました。土曜日・日曜日は次の週の準備をしたり、手作り遊具を作りながら、子どもたちの喜ぶ姿を思い浮かべていましたから、月曜日に子どもたちに会うのが楽しみでした。

0歳児が月曜日にオムツかぶれで柔肌が赤くただれていたりすると悲しかったり、悔しかったり、心の中で親御さんを非難していました。一日何度も、お尻をお湯で洗い、きれいにし満足していたものです。夕方、親御さんにお返しする時、自慢げに「オムツかぶれ良くなりました。オムツを代えるたびにお尻を拭いてあげてください。」等、今思えば生意気でいやらしい言葉を吐いていたのでした。その頃は、親御さんのお子さんを保育させていただいているというより、私たち保育士が〝保育してあげている〟という傲慢な気持ちだったように思います。あの親御さんには返したくないと思ったこともありました。恥ずかしいことです。

その頃こんな経験もしました。一歳五ヶ月の児が途中入園してきました。A子ちゃんは髪が薄く目がくりっとした女児でしたが、お世辞にも可愛いと言える表情をしていないのです。不思議でした。十九歳のお母さんは「この子可愛くないでしょ」と物のように扱っているように感じました。私の担当になり、抱こうものなら火がついたように泣き、オシメを取り替えようとすると脅えたように叫びました。約一週間後ぐらいに、お母さんがA子ちゃんのお姉ちゃんを連れて迎えにみえたのです。そのお姉ちゃんの可愛いことといったら、目はパッチリと色白でお人形さんのようでした。明るく笑う表情は、あまりにもA子ちゃんとちがうのでした。若いお母さんは上の子と違う下の子を受け入れられず、虐待していたのだとわかり納得しました。その状況を担任みんなが同じように感じ、その日のうちに打ち合わせをして〝A子ちゃんをお姉ちゃんのように可愛い表情の子にしたい〟と心一つにしたのです。その頃徐々にですが、A子ちゃんは私が近付いても泣かなくなり、時々私を目で追う姿も見られたのです。打ち合わせの結果、私がA子ちゃんと過ごす時間を多く持ち、丁寧に対応できるよう配慮してくれることになったのです。それから二週間後、A子ちゃんは私を追うようになり、私がいればあまり泣かずに一日を過ごす程になり、時々笑顔も見せてくれるようになったのです。私も必死でA子ちゃん育てに集中しましたから、A子ちゃんの表情が柔和になってくるのが嬉しかったのです。そして私が他の児の世話をしたり抱いたりすると、怒ったような泣き方をするようにもなってきたのです。すると他の職員から、A子ちゃんがわがままになってきているので、私はA子ちゃんから少し離れた方がいいという意見が出されたのです。私はA子ちゃんが素直に自分の気持ちを出せるようになったので「もう少し・・・。」とも思いましたが、今までサポートしてくれた仲間にこれ以上負担を掛けられないと承服しました。二・三日間何となく私の担当の子どもが不安定だったのですが、それが私のせいだとは認めたくなかったのです。かといってA子ちゃんを突き放すことはしたくなかったので考えました。そこで私は時間をかけても、A子ちゃんが泣いたときに「K君のおしっこに行ってくるね、すぐ戻るからね」と声を掛け、戻ると「お待たせしました」と言い抱きしめたのでした。それともう一つ意識して行ったのは、私の他の四名の担当児にもまったく同じ行為をし、それを互いに見えるようにしてみました。するとA子ちゃんは一日目、私を試すように大泣きしましたが、二日目・三日目と泣き方が弱くなり、四日目には話して聞かせる私の目を見るようになり、他の児の世話をしても怒らなくなったのです。それに驚いたことに、他の四名の担当児も同じように今までより安定したのです。A子ちゃんの表情が子どもらしく可愛らしくなり、お母さんに「A子ちゃん可愛いですね」と言うと、以前のようにお母さんは否定しなくなりました。そしてお家で叩かれる様子もなくなり、お母さんのA子ちゃんに対する扱いが優しく変わっていったのでした。

このA子ちゃんの事例の中で、A子ちゃんが甘えて自分の思いを出した際、他の担任から「これ以上サポートできない」という意見が出たことで、担任同士少しギクシャクしました。しかしA子ちゃんと他の四名が安定し落ち着いた様子を見て、私以外の担任たちが、私が子どもに接したとまったく同じように接してくれるようになったのです。その頃から、クラス担任とのわだかまりがなくなっていったように思います。そして子どもたちが安定していく姿を実感し、クラス担任の心が一つになれたことと、子どもへ心を寄せることが保育の基本ではないかと気づかされました。そのことを教えてくれたA子ちゃんに感謝です。

保育園での保育経験五年が経った頃でしょうか。私は保育園生活に慣れてきており、自分のクラスは落ち着きがあり、遊びにも集中力があると自負しておりました。ある日四歳児クラスで〝劇遊び〟をしている時のことです。子どもたちと共にストーリーをつくり、「家で考えてきた」とアイディアを持ってきてくれる児、「歌もつくりたい！」と歌詞を提供してくれる児がいて、クラスが一つになっていると私自身が満足していたその時です。一人の男児が「先生！　これが終わったら遊べる？」と言ってきたのです。私は「いいのよ好きなことして」と言ったものの、その時の私のショックは大きく、ハンマーで頭を殴られたような気分でした。

今でもその時のことを思い出すと恥ずかしくなるくらいです。〝子ども主体の保育〟と言いながら、私の保育にクラスの子どもたちをつき合わせていたことに気づかされたのでした。劇遊びそのものは今でも間違いだとは思いませんが、その進め方の中で私の力をいれすぎ、私のペースで進めたことは事実です。適当なところで身を引きながら、子どもたち自身で続けられるように援助し見守るべきだったのです。

ちょうどその頃、新人保育士と二人でクラス担任をしており、新人担任の時と私のいる時の子どもの様子がだいぶ異なると新人担任から知らされました。新人担任だけの時と、私の時の子どもたちの反応の違いが多少あるのは仕方のないことですが、だいぶ異なるというのでは、今まで私がしてきた保育を省みないわけにはいきません。クラスの子どもたちと強い絆で結ばれていると思い込み、熱心に強いオーラを放ち、子どもたちを縛っていたようです。「〝一生懸命あるいは熱心〟な先生（保育士）には気をつけなければなりません。」と佐々木正美（児童精神科医）先生がよくおっしゃっています。私の保育はまさにそのような保育だったのです。周りにも確かにそのような保育士はいて、他人のことは気付いていたのに、自分がどっぷりその中にいながら気付かなかったのです。

保育の世界に身を置き、八年が経った頃のことです。やっと学校の学びを思い出し、もう一度学び直したくなったのです。学生時代に用いた教科書やノートを開くと、学生時代あんなに難しく理解しにくかった事柄が何の抵抗もなく当たり前のこととして頭に入り心に響いたのです。「もう一度学生時代に戻りたい！」と思った頃、大場先生にお会いする機会があり、そのお話をしました。「そうだねーわかるよ、教育なんてそんなものだよ、すぐに役立つことなんてないんだよねー、学校で教えられることなんてほんのとっかかりだからねえ、実践が伴わないと本当の勉強にならないんだよね。五年ぐらい実社会で経験してまた学校に戻るというのは必要かもしれないなあ」と真剣にお話しくださったのですが、次の瞬間「だけどさー、八年経験した君が学生かー、やりにくいよなあー」といつもの冗談？（半分本音だったのでしょうか）も交えながら真面目に保育談義をしました。「失敗はいいんじゃない。子どもが教えてくれるよ。謙虚でいればね」と結ばれました。そうです、昔から先生は口癖のように「子どもから学べ」とおっしゃっていました。そのことが永遠のテーマだと知るのは、もう少し後のことでした。

それ以後、子ども主体の保育を念頭に置いて保育するように心掛け、色々な研修会に出て学びました。大人が子どもに寄り添うということは、保育士の思いの枠の中に子どもを入れようとすることではないのです。子どもに与えようと必死になることもなく、子どもの日常を否定する必要もなく、叱る必要もないわけで、子どもの行動や気持ちをよく観察し、子どもから学ぼうと何度も決心するのです。しかし子どもの前に立つと〝こうあるべきよ〟という強いオーラを放ち、反省の毎日というより誤ちから逃れられず七転八倒していました。大場先生に保育学会会員になるよう勧められ参加するようになると、先生から保育の実践者がぜひ論文を発表するべきだとのお話をいただきましたが、不勉強で文を書くのも苦手な私は、自然に保育学会から遠のいてしまったのです。

苦しみながらも〝子どもから学ぼう〟と心掛けていました。子どもと自然に付き合おうとして、まず私自身の肩の力を抜き、普通の声のトーンで話すことから始めました。そしてみんなに話かけるのでなく、なるべく個人に必要なことだけを話すようにしました。すると子どもの反応は速く、子どもたちも今までより小さな声で話すようになって、私の話に耳を傾けるようになったのです。私も当たり前のように「あなたはどうしたいの？」と聴けるようになっていたのです。クラスのどの児も自分の意見をはっきり言っているように思えました。一緒に担任した新人保育士に「だいぶ楽になりました。」と言われて苦笑いした覚えがあります。〝一生懸命〟や〝熱心〟の裏には〝私のため〟が潜んでおり、つい押し付けたくなるものです。子どもが何を求めているのかを観察しようとするだけで自分自身にゆとりが持て、笑顔でいることが多いのに気付かされたのです。保育士は保育がうまく進まないと、子どもに問題があると思いたいものですが、ほとんどの場合は大人の側に問題があると確信したのでした。

公立保育園園長職として

会社を経営していたパートナーから、園長を引き受けるのなら、自分の知らないところで起きる保育園でのすべてに責任を持つことで、いつでも辞表を出せる覚悟をしてから臨むよう助言をされていました。

十三年の主任経験で八名の園長に勉強させてもらいました。色々なタイプの方々がいらしたので、園長の仕事内容は理解しておりました。初めて就任した園は、わらべ歌だけを唄うグループとそうでないグループに職員が分かれ、そのクラスによってまったく異なる保育をしており、園の中がギクシャクしている雰囲気が伺えました。すぐに父母さんたちから〇〇〇〇保育を止めてほしいとの運動が起きて、早々に「園長にお話があります」と父親の一人が父母代表として事務室に入ってきて　矢継早に「この園は散歩にも行かず、ピアノで歌も唄わない。大昔のわらべ歌しか唄わないのを知っていますか!!」と言われました。お話をすべて伺ってから、「この園で良いところはありますか?」と私の方から伺うと、機嫌よく「ウーン、先生によっては丁寧に接してくれる人もいますよ～」とも言われました。「色々教えていただきありがとうございました。伺ったことすべてに対してお気に添うようにはお約束できませんが三カ月時間をください。もし変化がなければ、またお話しましょう」とお別れしました。その様子を○○○○保育を推進する保育士が見ていて、次の日には一斉に他の職員に伝わっていました。私はあえて、私から職員に何も告げずにいました。それから私は毎日、各クラスの保育に入り、子どもに寄り添い、否定的な言葉を用いず、声のトーンをおとし、穏やかに語りかけるよう意識して接しました。各クラスの月の反省にも入り、共に一カ月の反省を行いました。

初めは、私がクラスに入るのをいぶかしそうな目で見ていた職員も、反省の際、私自身の反省しかしませんので安心していたようでした。職員たちは、今まで自分たちのしてきた保育を否定されると思っていたようです。「保育に絶対はないので、子どもそれぞれに合う対応を皆で考えることを起点にしよう」とだけ提案し、ケースカンファレンスを続けました。クラスの打ち合わせが穏やかになり、自分の得意分野を表に出す職員が出てくると、ピアノで唄う保育士もあらわれました。散歩も一時間ぐらいになり、巧技台も使うようになりました。職員は大声を出さず、個々に必要な言葉をその児のそばに行って伝えるなど、○○○○保育からも学び合う姿が出てきたのです。保育に偏りはなくなりましたが（それまでは互いを否定して、互いに気を遣っていました）、全員が変化したわけでなく、やはり○○○○保育にこだわり、相手を受け入れられない保育士もいました。しかし、少なくとも態度は柔らぎ、相手を否定しなくなったことだけでも、子どもたちには迷惑をかけなくなったように感じました。

三カ月を過ぎた頃、父母代表の苦情を言ってきた方と話し合いをしようと声を掛けたところ「先生！　もういいですよー。だいぶ変わって、うちの子よく唄うようになったし、うちのも（奥さん）よかったって言ってます～」という返事でした。それに、私たち職員を常に応援してくださっていた父母の会会長さんがおり、行事の後は必ずねぎらいと職員の頑張りを認めてくださるファックスが届くのです。職員が頑張らないはずがありません。また普段でも、各クラスの父母会役員との打ち合わせで、保育園に苦情を言う前に応援しようと呼び掛けてくださったのも会長さんでした。こうして新米園長は、回りの方々に支えていただきながら何とか出発したのです。

他園に異動し、行事が子ども中心でないものがあり、変えようとすると反発され大変ではありましたが〝保育園だから子どもがまんなか〟という考えはぶれないようにしました。父母にも職員にも、丁寧に想いを伝えるようにすることで乗り越えてきたように思います。そのために時間から時間で終わる仕事ではなく、職員一人ひとりの仕事を把握しておき、ねぎらったり改めてもらうためにどう伝えるかなど常に頭から離れることがありませんでした。

私立保育園をお預かりして

公立保育園で定年を迎え、主任、園長職を経験した私は、近所で子育てに手をやいている若いお母さんや、十年間続いている若い保育士さんとの勉強会をして、ゆっくり過ごそうと生活設計を立てていたのですが、縁があって社会福祉法人の私立保育園の園長職をお引き受けすることになりました。それは法人理事長の保育園設立への想いと理念に共感でき、お人柄に魅了させられてのことです。

その保育園は、ウォーターフロントにできた超高層マンションの中にできたオシャレな保育園です。全家庭がマンションオープンと共に入居し、それと時を同じくして保育園もオープンしましたので、保育園の中は凄まじいものでした。職員は、他の保育園で正規職を経験した者やパート経験者などさまざまでした。法人のマニュアル研修をしたからといって理念を理解し、同じ方向で保育ができるということにもならず、心一つにして保育に当たることが難しい状況でもありました。親御さんたちも新しい街に引っ越したばかりで、ご自身の仕事と子育てに不安でしたでしょう。ほとんどの保護者の方がキャリアを自負し、会社でも重要な位置にいるのだとおっしゃっていました。子どもたちは、大人が不安定の中、どちらを向いても知っている人がいない保育園で九〜十三時間を過ごすのです。かつて私の四十年間の保育士生活で味わったことのない、保育士、父母、園児三拍子そろって不安定状態でした。園長という役割を引き受けた私は驚いたり、あきれたり、逃げたいと考える暇さえなく、とにかく保育園なので、子どもたちが安定できるようにしたい、無事親御さんに子どもたちをお返ししなければという一心でした。手当たり次第物を壊したり、となりの児に噛みついたり、ひっかき、オモチャを部屋中散らすなどの子どもたちを怒ったり叱ったりしても安定するはずもなく、ただひたすら〝子どもの心や言葉を肯定し抱きしめよう〟

と職員たちで話し合いました。〝笑顔で接しよう〟を合言葉に、職員みんなで頑張りました。子どもたちは、保育園では何をしても叱られないとばかり、試し行動がエスカレートする中で、職員は〝子どもの人権を尊重し、子ども主体の保育（見守る・叱る必要のない保育）をしたい〟との想いは強いのですが、保育士の気持ちをさかでるのが上手な子どもに堪えきれず怒ってしまうこともあり、辛い思いをしたこともあります。それに追い討ちをかけるように「うちの子が寝ないのは、保育園での生活が充実していないのでは？」「我が子が保育園を嫌がっている、どうしてなのか？」「乱暴する子を退園させてほしい」「子どもを怒らないのは良くないのではないか？」など、親御さんからの苦情が毎日のように寄せられてくる始末です。耐えきれず出勤できなくなる職員が出ると、親御さんからその説明会を求められるのです。かと言って、本当のことを言えず閉口しました。それでも保育の質は下げられません。この渦の中ひたすら歯をくいしばり、頑張ってくれた職員のクラスに変化が見られたのは九月頃からでしょうか。つり上がっていた子どもたちの目が少しずつ穏やかになり、素直に甘える姿が見られるようになりました。大声を出す子どもも減ってきました。その頃から、子どもたちの朝夕の挨拶の声が自ら出てきたのです。すると硬い表情の親御さんたちからも徐々にではありますが、挨拶を返してくださる方が増えてきたのでした。

私たち職員は学びました。たくさんの苦情の中に親御さんの本当の気持ちが見えたら、気持ちは受け止めていこう。これほどの苦情を言う方たちなので、家庭でも子どもたちはマイナスの言葉をたくさん浴びているに違いない。せめて保育園では押しつけたり否定せず、自分で考え、選んだり、責任をとったりできる環境をつくりたいと。こう考えるのは大場先生の教え＝私がどんな問題をぶつけても真剣に受け止めてくださり、絶対にマイナスの言葉を口にしたり、誰かを悪者にしたりせず自分で応えを出すよう仕向けてくださる、ご自身の生き方そのものを示してくださったことが基礎になっていると思うのです。

平成二十年八月、法人五つの保育園合同研修を大場先生にお願いしたところ「行くよ行くよ、君からの依頼じゃ断れないよなー、若い時の教え子には弱みを握られているからなー。脅迫されている気がするよ、アッハッハッハー」という応えでした。その後、大場先生からきたメールの内容は、堅い内容の保育指針について、何が知りたいのか？　ということでした。保育指針作成座長として保育士に求められることを、噛み砕いてお話していただきました。講義が始まると、私は四十一年前にタイムスリップ、目をつぶると、あの〝お兄ちゃん〟先生の声、講義内容に懐かしさで涙が出そうでした。すると法人職員の目にも涙がウルウルしているではありませんか。法人で向かおうとしている保育と先生のお話が重なったこと、「先生のお人柄に触れ感動した」「私ももう少し早く、大場先生に教えていただきたかった」とも言われました。私は、みんなが同じ方向を目指すことができることが嬉しかったのと〝お兄ちゃん〟先生がとても自慢でした。その後、激務にもかかわらず私に脅迫？　されて、二度ほど保育園の研修に来てくださいました。当然、毎年来ていただけるものと思っていましたし、「退官したら巡回相談に行くよ」と言っていただいたのが、今では〝まぼろし〟となってしまいました。

保育の原点

平成二十一年一月、大場先生より保育臨床論考〝子どもの傍らに在ることの意味〟を送っていただきました。その日は有難くて嬉しくて、早く家に帰って読みたいといさんで帰ったのですが、改めてじっくりと表紙を見ると、何となまなましい題名なのでしょう。はやる気持ちを押さえ表紙をめくると、見覚えのある〝お兄ちゃん先生〟の字で「謹呈　原田京子様　子どもと共に生き　子どもに学びつつ　平成二十一年一月　大場幸夫」とありました。私は次のページを開けられなくなってしまったのです。私はすでに保育の世界に身を置き四十年以上を過ごしてきてしまいました。大場先生の教え子として、恥ずかしくない仕事をしたかと問われると自信がありません。きっと誰よりもたくさんの過ちを繰り返し、子どもたちに迷惑をかけ、子どもたちに教えられた保育士だとさえ思うのです。恥ずかしさを抑え、やっと本を開いたのは、本を頂戴してから約一ヶ月が経ってからのことでした。ドキドキしながら、吸い込まれるように読ませていただきました。大場先生のおっしゃる、大人好みの時間ではない、子ども時間の冗長さの保障ができていただろうか？　子どもにとって、私のまわりは居心地が良かっただろうか？　また、その努力をしていただろうか？　その子がどのように育ちつつあるか、経緯について私の言葉で語れるだろうか？　園長職としてどれだけ保育実践のリーダーになり、職員を支えているだろうか？　どれを取り上げても胸を張れるものはなく、お兄ちゃん先生の前に小さくなってしまうのです。しかし本の内容は研究者でありながら、あくまで保育の現場から離れず、私たち保育者を支援してくださり、保育の質の向上を願って、先生の今までしてこられたことをまとめていらっしゃるのです。

先生の授業は難しい、言い回しがくどくて、何をおっしゃりたいのか理解できない！　と嘆いていた学生時代とは違い、今の私には、先生が何をおっしゃりたいか痛いほどよくわかります。本を読み終えるまで「そうです。その通りだと私も思います。」と胸が熱くなる個所が多かったのです。文面に、先生の優しさとすべての人に対する敬意が払われている中にとても強いメッセージが込められていることに気づくのです。先生はどんなに偉い人にも、そうでない人にも、同じように人格を尊重し、いつ何時伺っても同じ広い心で受け止め、真摯な態度で対応してくださいました。なによりご自身の生き方の中において示された珍しい方だと思います。この、人としてのありようが保育の原点なのだろうと私は勝手に確信しているのです。

原田京子（シンフォニア保育園園長）

子どもの傍らに在ることの意味を問いつつ、労をおしまず、努力してくれている後輩の保育のつまずきに寄り添い支援することに力を尽くします。大場先生の教え子のはしくれとしての最後の仕事だと思っているのです。

大場幸夫先生の「保育の原点」の周辺で学ばせていただいたこと

◆久富陽子

原点の周辺

大場幸夫先生の保育の原点を書く。こんなことが私にできるのでしょうか。幸運にも大妻女子大学大学院の修士課程でお世話になり、卒業後も大場先生の近くで学ばせていただくことができました。それは、研究会であったり、テーマに基づく研究であったり、出版物製作であったり。学ばせていただいた年月は20年以上になるのに、私は本当に大場先生が伝えたかったことをきちんと理解できたのだろうか、大事なものを見落としてしまったり、大切なことを忘れたりしてはいないだろうかとも思います。この年になっていうのもはばかられますが、もっともっと先生から学ばせていただきたかったですし、学ばなければならなかったこともたくさん残っていました。もちろん、私の親と年齢が近い先生のことですから、いつかはその期限がくることが頭ではわかっていたのですが、それでも、大場先生はこどもや保育者の傍らだけでなく、私のような未熟な研究者の傍らにいつまでもいてくださるような気がしていました。少なくとも、あと10年くらいは…。

大場先生の考えておられることは、非常に奥が深く、また、遠い先のことまで見通していることが多いので、お話してくださったことが、その時にはわからないこともありました。しかし、何年か後に、時には十年近く後になって、「あ、そうか。あの時に先生がおっしゃったことはこのことなんだ」と思うこともたくさんありました。そのため、ここに記すのは大場先生の「保育の原点」と言えるようなものではなく、「保育の原点の周辺」になってしまうことを最初に断っておきたいと思います。

先生との出会いと初めての保育カンファレンス

最初に私事で恐縮ですが、大場先生との出会いを記したいと思います。初めて大場先生と出会ったのは、先生のお兄様である大場牧夫先生がいらした桐朋幼稚園でした。私は日本女子大学児童学科で学び、4年次の初めての幼稚園実習で桐朋幼稚園にお世話になりました。私は小学校から高等学校卒業までの12年間、桐朋学園に通いました。大場牧夫先生がいらした桐朋幼稚園は、桐朋学園の女子部と同じ敷地の一番奥の場所にありました。残念ながら、在学中は、ほとんど桐朋幼稚園には足を踏み入れたことはありませんでした。時折、小さな背中に保護者の方の刺繍やアップリケのついた紺色のリュックサックをしょっているこどもたちの姿を眺めて「かわいいなあ」と思っていたくらいなものでした。日本女子大学の児童学科に進学することになった時に、担任の先生から「桐朋幼稚園は素晴らしい幼稚園だから、ぜひ、実習にきなさい」とおっしゃっていただいたので、大学の3年次に桐朋幼稚園に実習のお願いに伺いました。牧夫先生は「うちは、本当に幼稚園の先生になろうと思う人でないと実習を受けないんだよ」と、ちょっと顔をしかめて厳しい言い方をされました。私は「はい。そう思っていますのでよろしくお願いします」とお答えし、実習をお引き受けいただくことができました。桐朋幼稚園が保育実践で多くの関係者から注目されている幼稚園であることを知るのはずっと後のことです。それでも、当時、日本女子大にいらした森上史朗先生が講義の中で牧夫先生の実習が決まり、森上先生の研究室を訪ね「桐朋幼稚園に実習に行くことになりました。どのような準備をすればよいでしょうか」とお尋ねしたところ、「そりゃあ、しっかり準備をして臨まないと。実習巡回は僕が行くよ。そうだね、倉橋惣三の『育ての心』などをしっかり読んで準備をしていくことが大切だ」とおっしゃっていただいたのを覚えています。内心は、手遊びや絵本の読み聞かせ、ピアノなどを練習していきなさいといわれるのかと思っていたので、予想外の課題に驚きました。しかし、ご指導いただいた通り、倉橋惣三の『育ての心』『幼稚園真諦』などを読んで実習に備えました。今では、即席に身につける保育技術よりも、倉橋先生の保育の心を学ぶことが桐朋幼稚園での実習にはいかに大切であるかがよくわかりますが、当時の私にはその意味が十分にわからず、内心、不安でいっぱいでした。

幼稚園実習では、いろいろな経験ができましたが、中でもP君との出会いは本当に貴重な体験でした。私が実習に行ったのは、P君が幼稚園に通うようになって1カ月くらい経った頃でしたが、ほかの園児たちとは異なる行動をすること、予想がつかない行動が多く一人で置いておくと危ないこと、人とのかかわりが持ちにくいことなどがあり、先生方はP君に対するかかわりを悩んでおられました。そこで、P君の保育を考える「勉強会」が園内で持たれることになり、そこにいらしたのが心理と障がい児が専門である大場幸夫先生でした。先生は、こどもの日常の姿をご覧になり、現場の保育者とこどもに関する話し合いである、保育カンファレンスを行うために桐朋幼稚園にいらしたのです。実習生である私は、先生方から「P君のこと、ちょっと見ていてくださいね」と言われることも多かったため、実習日誌にもP君とのエピソードをたくさん書いていました。そのためなのか、あるいは、桐朋幼稚園の先生方の実習生でも園内研修で学ぶ機会をもつことは大切であるというご配慮があったのか、私は保育カンファレンスに同席させていただくことができました。その時には、もちろん、後に大妻女子大学大学院で学ぶことになることや、長い年月を大場先生にご指導いただくようになるなどということは、夢にも思っていませんでした。

保育カンファレンスでは、P君のさまざまな様子が語られました。大場先生は私にも、P君とのエピソードを話す機会を与えてくださったことを覚えています。保育カンファレンスの中で、幼稚園の先生から、P君の行動は前にいたA君と同じようなところが多いから、同じ障がいをもつこどもなのではないかというようなことを言われることがありました。しかし、大場先生は「いや、まだ、同じとは言えないなあ。よくその子の様子を見ていかないと」と、最後まで「P君のことを、しっかり見ていくことが必要。今、保育を行う上で困っていることはどのようなことなのだろうか」ということを中心に話をしていらしたのを覚えています。また、幼稚園の先生方が話されるP君のエピソードを、うなずきながら黙ってよく聞いておられたというのも印象に残っています。私は、その時、心理や障がい児の専門家の先生が来るので、P君に何か病気や障がいの診断が出るのではないかと思っていたのですが、そうではありませんでした。大場先生は最後まで、先生方と一緒にP君のことを考えていらっしゃいました。その後、大場先生のところで学ばせていただくようになり、1回や2回の観察でこどものことを決めつけないこと、障がいの診断をすることよりも、その子を理解することを優先すること、保育者一人がそうしたこどものことを担当するのでなく、園全体でその子と保育者を支えていくことなど、先生が最後まで一貫して大切にされてきていることを学ぶことになりますが、その時は、まだそのようなことはまったくわからずにいました。しかし今思えば、この時の保育カンファレンスでも、大場先生はまったく同じ思いと姿勢で臨まれていたということがわかります。

大妻女子大児童学科大場研究室

大学を卒業後、私立幼稚園に勤めましたが、P君との出会いや幼稚園で毎日出会うこどもの姿、保育を行うことの奥深さを知り、改めてこどもや保育について真剣に学びたいと思うようになりました。そして、森上先生にご紹介をいただき、大妻女子大学大学院を受験しました。受験を決めて日があまりなかったので、大妻女子大の先生方の研究や活動について詳しく学ぶ時間がなかったのですが、なんとか入学を許されました。入学して、初日のガイダンスで大場先生のお顔を見て、ここにおられる先生と桐朋幼稚園で出会ったあの心理の先生が同じ先生であることが初めて結びつきました。もちろん、大場先生は私のことなど覚えているはずはありません。後日、桐朋幼稚園でのことをお伝えすると「あの時の実習生は、久富さんだったのか」とおっしゃってくださりました。お忙しくて、いろいろな方たちとの出会いが多い大場先生ですが、小さな出会いも覚えていて下さる優しい先生です。

大学院時代は、大場先生と宮崎清孝先生（現早稲田大学教授）の合同研究室が私たち院生のたまり場になっていたので、先生方の邪魔をしていることも気にもせずに、授業以外の多くの時間にもそこで過ごさせていただきました。同時に大場先生の書棚にあるたくさんのご本を貸していただきました。「いいよ、どれでも自由に借りていって。そこのノートに書いておいて戻しておいてくれれば」と、いつも言ってくださいました。大切になさっているご本を貸してくださることは、学生や院生にとって本当にありがたいことでした。おかげで、なかなか手に入らない貴重な専門書から『アドルフに告ぐ』『動物のお医者さん』といった漫画にまで出会うことができました。多くの書物に触れることが研究の基礎になるということを教えてくださったのだと思います。

キーワード「生活」

大学院の大場先生の授業の中で、印象に残っていることのひとつに次のようなエピソードがあります。「やあ、『児童心理学の進歩』という本が毎年、金子書房というところから出されるんだけど、今年、この本のキーワードとして「生活」という言葉が入ったんだよ！　僕にしたら、やっと、この言葉が入ったという感じ。まあ、捉え方はいろいろかもしれないんだけど、この言葉がこういう本のキーワードに入ったこと自体に意味があるんだよ」と話されたことでした。「生活」がこどもの育ちにとって非常に大事な意味を持つ言葉であること、そのことは私もある程度は理解しているつもりでしたが、そのときの大場先生の本当に嬉しそうなお顔と発せられる言葉のインパクトの強さに、少々驚いたというのが正直な感想でした。しかし、今では、大場先生が学ばれてきた心理学の領域では、こどものありのままの生活よりも、実験や統計で得られる結果、あるいは面談室や観察室といった日常と切り離された場面におけるこどもの姿が「客観的なこども」として、とりあげられ、それによって発展してきたということを知ることにより、先生のあの時のお気持ちが理解できるように思います。そして、その基盤となったのが、大場先生が大学院卒業後にお勧めされた虚弱児施設におけるこどもとの「生活」であったことも。詳しくは、保育学会文献賞を受賞された『こどもの傍らに在ることの意味』のご著書をお読みいただければよいと思いますが、どんな方法でも改善されなかった施設のこどもたちの「おねしょ」が、保育者の数が増えてこどもたちの生活が豊かになることで減っていったことなど、こどもの行動の意味や育ちが「生活」と深く関わっていることがわかります。

保育という営みは「こどもの生活を通して行う」ことが基本であり、幼稚園教育要領でも「幼児の主体的な活動を促し、幼児期にふさわしい生活が展開されるようにすること」と記されています。また、大場先生が座長になられて改定された保育所保育指針でも、「入所するこどもの最善の利益を考慮し、その福祉を積極的に増進することにもっともふさわしい生活の場でなければならない」という言葉で、園における「生活」の重要性が示されています。この「福祉を積極的に増進することに最もふさわしい生活の場」という言葉の中には、長い間、保育に欠けるこどものための施設として、保育所が「家庭養育の補完」という役割の下における「生活」を考えていたことから、こども一人一人の福祉のための「まるごとの生活」を網羅していくことへの転換の意味がこめられています。同じ「生活」という言葉は使われていますが、その守備範囲が大きく広がったということです。

「生活」という言葉を広辞苑で調べると、「生存して活動すること。生きながらえること。世の中で暮らしていけること・また、その手立て。くちすぎ。すぎわい。生計」とあります。また、国語辞典では「生きていて活動すること。人が社会の中で暮らしていくこと。また、その生計の在り方」と書かれています。このように、私たちにとって「生活」は当たり前のこと過ぎて、普段はあまり意識できないことです。しかし、何らかの危機が起こった時、あるいは普段とは違う場にいくと、普段通りの生活が送れていることのありがたさに気がつき、「生活」を強く意識します。こどもたちにとって「生活」は、自分たちが今を生きるためにも、明日に続く未来を物語るためにも欠くことのできない大切なものです。そして、こどもの「生活」は、多くの部分をこどもの周囲にいる大人の手によってつくられ、また、守られています。何時に起きるのか、何を食べるのか、どこで寝るのか、誰と遊ぶのか、どこで遊ぶのか、どのような遊びができるのか、こどものそばにいる大人は誰かなど、いずれも、こども一人の力ではどうにもならないことばかりであり、こどもの身近にいる大人の在り方によってこどもの生活はデザインされています。

保育所が「家庭養育の補完」を強く行っていた時代のこどもの園生活では、こどもの生活の基盤は「家庭」となり、保育を行う中では簡単に家庭と保育所を対比させるような考え方が出てきます。例えば、「保育所では排泄の自立をさせたいと思うのでトイレに誘ったりパンツで過ごさせたりするのに、家庭では、保護者が面倒だからと紙おむつにしてしまうので、排泄の自立が進まない。家庭にもっと協力してもらわないと」というようなことです。しかし、家庭と保育所の両方を包み込んだ「こどものまるごとの生活」を一つにくくって考えていけば、家庭に帰ると紙おむつで過ごすことになるということも、こどもの「生活」の一場面として入ってくることになります。つまり、こうした家庭での様子も考慮しながら、こどもの「生活」の中で排泄の自立を考えていくということになります。もちろん、こうした考え方は、家庭の協力はいらないということではありません。そうしたこどもの家庭での様子もすべてそのこどもの「生活」として、保育を行う上ではいったん引き受けるということをしようというのです。

大場先生が保育所保育指針の改定に携わられた網野武博先生、増田まゆみ先生との対談を行いながら保育所保育指針のキーワードをまとめた『保育を造る8つのキーワード』の中で、大場先生はこれからは「家庭生活モデル」の保育に終始するのではなく、「新たな人間集団のモデル」「人間生活モデル」の保育が作られていくべきであり、「〝子どもの最善の利益〟を守るということは、まさにこの「生活」から目をそらさないことであり、脆さを予知しつつ人間形成の基盤となる幼少期の子どもたちの「生活」を豊かに築くという大仕事に楽しんで取り組んでいただきたいのです。それができるという強い信頼感をもって、ここからは保育士の出番であると、拍手をもって子どもの生活支援をお願いしたいと思っています。」と、こどもとの豊かな生活をつくる専門家としての保育士の役割について述べられています。

また、「生活」という言葉は、日本の保育の基礎をつくった倉橋惣三の「さながらの生活」や「生活を、生活で、生活へ」など、保育においては、以前から重視されていた言葉です。しかし、同じ言葉であっても、時代や社会の変化によって、その意味や守備範囲を考え、確認していくことも大切なのだと思います。それを教えてくれるのは、保育の現場で、まさに「生活」をしているこどもたちです。そのような意味も含め、大場先生は、こどもの生きる保育現場を最後まで大切にしながら、「生活」という言葉に最後までこだわり続けていたのだと思われます。

大場式修士論文指導

大場先生が修士論文の正式な指導教官となられたのは、たぶん、私たちの代からではなかったかと思います。それについてのちょっとしたエピソードがあります。修士課程の1年次に「自分の修士論文を指導してくださる指導教官を決めること」と言われました。そのとき、私を含めた大学院生数人は、大場先生にご指導をお願いしたいと思っていたのですが、指導教官の名前には、先生のお名前がないことを知り、気落ちしていました。そこで、失礼も顧みず、指導教官としてお名前があがっている先生の所での面談で「指導教官には大場先生の名前がないのですが、ぜひ、具体的な指導は大場先生にお願いしたいと思っています。」というようなことをお伝えしました。すると、「あら、あなたも?」というようなことを言われました。今思えばなんて失礼なことを先生に言ったものかと思いますが、当時の大妻女子大の児童学科の先生方には、そのようなこともお話ししてしまえるほど自由な雰囲気があふれていました。本当に大場先生から指導を受けられるのだろうかと、不安な思いもありましたが、2年次になった時には、指導教官の一覧に、大場先生のお名前が入っていました。もちろん、私たちの要望だけでそのようになったわけではないのですが、正式に大場先生に修士論文の指導教官になっていただくことができ、喜んだことを覚えています。

大学院時代の大場先生の授業は、先生が考えておられることやご経験を講義形式でお話してくださったり、文献購読もしたりしましたが、どちらかというと、院生がテーマを決めて、順番にまとめてきたことを発表し、自由に話し合うというようなことが多かったように思います。本当にいろいろなことをよく話しました。卒業後にお聞きしたところ「あのメンバーなら、放っておいても自分たちで話すから、その方がいいかなと思って、そういう授業にしたんだよ」ということでした。私たちの状況をよく理解してくださり、授業の形式や内容を変えてくださっていたのは、まずは、相手を知ること、理解するところから保育や教育が始まるという、大場先生の教えそのものであったとも思います。

修士論文の指導は、細かいことをご指導されるのではなく、私たちが興味を持ったことや疑問に思ったことを話すと「この本があるよ。こういうことを書いている人もいるよ」と、何冊も本を積み重ねてくださるやり方でした。「こういう研究をしているのは、○○という人だから、その人の論文を読んでみてごらん」というご助言も多く、大場先生のご指導を受けると読まなければならない本が増えるという感じでした。先ほど記したように、大場先生は大切なご本をいくらでも貸してくださり、私のように知識が少ない者は、まずは、幅広くいろいろな人の考えていることを知ることが研究の基礎であることを伝えてくださったのだと思います。しかし、締め切りが迫ってくると、わからないことが余計に混乱してしまったり、先生がこの本を紹介してくださった意図がわからずに悩んだり、こんな調子で修士論文が仕上がるのかと随分と不安に思いました。今思えば、修士論文を書くことは、研究のスタイルを学ぶことと同時に研究のスタイルにダウトをかけることでもあり、自分の研究のやり方を見つけることでもあります。先生は、そうしたことを伝えてくださったのだと思いますが、それが十分に私の中で身につけられたのかといえば、今だに不十分であり、先生に申し訳ない気持ちでいっぱいです。時には「なるほど、面白い！　この先が楽しみだ」などと言ってくださり、私たちが研究や課題を投げ出したくなる気持ちを励まして下さるなど、大場先生は精神的な面も支えてくださりながらご指導下さったと思います。

ドイツ留学のこと

大場先生は、授業の中で、ドイツやオーストリアにおける半年間の留学のことを話してくださる機会が多くありました。その中で印象的だったのは、先生が学ばれていたドイツの障がい児施設では、保育者が医師や心理士と同じ立場でこどもに関する話し合いの場に参加しているということです。その当時の日本では、日々こどもとかかわっている保育者よりも、たまにしかこどものことを見に来ない医師や心理士の意見が「専門家」ということで重要視されたり、あるいは、そういう医師や心理士が「この子にはこういう対応をしなさい」といった一方的な指導を保育者にするようなことがありました。そうしたことについて、大場先生はいつも疑問と怒りを感じておられていました。しかし、先生が訪問されたドイツの施設では、保育者も専門職のひとつとして他の専門職と同じ立場であり、堂々と自分の意見を言ったり、また、ほかの専門家たちも「あなたは、どう思うか？」と必ず保育者の意見を求めていたということです。現在は、日本でも保育士が国家資格となり、また、家庭の機能の低下などが議論にあがることが増え、社会的にも少しは保育者の仕事の重要性が認められてきていますが、以前は、保育者は「こどもと遊ぶだけの仕事」「こどもの世話をする人」「子育てしたことある人ならば誰でもできる仕事」というようなイメージが強くありました。もちろん、今でもそうしたイメージは払しょくしきれてはいないと思います。いわば、保育者は専門家集団の中では、低い地位しかもてなかったのです。しかし、実際はこどもの生活をまるごと引き受けながらこどもを育てる公的にも責任の重い仕事であり、高い専門性が必要です。また、日々こどもと生活している人だからわかることを保育者はたくさん知っています。近年の大場先生は、保育者の社会的地位の向上とそれに匹敵する専門性の向上を目指し、保育所保育指針の改定や保育士養成科目の変更に積極的に取り組まれました。同時に、旧大宮市からはじめられたさいたま市の巡回保育相談の中で、保育者たちが学び合いの場である保育カンファレンスを通して、保育者の専門性の向上に力を注がれていました。それらはドイツ留学につながっていることでもあるのです。

また、改定された保育所保育指針では、「保育士」ではなく「保育士等」と書かれていますが、その意味は、保育所でこどもを育てているのは保育士だけではなく、さまざまな専門的な職種の協働において成り立っていることを意味しています。ここにも、大場先生がドイツで経験されたさまざまな職種の人がこどものことを中心に話しあい考えていくという組織全体で取り組む保育につながっているのです。また、大場先生は、そうした場では、正規職員であろうとパート職員であろうと、資格を有する職種であろうと資格はいらない職種であろうと、こどもの育ちを支えるということでは、同じ仕事仲間同僚であることも大切にされていました。肩書、役職、経験年数よりも、実際にこどもとどうかかわっているかということを大切にし、そうしたこどもを取り巻く大人たちが一丸となって協働していくことが重要であると伝えてくださっているのです。

大場先生は、しばしば「日本の保育もまだまだ検討していかなければならないことがたくさんある。何をとっても研究材料になるよ」とおっしゃられていました。いつまでも興味や関心のあること、疑問を感じることには手を出さずにはいられない大場先生の好奇心の強さを伝えてくれる言葉でもあり、そのときの大場先生の輝いている瞳や苦虫をつぶしたようなお顔は、私たちに根気強く研究に取り組むことで少しでも保育を向上させていこうとする意気込みのようなものを伝え続けて下さいました。

大妻の卒業生から研究仲間へ

私は大学院をどうにか2年で卒業したものの、やっと研究の「け」の字がわかりかけたばかりでした。そのことを率直に大場先生にお話し、引き続き大学院の授業に出させていただきたいとお話したところ、大笑いされましたが快くお引き受けくださいました。今であれば、聴講生としての身分を明らかにしてとか、在籍している大学院生の学習に影響を与えるのではないかなどと、いろいろなことを言われ、許可や手続きなどが必要になるように思いますが、その頃の大妻女子大の児童学科は、学びたい人はいつでもどうぞというような自由な雰囲気がありました。しかし、いつまでも居座っているわけにもいきませんから、大場先生が大学院卒業生のための学びの場をつくってくださり、毎月1回土曜日に研究室に集まるということで研究会が発足しました。研究会は、名称や内容、かたちが変わったり、先生がお忙しい時には数カ月空いてしまったりすることもありましたが、先生がお亡くなりになる数カ月前まで続いていました。私は出産や子育てでしばらくお休みすることがありましたが、ずっと研究会で学ばせていただいていました。こうした、卒業生が学びたいときに学べる環境を用意してくださったことについて、スペース新社保育研究室の名編集長であり、大場先生の研究や温泉仲間でおられた望月さん（故人）はしばしば「ほかの大学院出たやつが聞いたら、うらやましがるぞ」とおっしゃっておられましたが、本当にその通りだと思います。

また、大場先生は、私のことをどなたかに紹介してくださるときには、長い間「大妻の卒業生の久富さん」とおっしゃってくださっていました。決して、自分の弟子だとか、私が指導したとか、世話をしたとかいうことはおっしゃいませんでした。もしかしたら私は、先生の指導に十分に応えられず、「弟子」には匹敵しなかったのかもしれませんが、それよりも、どのような相手でも、ご自分が上に立つような物言いはなさらない先生でした。それが、言葉だけでなく、実際の姿も同じで、一緒にお仕事させていただくことや先生のお手伝いをさせていただくときも、必ず「こういうことに興味あるかな。やってみる気はあるかい？」とお誘いくださり、決定はあくまでも私たち側に委ねてくださいました。いつの頃か「大妻の卒業生」に加えて「研究仲間の久富さん」とおっしゃってくださるようになりました。内心、「えー。研究仲間だなんて。まだまだ、こんなに教えていただいているのに」と思ってドキドキしながらも、なんだか先生に一人前と認めてもらえたようで嬉しかったことを覚えています。たぶん、それは、ここ数年のことだと思います。大場先生はもともと〇〇一派というのが大嫌いですから、何か仕事をする時に大場先生の提案で、自分の身内（教え子や知りあい）だけを集めるという提案はなさいませんでした。そのため、２００８年にミネルヴァ書房で出した『保育学入門』（『Who Am I in the Lives of children?』の翻訳）、最後にご一緒させていただいた萌文書林の『保育者論』のテキスト作成は、初めから大場先生が「研究仲間」だけをメンバーにしており、異例なことでした。『保育者論』は、完成半ばで先生が昇天なさってしまいとても残念でしたが、先生が編集会議で私たちに話してくださった内容は本当に貴重であり、そうした先生の思いを最大限に生かす努力をしながら、完成に向けました。

このように大場先生の近くで長い年月学ばせていただいたにもかかわらず、いまだに、未熟な研究者、保育者養成校の教員でいることは、申し訳ない気持ちです。大学院卒業後、11年も出産や子育てで非常勤講師を勤めているだけの私が、一発奮起して専任教員になり、10年がたちます。10年前、副学長としてお忙しい中、先生に本当に心のこもった推薦書を書いていただいたことを覚えています。そして、採用が決まったにもかかわらず、弱気になって「私のような者が本当に専任教員なんていうのが務まるのでしょうか？」とお尋ねしたら、「誰だってやれると思ってやるわけじゃないんだ、やっていくうちにやれるようになるんだ」と珍しく強い口調で励ましてくださったのを覚えています。

先生、今のところ、何とかやれているように思いますがいかがでしょうか。弱気になること、投げ出したくなることもありますが、私のようなたいした能力もない人間をここまで育ててくださったのですから、先生から学べたことを少しでも学生や保育現場に伝えていかないと恩返しになりませんよね。だから、もうしばらく努力してみます。先生は昇天されましたが、先生を通して知り合うことができた大事な「仲間」もいますから、なんとか頑張ってみます。大場幸夫先生に言いつくせない感謝をこめて、この稿を閉じたいとおもいます。

久富陽子（浦和大学こども学部教授）

先生が残してくださった宝物、雑誌「保育の実践と研究」、巡回保育相談、WHO研、相談研、ET研、『保育者論』等々、どれも大切にします。感謝。

子どもの心にふれるとき

◆福﨑淳子

大場先生の研究室の戸を叩いて

あれからもう一五年という歳月が流れています。あれからというその時点は、それ以前に私が取り組んできた研究方法を一八〇度方向転換するきっかけをつかんだ「そのとき」を意味しています。それは、子どもの心にふれるときに私が感じる熱く心揺さぶられるような思い、その思いをどのような研究方法で取り組んでいったら紐解くことができるのか、また、子どもの心の世界に近づくことができるのかと迷い、模索し続けていた私が、大場先生の研究室の戸を叩いた「そのとき」でもあります。どうして大場先生の研究室の戸を叩いたのでしょう。そんな勇気が私のどこから沸きおこってきたのでしょうか。

私は二〇代の前半に、音楽教室に通う子どもたちにピアノを教える機会を得ていました。そのとき、私と子どもとの間で交わされたひとつの忘れられないエピソードがあります。

ピアノを習いはじめて間もない五歳の女の子が、レッスンの後にどうしてもチューリップの曲を弾きたいとせがんだのです。私は、片手で何とかチューリップの曲を弾けるように導き、女の子は歌いながら、ゆっくりとチューリップを繰り返し弾きました。それから一週間後のレッスンの日、女の子は大・中・小と大きさが違い、さらに色の濃さも濃から淡へと異なる三本のチューリップの絵を私に持ってきてくれました。女の子は、大きいチューリップは先生、中くらいのチューリップは自分、小さいチューリップは妹、と説明をし、上手になったチューリップの曲を、歌いながら私に聴かせてくれました。

この女の子の説明は、どういうことを意味しているのでしょう。いつも私は女の子の左側でレッスンを行っていましたので、女の子と一緒に弾くときは、低音部で弾いていました。女の子にチューリップを教えているときも、私は女の子と一緒に低音部で弾き、女の子は中音部で弾いていました。さらに母親から、女の子が家で練習をしているとき、いつも妹がピアノの右側で邪魔をし、高音部の鍵盤を叩いているという話を伺いました。女の子が描いた三本のチューリップの絵は、どうやらピアノの高低による印象の違いを描いていたのではないかということに気づかされたのです。どの音域であっても、チューリップの曲としてしかとらえていなかった当時の私にとって、このときの女の子の絵に心が動かされ、音域の印象の違いをこのように表現したことに、小さな感動を覚えました（福﨑淳子『園生活における幼児の「みてて」発話』p.1―2　相川書房　2006）。

この音楽教室での女の子とのエピソードがきっかけとなって大学院では、幼児期の音の知覚印象に関する実験心理学的な研究に取り組むことになりました。そして、十年あまり経ったときのことです。ある幼稚園で行ったリズム同調の実験で、私は、再び忘れられない体験をすることになりました。

子どもに一定のリズムを聞かせ、手拍子でのリズム再生および視覚刺激との対応を測る実験のときのことです。被験児である五歳の男の子に刺激音のリズムを聴かせても、男の子は、刺激音が聞こえてくるカセットレコーダに耳をくっつけたり、刺激音とはまったく違うリズムで机を叩いてみたり、視覚刺激のカードを並べ替えてみたり、さらに、実験者である私に、「どこから来たの？」「いくつなの？」「好きな食べ物は？」などと質問をしてくるばかりで、いっこうに実験は進みませんでした。実験計画に基づいて、刺激に対する反応を捉える実験としては成立しないと判断した私は、ある程度男の子とつきあった上で、一区切りをつけることにしました。一応課題に取り組んでくれたように締めくくりながら、「これでおしまいね」といって実験を終えたのです。すると、男の子は笑い顔で「終わりなの。いいよ。じゃあね」と言って机から離れ、そして、たった今、刺激音として呈示されたそのリズムで、なんとスキップしながら実験の部屋を出て行ったのです。

思わずそのスキップに釘付けになってしまった私です。男の子の実験結果の記録としては、刺激に対する反応は「否」として処理せざるを得ません。しかし、男の子は、実験で呈示したリズムを確実に身体で感じ取っており、それを表現していたのです。スキップしていたそのときの男の子の姿は、今でも鮮明に私の頭に浮かんできます。

幼い子どもにとって被験者として取り組む実験に、どんな意味があるのでしょうか。子どもが実験に取り組む意味を、子どもの側の問題として考えるという、ある意味ではあたりまえのはずの問いかけが、このとき私のなかで意識的な問題として浮かび上がったのです。そして、それまで実験のときに欄外に書きとめていた「実験とは関係のない子どもとのやりとり」の記録（たとえば、子ども自身の話や私個人に対する私的な子どもの質問など）を引っ張り出しました。走り書きのその記録を紐解いたとき、分析対象から外された子どもの心の動きが少しだけ見えてきたように思われました。子どもとそのときを共有しながら、子どもの心にふれることをしていなかった私に気づいた瞬間です。共有していたのは、おとなが計画した物理的な時間だけだったのです。実験においては、実験者の対応が実験に影響をおよぼさないようにという配慮から、あえて余分な子どもとのかかわりを避ける必要もあります。私が行っていた実験においても余分なバイアスがかからないようにと、できるだけ同じように子どもと接していたことは否定できません。しかし、そんな実験においても、実験以外の子どもとのやりとりを書きとめていた自分のなかには、そのときを物理的な時間の共有ではなく、子どもの心の世界のなかで共有したいと願う自分がいたのではないかと、そのことを再認識することにもなりました。実験にうまく取り組めず「否」と記された子どもたちは、できないのではなく、彼らの世界に身を置いていたのです。彼らにとって、実験はやる必要性をもっていなかったのではないかと思うのです。先に記したチューリップの絵を描いてくれた女の子も、描きたかったから描いたのであり、けっして描かされた絵ではなかったはずです。心揺さぶられる思いのなかでそう気づいたときから、子どもを対象とした音知覚の実験計画を立てることができず、日常的な子どもの心の世界のなかで向かい合ってみたいという思いだけが膨らんでいきました。

そんなときに、大場先生の講義との出会いが巡ってきたのです。専任の助手として勤めていた大学に、大学院特別講義の非常勤講師として大場先生がいらしてくださったのです。「保育臨床」と題する特別講義でしたが、その副題をはっきりと覚えていない私が、今でも大場先生の表情だけは鮮明に思い出すことのできる講義のひとコマがあります。何回目の講義でしたでしょうか。講義室に入るなり、「ここに来る前に体験した保育所でのことなのだが…」という切り出しで、水とかかわる女の子の話をされました。手のひらに水をすくっては流し、すくっては流す、ひたすらその行為をし続ける女の子。そんな内容であったと記憶しています。「本当はきょう、違う話をするはずであったのだが…」と説明されながら、しかし、「どうしてもみんなにこの女の子のことを聞いてもらいたい」と静かに語りかける大場先生。静かな語りなのに、そのまなざしのなかには、熱い子どもへの思いを感じさせられました。そして、そのときの「子どもの心にそっとふれるようなぬくもり」に熱いものを感じながら、そのぬくもりの温かさと心揺さぶられたその瞬間が忘れられず、私は、研究のテーマもないままに、翌年、大場先生の研究室の戸を叩いたのです。

あの講義のときの大場先生の表情が、今でもはっきりと目に浮かんできます。しかし、肝心なその女の子への考察が、明確には頭に残っていない私です。でも、子どもの心と向かい合いたいと願う私に、大切な何かを投げかけてくださったことだけは間違いありません。そして、子どもの心にそっとふれるあのぬくもり感こそが、研究室の戸を叩く勇気につながっていたのかもしれません。

後に大場先生がまとめられた『こどもの傍らに在ることの意味』のなかで、子どものあそぶ姿について次のようなことが記されています。「こどものあそびや課題への取り組みの行動は、おとなが求めるような見栄や出来栄えの良さによって値打ちが決まるようなものではない。これといった特別なことをしていないようなこどもの時間は、名付けようもないものと思われて、排除されがちである。おとなが命名する〝こどもの時間〟自体がすでに、おとな好みの色眼鏡によって、可愛げに、健気に、生産活動のひな形のような見える結果を出してはじめて、それがこどもの時間として評価されているのではないだろうか。そうではなく、こどもの時間とは、おとなの目に明らかに取るに足らないような、名前のつけようもない〝悠、猶、そして遊〟に身を委ねる貴重な時間であることを見落としてはならないだろう」（大場幸夫『こどもの傍らに在ることの意味』p.39－40　萌文書林　２００７）と。

先の特別講義で大場先生が語られた「手のひらに水をすくっては流し、すくっては流す、ひたすらその行為をし続ける女の子」の姿は、まさに名前もつけようのない〝悠、猶、そして遊〟に身を委ねていた貴重な時間であったことを、そのとき教えてくださったのではないかと、今ではそう確信しています。そして、「おとなの求めるような見栄や出来栄えの良さ」から解放されなければ、子どもの心にふれることはできない、いや、ふれてはならないと、そう私に教えてくださったのではないかと、そんなふうに思えるのです。

フィールド研究への手がかり

大場先生の研究室の戸を叩いて、研究生にしていただいた私ですが、そのころの私は、方向の定まった研究テーマをもちえず、とにかく子どもの世界に身を置く研究をしたいという思いだけが先行していました。おそらく大場先生は、テーマはあいまいであっても子どもの心にふれ、その世界に近づきたいと願う私の思いを受け入れてくださったのだと思います。そして、大学院の大場ゼミにも参加しながら刺激を受けた私は、その年の夏、保育園での一カ月間のアルバイトを経験しました。どうしてアルバイトなのでしょうか。

大場先生が紹介してくださった保育者の方から言われたことも、私にとって忘れられない内容です。「本当に保育のことを知りたいと思っているのですか？　もし本当ならば、ボランティアではなくお金をいただくアルバイトをしてみてください。どうでしょう、できますか？　アルバイトでしたら紹介する用意があります。」というような内容でした。アルバイトをすることなどまったく考えてもいなかった私にとって、この提案は思いもよらぬ内容でしたし、戸惑いすら感じてしまいました。謝金をもらう責任。仕事としての責任。ボランティアとは担う意味が異なるその重さを背負って保育の場に身を置き、子どもとかかわってほしいという保育者の思い。研究室の机上で実験データを通して子どもを見てきた私にとって、この提案は、自分の考えの甘さに気づかされたことでもありました。そして、貴重なひと夏の保育園でのアルバイトを経験した私に、その方は、翌年の夏、「今年は保育園でボランティアをしてみませんか」と誘ってくださり、二週間にわたる保育園でのボランティアを体験させてくださいました。わずかな期間ではありましたが、このときに積み重ねて得たものは、私の尊い保育体験となって今も息づいています。

後に、私がアルバイト真っ最中のときに、保育園でのアルバイトを紹介してくださった方から、大場先生が「福崎さんは、今頃保育園でアルバイトだよね」と何気なく問われたという話を伺いました。直接私には何も問わない大場先生でしたが、「大丈夫かな」と、どこかで気を止めてくださっていたことを、後に知らされました。『こどもの傍らに在ることの意味』のなかで大場先生は、「大人の目の典型として、研究の目は、研究者の側の目的や対象、方法そして考察という方向に向けられる。他方、実践とは人間が行動を通して環境を意識的に変化させることを意味するが、その実践の目は、実際に行動すること、つまり保育者の行動の側の問題を追う方向に向かっていく」（大場幸夫『こどもの傍らに在ることの意味』p.194　萌文書林　2007）と指摘されています。音の知覚印象に関する実験をしていたときの私は、まさに「研究の目」で研究者の側から子どもと向かい合っていたのかもしれません。実践の視点を何よりも大切にされた大場先生は、私にこの「実践の目」をもつことを授けてくださったのではないかと思います。実践の目で保育を考えることが、保育を研究する原点でもあるのだと、そう私に語りかけてくださったのではないかと、そんな思いが込み上げてきます。

そして、このようなアルバイトやボランティアの保育体験も土台となって、ついに幼稚園での参加観察をはじめることになりました。やっと、子どもたちのなかに身を置き観察することを認めてくださったのかもしれません。まさに、実験心理学的研究から一八〇度違うフィールド研究への手がかりをみつけたときでもあります。

「一%の思い」から生まれた研究

参加観察をはじめたといっても、幼稚園に通いはじめたころの私は、子どもの姿の記録を取るどころではありませんでした。あちらでもこちらでも展開される子どもたちのさまざまなあそびや呼びかけに、ただただ翻弄されていました。それは、エピソードの記録をとることがいかに難しいことであるかを痛感させられた日々でもありました。そんな私でしたが、徐々に幼稚園での参加観察を重ね、さまざまな子どもたちの行為に出会いながら、保育の場に身を置き、子どもとともにその世界を共有することの楽しさを感じていきました。そして、そんな積み重ねのなかで、子どもが「みて」「みてて」と呼びかける行為に関心をもつようになっていきました。

幼稚園や保育園において、子どもが「ねぇ　せんせい　みてて」や「ほら　みて」と呼びかけながら、自分のつくったモノや自分の行為を得意そうに保育者に見せている姿は、本当によく目にします。子どもに「みてて」と呼びかけられた経験をもつ方も多いのではないかと思います。「みて」「みてて」は、日常的に聞こえてくるごくあたり前の発話行為です。しかし、なぜ、子どもは「みて」「みてて」（以下「みてて」発話と呼ぶ）と呼びかけてくるのでしょうか。見せたいだけなのでしょうか。そんな素朴な問いかけが私のなかに生まれ、「みてて」発話に関するエピソードの追跡がはじまりました。

追い続けながら子どもの「みてて」発話には、見せるだけではない何かがありそうな、他者と気持ちを重ね合わせようとする願いのような、そんな思いを漠然とではありますが感じはじめました。しかし、研究として、どのような軸をもって進めていけばよいのか、また、はたして追い続けて本当に研究として意味があるのか。仮説検証型の実験心理学的研究から仮説生成型のフィールド研究へと研究方法の転換を図った私でしたが、また大きな壁に突き当たってしまいました。そして、エピソードのデータを投げ出しそうになったそのとき、大場先生がさりげなく私に投げかけてくださったひとことがあります。それは、「もし、福崎さんの心のなかに、一％でも、「みてて」発話に何かありそうだと感じる思いがあるなら、追い続けるべきだと思うな」というひとことです。

このひとことで、私の「みてて」発話研究は今日に至っています。「一％の思い」、それは、しっかりとした根拠に基づき何かを明らかにする科学論文としては、賭にも近いことだったのかもしれません。しかし、「みてて」発話の研究は、この大場先生が私に投げかけてくださった「一％の思い」からはじまったといっても過言ではありません。

「こどもの目線で保育者が目を向ける先には、こどもの日々の暮らしがある。その日々の暮らしの中心に〝日常〟がある。その日常は、こどもの目でみると、通う場所、居場所、遊べるところ、仲間がいるところ、大好きな先生のいるところというような特定の場所が見えてくる。（中略）現場には、日々の経験を保育の文脈において解釈し続ける力がある。こどもの傍らに在るという保育者の存在の仕方が、こどものストーリーについて語る力の源である」（大場幸夫『こどもの傍らに在ることの意味』p.194－195　萌文書林　2007）と大場先生は述べていますが、この語りのなかに、私は、大場先生が何気ない日常の保育をとても大切にされていたことを感じています。そして、保育の場に身を置き、子どもとときをともにしているそのときに、何かを感じる自分の直感を信じて向かい合ってごらん。保育の日常的な文脈を大切にみていると、その過程のなかで何かをみつけることができるはず。結果を急ぐのではなく、結果を導く過程を大切にしてごらん。保育は、過程こそ重要なのだよ。「実践の目」でみつめると、その過程から何かが見えてくるはず。きっとそこには、保育の文脈において解釈し続ける力と語る力の源があるはずだよ。と、そう大場先生は、私に投げかけてくださったのではないかと、今ではそんな気がしています。

また、保育のなかで何気ない子どもの姿をじっと見続けることの意味についても、次のように述べています。「時系列的な展開として、どうしてもその場のかかわりへの執着を示している子から目が離せない。そういう図を描こうとする意図があれば、状況は全く異なった意味をもってくる。その場に潜在するかかわりの経緯にのった事態として、今ここでのかかわりがあると見てとれる。どんなに周囲のおとなにとって他愛のないこどもたちのやりとりのように思える場面でも、それはそのままで十分に情報を発信し続ける意味深い磁場を形成しているのである」（大場幸夫『こどもの傍らに在ることの意味』p.39　萌文書林　２００７）と。何気ない日常的な保育、その冗長にも思える保育の生活文脈のなかには、意味深い磁場の形成があることを示唆し、さらに、私の「一％の思い」から、わずかに感じる磁場の根源を探り、その磁場がどのように形成されているのかを証明してごらん、じっくりと焦らずに粘ってごらん、何かを感じる思いが一％でもあればきっと見つかるよ、とそう投げかけてらっしゃったのかもしれないと思うのです。

後に『園生活における幼児の「みてて」発話　―自他間の気持ちを繋ぐ機能』と題して博士論文としてまとめたとき、「福崎さんの粘り勝ちだね。粘って探りあてたんだから」ともおっしゃってくださった大場先生。「一％の思い」と、そう私に投げかけてくださったものの、本当に結果を導き出せるかどうかの確信は、大場先生のなかでも定かではなかったのかもしれません。その意味では、本当に賭のようなことばだったともいえます。しかし、あきらめずに追い続ける力を授けてくださったことは確かであり、保育の研究を続ける私の心の底に今も生き続ける大切なことばとなっています。

エピソードを語るとき

こんな「一％の思い」からはじまった研究とはいったものの、何かありそうだと思う気持ちは募っても、そう簡単には、「みてて」発話を通して子どもの心の世界を紐解くことはできませんでした。縦断的な参加観察によって「みてて」発話の現象を少しずつ紐解きながら、新たな機能の解明に挑み、博士論文としてまとめ上げるまでには、それからまた数年の歳月を要することになりました。行きつ戻りつする思考のなかで、大場先生が私に授けてくださった「一％の思い」は、暗い幕で覆われた向こう側には、きっと明るい一筋の光があるのだと私に信じ込ませる魔法の「ことば」ともなっていました。

模索する私は、ときどき「みてて」発話のエピソードを大場先生の研究室で語っていました。はじめはいつも黙ってエピソードを聞いている大場先生でしたが、身を乗り出して大きくうなずかれたエピソードがありました。そのなかからひとつのエピソードを本章の結びとして紹介したいと思います。

《てつぼうってむずかしいね》

鉄棒の近くで、リボンのついた長めの棒を持って遊んでいる四人の女の子の集団と私（観察者である筆者）がいる。鉄棒で前回りをしているアイが、その集団にむかって「みてて」と呼びかけ、前回りをして見せる。アイが回り終わったところにユカがやってきて、「そんなの簡単」と言いながら、逆上がりをして見せる。さらに、ユカは「ほら　みてて」と集団に呼びかけ、数回逆上がりをして得意そうな表情でアイを見る。アイも逆上がりに挑戦し、何度か足を上にあげるがうまく回れない。鉄棒のまわりには四人の女の子がユカを囲むようにユカの逆上がりを見ている。アイはその後も逆上がりに挑戦するがうまく回れず、「てつぼうってむずかしいね」とつぶやきながら保育室へ入っていく。すると集団のなかにいたレナも、アイの後を追うように保育室の方に向かった。

図書コーナーでしゃがみこんだアイのところへレナも行き、リボンのついた棒を持ったレナは、「アイちゃんほら」と言って、アイの前で長い棒を回しながら身体もくるくるっと回ってみせた。アイがレナの方を見ると、レナはアイに棒を渡した。アイは受けとり、レナと一緒に棒を回しながら身体も回して一緒に遊び始めた。レナがアイと一緒に踊りながら、近くにいた私に向かって「せんせいみてて　アイちゃんじょうずだよ」と叫ぶ。私が「ほんと　上手に回ってるね」と言うと、レナはアイの顔を見て頷くように首を縦にふり、レナ自身もまたくるくるっと回りながら一緒に踊って遊んでいた。（福崎淳子『園生活における幼児の「みてて」発話』p.78－81　相川書房　2006）

アイに棒を渡したレナの行為、アイの踊りを私に「みてて」と呼びかけたレナの行為、ここにはどんなレナの思いがあるのでしょうか。その場を共有していた私には、単なる見せるだけの行為ではなく、逆上がりがうまくいかず、ユカの触発に沈んだアイの気持ちを推し量るようなレナの行為に思えました。そして、最後に私に呼びかけたレナの「みてて」発話には、レナのアイに対するいたわりと励ましのメッセージが込められているように思わずにはいられないことを大場先生に述べました。すると先生は「五歳の子どもに、ことばではなく、ことばを超えて他者を思う気持ちが生まれていること、すごいよね。福崎さん、これだよ」と大きくうなずいてくださったのです。「みてて」発話は、ただ見せるだけではなく、見せる行為に託された子どもの深い思いが込められていることを実感したエピソードでもあります。

このように、私のエピソードに耳を傾けてくださった大場先生でしたが、私の観察の仕方や収集した保育のエピソードに異を放つことはまったくありませんでした。いつも黙って聞き、是か非かは問いません。しかし、おもしろいと思うと大きくうなずいてくださったのです。そんな大場先生の様子から、表情があまり変わらないときは、もう一度精査するように、おもしろそうに耳を傾けてくださっているときは、そのまま続けてごらん、という信号であるように思われました。私の論文に対し、どうこうせよという指示はまったくありませんでした。いつの頃からか大場先生の反応を感じとりながら研究を進めている自分がいることにも気づきました。それは、大場先生が、保育を研究する者としての「立ち位置」を、常に私に問うていたのではないかと思うのです。

「『立場』は自分の面目や立つ瀬、だから自分の利害損得に対する感性が質的に問われる。こどもたちに対して自分の面目がつぶれる話や立つ瀬がない話ということを描き出すつもりはない。本題に関して大事にしなければならないのは、むしろ『立ち位置』である。『立ち位置』は、文字通り、己が立つ位置を知ることである。私は社会的距離という形で理解しておきたいと思う。スタンスを問うことだと言ってもいいだろう。自分がどういう状況に在るかを測り知ることなしには、その場での自分の取るべき行動を確かめることはできない」（大場幸夫『こどもの傍らに在ることの意味』p.196　萌文書林　2007）と、自分の立ち位置をしっかりととらえることの重要性を指摘されています。

「みてて」発話を追い続けながらどういう状況のなかで子どもと向かい合い、子どもの発信している磁場をどのように受けとめているのか、研究の目ではなく、実践の目でみつめ、子どもの側から問題を解釈していく「立ち位置」を、私は問われていたのだと思います。おそらく、実践の目でエピソードを語るときに、大場先生は、いつもおもしろがって私の話に耳を傾けてくださっていたのかもしれません。研究者という立ち位置ではなく、私というひとりの人間が、子どもの心の世界に近づきたいと素直に願うその立ち位置から話しているとき、大場先生はうなずかれたのだと思うのです。私が実践の目で語るときと研究の目が優先して語るときとの違いを、大場先生は感じとっていたに違いありません。「こどもの傍らに在るおとなの一人として、その日を過ごすために〝土足で踏み込む〟ような粗野な行動を極力避ける。それは、誰であれ、こどもの世界に入らせてもらうための必要なマナーだろう」（大場幸夫『こどもの傍らに在ることの意味』p.196　萌文書林　2007）、ここには、子どもの心にそっとふれるそのときに、おとながもつべき子どもへの敬意が示唆されているように思います。研究者でありながら、保育という実践の場を何よりも大切に考え、保育者と同じ土俵のなかで、子どもの側から見つめ、保育者の側から考え、保育者とともに語ることを保育の原点にすえていた大場先生。エピソードをどう解釈するか、実践の目で子どもの側から語る力を、私は問われ続けていたように思います。「てつぼうってむずかしいね」とアイがつぶやいたエピソードを、私が大場先生に語り、先生が大きくうなずき黙って目を閉じられたあのとき、保育の文脈のなかで子どもの発信する意味深い磁場の根源を見つけたね、とそうおっしゃってくださっていたのかもしれません。何気なく繰り返される日常的な保育の生活文脈のなかにこそ、大切な示唆が詰まっています。その奥深さと保育の尊さを、大場先生は私に授けてくださったように思います。

福﨑淳子（東京未来大学こども心理学部教授）

保育という営みを「尊い」ということばで表現する哲学を私に授けてくださった先生。心からの感謝とともに、今、その奥深さを噛みしめています。

こども理解の先にあるもの

大場幸夫の保育観

◆堀　科

大場幸夫先生との出会いは、学部生の頃の確か「児童心理学」の授業でした。私が学生の頃の大妻女子大学は、平井信義先生を筆頭に「こどもを中心とした保育」を大切にした保育者養成の教育方針で先生方が一貫しており、当時は「児童学」の確立を大妻の児童学科から発信しようとされていたように思います。そして学生にわかりやすい、またこどもへの優しいまなざしを向けた講義が多かったと覚えています。

そのような中で、大場先生の講義は、ソフトな語り口でいながら、いつも難しい顔で心理学の基礎を淡々と話している、ただ、こどものエピソードを語る時はひときわ柔和にかつ熱心になり、そして言葉を紡ぎだすときには、丁寧に厳選して用いておられたことは、当時の私にもよくわかりました。その時以来、大場先生の印象はほとんど変わっていません。

その講義の中で、とくに覚えている言葉があります。「保育は人間学である」という言葉です。当時の記憶なので、正確さには欠けるかと思いますが、厳しく明確な口調で述べておられたことは、はっきりと記憶しています。扱う対象が小さなこどもであるが故に、包括的な表現になりがちな保育の言葉を、これだけ厳しく明確に語られたことが印象的であり、こどもという対象を学ぶことは、人を学ぶことであるという学問としての裾野の広さに、保育に対して深く関心をもつきっかけになりました。その言葉が私自身の保育への学問的関心の原点であるといえます。

ひとたびその人に接すると誰もが魅かれ、会えば会うほど好きになっていくという、「人たらし」という褒め言葉がありますが、先生もそのような魅力をもっておられました。当時の同僚の心理学者の昌子武司先生も、よく「大場さんは男がほれる男だ」と仰っておられました。それは先生のもっているソフトな雰囲気のみならず、先生がどのような人の話にも真摯に耳を傾けて受け止めてくださる一方で、ご自身の考えは筋の通った信念で語られる姿勢を保っておられたということがあるように思います。

私は不出来な学生でしたので、学部時代から一つも、大場先生が取り組んでおられた研究を引継ぐ機会を得たり、一端を担ったりというようなことはなく、奔放に研究テーマを選び、そして寛容な先生は受け入れてくださっていました。研究者として一人立ちし始めた頃からそのことは大いに反省し後悔しているのですが、今となっては取り返しがつきません。そのため大場先生の教えを正確に伝える役目は担えないのですが、学生の頃から長く先生をお慕いしてきた、ささやかな自負はあります。

本書は、保育学の第一人者である先生方に加え、大場先生が学問的にも厚い信頼をよせていた若手の研究者が書いておられます。大場先生の保育観のエッセンスは、諸先生方が十分に伝えてくださると安心し、私からは、私からみた大場先生の魅力を描きたいと思っています。そうすることが、不出来ゆえに先生をおそらく最後まで困惑させ続けたであろう、「緑間（旧姓です）らしい」大場幸夫論になると思ったからです。

師としての大場先生

論文指導のあり方から―こどもの現象の先に見えるもの―

大場先生の研究室の思い出は、パイプの香り、そしてさまざまなジャンルの本にあふれた書棚、整然とした机です。学部から院に至るまで、先生のこの研究室で論文指導をしていただきました。

学部生の頃の大場先生の論文指導のあり方と、院生になってからの論文指導のあり方には、実は異なる印象があります。学部生の頃の卒論ゼミでの指導は、つたない学生の語りにも黙って耳を傾け、そこからテーマの絞り込みや方向性を導いてくださいました。また、卒業論文の一文一語に至るまで先生の手直しが入るなど、直接的な指導をいただいていました。けれども院生になってからは、相変わらずつたない語りには耳を傾けて下さる一方で、方法論やテーマの選定、さらに論文内容についてほとんど具体的に指導されることはありませんでした。

その違いは、院生では、自分の論とその論構築の責任を担わなくてはならないからであると理解していますが、同じ人間を対象にしていても立場が変わると、先生もその関係性を意識的に変えておられたように思います。そういえば、学部生の頃は旧姓の「緑間」、児童学科助手の頃は「緑間さん」、院生の頃は「科さん」と私の立場が変わるたび、呼称も変えておられました。そんなささいなことにも気を遣われる方でした。

院での指導では、とくに対話を大事にされていました。早急になにか明確な答えを導きだそうというのではなく、一度広げ、そして現象に立ち戻り、またそこから糸口を見つけ出していくというものでした。「では、こうしたらいい」ということは一切おっしゃらず、しかしそのプロセスには徹底的につきあってくださいました。

また、参考資料の提供にも、大場先生にはある特徴がありました。一見、ダイレクトに関係がある資料ではなく、広い視野から本質をついた内容の資料を紹介されるのです。例えば、こどもの想像力をテーマにした研究のときにすすめてくださった参考文献で、とくに印象的な二冊があります。イディス・コップ著『イマジネーションの生態学　子供時代における自然との詩的共感』（黒坂三和他訳、思索社、１９８６年）さらに、レヴィ・ブリュール（Lucien Levy-Bruhl）の『*L'ame primitive*（原始心性）』（1927, nouvelle edition 1963）です。特筆するまでもなく、いずれも優れた研究者の書ですが、前者は二〇〇頁に満たない薄い本にもかかわらず、抽象的で内容が深く広いため、読み進めるためには時間を要しました。また、レヴィ・ブリュールは、古典のため容易に訳書がみつからず、やむを得ず原著にあたりました。分野がこどもを対象にしているわけではないことと、八〇年ほど前に書かれたものですので現代語と表現が異なり、苦戦しました。もちろん私の理解力の問題なのですが、その活用の仕方まではご指南されることなく、またどちらも一度読むだけでは先生が示唆された意図がつかめずにいました。

ただ、どちらの内容も研究の到達点になってはじめて、先生の意図されたことがようやくわかるということがありました。そこから学んだことは、どのような現象であれ、人間の普遍的な部分には共通項があるということです。とりわけこどもの現象は、多くがその後のありようの原初的な形であり、今のこどもの活動がその成長の先にどのような延長線として存在するのかを捉えることが、今の現象の意味を考えるときにも重要だということを学びました。

研究を進めていくと、どうしても目の前の対象にとらわれてしまい、そこから何が見えるか、何が言えるかにこだわってしまいます。要するに〝木を見て森を見ない〟典型なのですが、大場先生の助言は森に視点を変えるときにも、森との対話が必要な内容であったと言えます。怠け者としては、方法論など筋道を教えて欲しいわけですが、そういうことは決してなさらない方でした。しかし、結果的にそこに費やした時間が今、動かざるものとして私の中に根付いていています。

こういった論文指導のあり方にもあらわれているように、大場先生は常にこどもの現象のその先をみておられたように思います。そのことが、幅広いジャンルに関心を向けられていた所以であり、また冒頭にふれたような「人間学」という視点から保育を捉えておられた所以ではないでしょうか。

大場先生の言葉―センスとロジックと―

大場先生の魅力の一つは、先生の言葉の用い方でしょう。院の先輩である揖斐幼稚園の佐木みどり先生は、「大場先生はセンスがよい」と常々話しておられました。大場先生がよく使っておられた言葉で、〝センスのよい〟印象的な表現はいくつもあるのですが、決して感覚的に話しておられるのではなく、ある言葉が顕在化し定着するまでにはある一定のプロセスがありました。その過程は実にロジカルであり、むしろ慎重でした。

その始まりは、先生自身もよく言っていた「辞書的意味に立ち返る」という作業です。先生の書かれた文章には、ある概念について語る時、多くの場合、辞書での用いられ方が示されています。例えば、〝発達段階〟であり、〝カンファレンス〟といった言葉は、保育現場や保育研究で頻繁に使用される単語ですが、こうした言葉にでさえ、いえ、頻繁に使用される言葉であるからこそ、先生は向き合っておられました。

ある概念が言語として昇華するまでに至るプロセスには、その概念を定義し、集約した単語で表現することと、複数の人がその概念を共有していることが必要です。そして、それを繰り返し、あるいは頻繁に、多くの人が使用することで、単語として定着していきます。しかし、こうしてさらに多くの目に触れるようになると、もともとその概念が発生した理由が不明瞭なまま多くの人の解釈が備わり、定義が拡大し、反面、意味がシンプルになってきます。このように言葉の定義は、それが一般化すればするほど実はその意味が曖昧になるということがあります。

大場先生は例えば、〝カンファレンス〟について、次のように述べておられます。

> カンファレンスは、〝相談〟の意味である。そのラテン語 conferre には、〝一緒に運ぶ〟という語義がある。つまり相談は、〝一方的な取り決め〟では「相談にならない」のである。とすると、われわれが保育現場においてカンファレンスをもつということは、少なくとも語義に含まれる意味を保って、〝ことを一緒に運ぶ〟ことの意義を尊重し合い、合意（consensus の語源のラテン語 consentire は、一致する、一緒に感じ合うという語義をもつ）することが基本的な前提になっていいはずだ。（大場幸夫『こどもの傍らに在ることの意味　保育臨床論考』萌文書林、２００７年）

保育現場で行われるカンファレンスは、招聘した講師に助言をいただくというスタイルで行われることが多い中、保育者とは「パートナー」（前掲、大場、p.１２８）であるという先生の思想から、一方向的な指導ではなく、カンファレンスの語源に立ち戻り、保育者と「共に運び、一緒に感じ合う」協働により行われるべきであるとの姿勢を示されました。

またある現象を言葉にしたとき、そのことで対象をあらわしたように思われるけれど、本当にその現象を理解しているかは危ういことです。この「危うい」という言葉も、大場先生がよく使っておられました。つまり、現象をある言葉であらわすことにより、表現されたという安堵感ゆえのわかったような気持ちになってしまう「危うさ」です。

このように大場先生は、現象を言葉であらわすときには、大変慎重でした。それは、現象に対してセンシティブにとらえ、それを表すときにはロジカルであった先生の姿勢が現れています。ですから、ある言葉に確信を得ると、しばらくその言葉、概念、現象に繰り返し、丁寧に向き合っておられました。こうした姿勢が先生の言葉との向き合い方であり、現象との向き合い方であったように思います。

大場先生の書棚から―イワン少年とオスカル少年にみる育ちのステージ―

大場先生の発想の原点

多くの学生にとって、師の書棚というものは知の宝庫であることは、共通しているでしょう。師の視点を通して厳選されているその書棚から、そのタイトルを見るだけでも多くのことを得ます。私にとってもそれは然りで、先生を訪ねるたび、研究室の書棚を覗いては先生の今の関心、そして最新の情報を得ていたものでした。ですから、管理職になられてとりわけ残念だったのは、大場先生の魅力にあふれた研究室に訪れることができないことでした。

大場先生の書棚には心理学や保育の古典から最新のものまで、またご専門の分野にこだわらず幅広いジャンルの本や映像資料がありました。私はそこでエーリッヒ・フロム（『自由からの逃走』『愛するということ』）を知り、ヴィクトール・フランク（『夜と霧』）、ジャンニ・ロダーリ（『ファンタジーの文法』）を知り、そして津守真を知りました。その多くについては、眺めるだけで勉強したような気分になったわけですが、そのいくつかについて、先生に尋ねると丁寧に解説してくださり、時には貸していただくこともありました。学術書以外のものに関しては「これ、おもしろいんだよ」と、手にしていたパイプを外し、その本を手に取り、嬉しそうに内容を話してくださったことを覚えています。

先生の書棚の思い出から感じることは、社会心理学者であった先生の素地には学問的ルーツにドイツがあること、幅広い分野に関心をおもちであったこと、また常に最新の情報を入手されていたことなどでしょうか。新しい書物は、ゼミや院の授業で使用するためでしょうか、すぐに取り出せるように中央に配置されたテーブル近くの書棚に収まっていたので、先生の書棚を拝見するたびに、今の先生の関心を推測し、わくわくとするようなときめきがあったことを覚えています。大場先生ご自身も、現在の関心を惜しみなく話してくださいました。そのような意味でも先生の書棚は、先生の発想の履歴であり、原点であり、そしてその学問観を私たち学生が見て学び得た場であったといえるでしょう。

また書棚には、ご専門に直接的な関係があるものばかりではなく、映画などの映像資料も多くありました。その中でも印象的だったのは、ロシアの巨匠であるアンドレイ・タルコフスキー監督作品の『僕の村は戦場だった』（1962年公開。原題は『Iwan's Childhood』（ロシア語も同様）であり、原作は1959年発表のウラジーミル・ボゴモーロフの『イワン』。DVD〈アイ・ヴィー・シー、2000年〉と『ノスタルジア』（1983年公開）、そして『ブリキの太鼓』（1979年公開。フォルカー・シュレンドルフ監督。原作はドイツの作家　ギュンター・グラス『ブリキの太鼓　Die Blechtromel』。DVD〈ギャガ・コミニケーションズ、2009年〉でした。

やはり「これ、おもしろいんだよ」と紹介してくださったもので、それぞれに個人的には大きな影響を受けました。大場先生を通して知った『僕の村は戦場だった』と『ブリキの太鼓』を改めて鑑賞しなおしたとき、両作品に当時はすぐには結びつかなかった大場先生の保育観の存在を感じました。今回、この場を借りて以下にその解釈を試みます。

映画にみる大場幸夫の保育観―イワン少年、オスカル少年、それぞれの意志―

両作品はいずれも第二次世界大戦下のドイツ戦線、また、こどもを主題にしている点では共通していますが、対照的な描き方がなされているものです。『僕の村は戦場だった』はソビエトを舞台に軍隊や戦争をダイレクトに描きながらも、戦いのシーンはほとんどなく、静寂と言えるほどに美しい映像が淡々と続きます。一方の『ブリキの太鼓』はポーランドの一般市民の生活を舞台に、人間模様の醜さ、大人の自殺、戦争における殺戮の場面を生々しく描き、そして主人公の少年が奇声とともに「ブリキの太鼓」を騒々しいほどに叩き続けます。

『僕の村は戦場だった』のイワン少年は、偵察任務で大人顔負けの働きをするなどその言動含め、とても十二歳の少年とは思えないほど大人びています。その姿は中東における戦争のニュースなどで時折目にする、銃をもち、シュプレヒコールを大人と共に唱えるこどもたちの姿に重なります。彼らは大人に同調しているのではなく、自らの意志であり、それが必要だという思いからの行動のように見えます。彼らの視線がまっすぐで強いからです。イワンも同様で、彼をとりまく大人たちは、彼を安全な場所に移動させようとしますが彼自身が拒み、肉親を殺された強い憎しみから、自らの意志で前線にい続けます。ラストの射殺される前であろうイワンの写真は、視線の先にある敵に対して激しく憎しみにあふれたまなざしが向けられています。一方、しばしばイワンの夢のシーンとして登場する母親や妹とのやり取りでは、いわゆるこどもらしい無垢なイワンの笑顔が対照的に描かれています。それは戦争がなかった場合の「if」の世界として表現されているかのようです。

『ブリキの太鼓』のオスカル少年は三歳の時に大人たちの醜い人間模様を目の当たりにし、自ら成長を止めてしまいます。三歳の誕生日にもらったブリキの太鼓を肌身離さず持ち、太鼓が壊れると新たな太鼓に替え、成長しない決意を維持し続けているかのようです。また彼は祖母のスカートの中という場所を、精神的な避難の場としてもっています。オスカルは彼曰く、精神的には生まれたときから「すでに大人」ですが、三歳で成長を止めてしまったその風貌からも、周囲の大人はいつまでもこども扱いすることを止めません。後に生まれる母親違いの弟は、対照的にこどもらしい姿で描かれ、自分がその子の父親だと信じるオスカルは、大人然としてその子に接しています。

両作品は、映画的嗜好性からは一見相反するジャンルですが、先に述べた共通点以外に、いずれも戦争の狂気が人間の正常な思いをかき乱し、登場人物の人生に重い影を落としていく様を描きつつ、さまざまな立場の大人が彼らをとりまいている点が共通しています。また一方は大人びた少年、一方は大人になりたくない少年、と対照的でいながら二人の強い意志は「大人」への執着ともとれます。そして二人には「こどもらしい時代」が欠如しています。

イワン少年もオスカル少年も、周囲の大人から愛を受けています。ただ、大人たちはこどもの意志を認めず、大人の都合で彼らのありようを決めていきます。それはもちろん、大場先生の表現を借りると「よかれ」(前掲、大場、2007、p.74)の思いからには違いありません。しかし、本当の意味で彼らの「思い」を理解している大人ではないのです。イワン少年は、信頼する大人(両親、後見人の兵士)を戦争によって次々に失っていきます。オスカル少年は、自分の特殊能力を知る大人はいないこと、また最も身近な両親の言動に不信感を抱き、心を開きません。

つまり、二人の少年は、自分を理解してくれる大人の欠如から、自らのこども時代の欠如を招き、時代に人生を飲み込まれていきます。その意味で二人は「育ちのステージ」（前掲、大場、p.203）を保障されなかったといえるでしょう。そしてその結末は、いずれも終戦とともにイワンは死をもって、そしてオスカルは唯一の安住の場であった祖母の「スカートの中」との別れと、それぞれ自分のこども期に別れを告げなくてはなりません。

この二作品は、心理学的な視点からも少年の心模様が興味深く描かれていますが、何より環境やこどもをとりまく大人のありようによって、こども時代を奪われていく様を描いている点が興味深いといえるでしょう。実は両作品について、大場先生と多くを語りあってはいません。しかし、いみじくも先生が関心をもたれた両作品には、先生が常に考えておられた「こどもの傍ら」に〝大人がある〟ことの意味が問われています。ここにやはり、先生が一貫してもっておられた保育観が根底としてあらわれているように思われるのです。

大場幸夫の保育観―こども理解を中心において―

大場先生の保育観はどのようなものであったか、これはもちろん今すぐに結論を導きだせることではありません。しかし少なくとも、私は大場先生の保育観の中心にあるものは、「こども理解」の重要性であったと考えています。

大場先生がなぜ生涯を通じ「こども理解」に努められたか。それは私自身が先生に、最も尋ねたいところでもありますが、大場先生のご専門がもともとは社会心理学であったこと、そしてこどもとの出会いの出発点が、著書にもかかれておられるように児童相談所、そして虚弱児施設での心理判定員としての職務が関係していることは、想像に難くないことです。

特殊な環境におかれたこどもたちは、さまざまに湾曲した形で「こどもからのサイン」（前掲、大場、p.12－16）

を示します。それをいかに捉えるか、という先生の切実で誠実な思いが、その後のこどもとのかかわりの原点になっていると考えています。ですから、しばしば先生が対象とする「こども」は、何らかの複雑な思いを抱いたこども、そしてストレートには自分の思いを表さないこどもたちでした。そしてそれをまわりの大人がどれほど、こどもの思いに近づくことができるかに、心を砕いておられたように思います。

また、こどもたちはかかわる大人により、自分の思いの表し方が異なります。そのため、大人がどのような「立ち位置」（大場、p.195）でこどもとかかわっているのかがまるごと、対象となるこどもの理解につながっていたのだと思います。

それは、先生のこどもの記録にも現れていました。院の授業の中でも、しばしば先生ご自身の記録を見せていただく機会がありました。大場先生の記録は、こどものこどもたる姿が、実に生き生きとあらわれた記録であるとともに、ご自分のそのときの想いも同時に記されるというものでした。

〈エピソード1：揺らぐのは、むしろ私〉

想起：1962年、児相の相談室。九州の炭坑離職者の子女。生活苦ゆえに家族の苦渋の選択。大都会の水商売の下働きに。不当な扱いに抵抗し、隙を見て現場を飛び出し交番に。顔の皮膚や手足がガサガサ。みすぼらしい身なり。悪びれずじっと正面から見据えるまなざし。その外見もさることながら、おとなの裏の世界に触れて生き抜いてきたそのこの〝おとなの目〟、鋭く人を見ようと研ぎすまされた感覚。人を信じることによるのでなく、人間不信でしか身を護れないという実体験。世に言う〝こどもらしさ〟の片鱗もなく、それでいて少女である外見とのギャップ。揺らぐまいと身につけた身構え方。その痛々しさ。その風貌に圧倒され、自分の方が小さく見える。揺らぐのは、むしろ私。（前掲、大場、p.2）

この事例は、先生の遺作となってしまった『こどもの傍らに在ることの意味』の第1章冒頭、心理判定員として務められた初期の頃の事例記述として紹介されたものです。この記述にも現れているように、対象となる少女の描写を情緒的に、さらにそのときの先生の思いとともに記されています。初期の頃からその基本的なスタイルは変えておられなかったということがわかります。先生は次のように述べます。

こどもの育ちを自分とのかかわりによって築いてきた蓄積であると見る発達の理解が必要ではないだろうか。（前掲、大場、p.76）

このことは、大場先生が子どもにかかわる大人の責任として、「自分とのかかわりによって築いてきた蓄積」と捉える必要性があるからこそ、当事者間でしか捉え得ない「当事者性（前掲、大場、p.207）」を重要視されていたことがわかります。用いる表現が異なると、現象そのものが変わってしまうということもあります。こどもを「落ち着きがない」とみなすか「活発だ」とみなすかで、その子への理解が変わり、そしてかかわりさえも変わってきます。こどもの現象を言語化する作業は、その子へのかかわりを探す作業であるともいえるでしょう。このことについて大場先生は「自分の取り組みを語ることは、そのこと自体が言語化による味わい直し、すなわち意味づけ直しとなる（前掲、大場、p.163）」と述べています。

このように、大場先生は、保育者が自らの言葉で語ること、そこにあらわれた意味を探る、「こども理解」を中心にすることにより、こどもがかかわりの中で育っていくことへの気づきと、かかわる大人の責任の重大さを述べておられたように思います。それは、目の前にあるこどもの今の「育ちのステージ」を環境的に保障し支えるためであり、ひいては、こどもたちが満たされたこども時代を経て、その先の人生を豊かに歩んでいくことができるための手助けであるといえるでしょう。ここに、大場先生が目指しておられた「人間学」としての保育の重要性があらわれているように思います。

先生がお好きだったチェロの音を聞くたび、先生の穏やかな声を思い出します。心残りは、とうとう最後まで先生には不出来の学生のままであったこと、そして晩年、対話をする機会がなく、逝ってしまわれたことです。しかしながら今回、「大場幸夫」というセオリーを命題に、その先にあるものの意味を考える機会を得ることができました。まだ到達点にはほど遠いのですが、先生から学んだ言葉、現象への向き合い方を私自身の原点に据え、これまでの論文指導同様に、大場先生が示されたことはこのことだったのかと、改めて〝わかる〟時を待ちたいと思います。

堀　科（川口短期大学こども学科准教授）

大場先生、先生からは学問のみならず、その佇まい、人としてのあり方など多くを学びました。有難うございました。

ゆらがない保育へのまなざし

◆前原　寛

大場幸夫先生の急逝の知らせを受けて呆然としたことが、つい昨日のことのように思い出されます。２０１１年5月13日、日本保育学会第64回大会（会場：玉川大学）のわずか1週間前のことでした。その前より、体調が悪く入院しておられることは聞き及んでいましたが、まさかの訃報でした。

私の大場先生との出会いは、１９９０年です。それから20年以上に及ぶ交流の中で思い出されることが多々あります。保育学会では、共同研究の発表を15年にわたって続けており、急逝された一週間後に開催された保育学会でも、発表をエントリーしていました。例年と同じように共同で発表できると思っていただけに、寂しい気持ちで発表したことを覚えています。

保育学会での発表というと、早い時期のポスター発表が思い出されます。現在では保育学会の発表もポスターが主流になっていますが、10年ほど前は少数でした。その頃から共同研究はポスターで発表していましたが、現在のような広い空間ではなく、こじんまりとした部屋が会場でした。

ある年、小振りな部屋がポスター発表の会場となり、私たちの発表場所が入り口と向き合うような設定となっていました。会場に出入りする人たちといやでも鉢合わせするような場所に大場先生と二人で立っていたものですから、目立つこと目立つこと。発表会場に入ってきた人たちの表情がカメレオンのように変化し、なかなかの見物でした。それもそうでしょう。大場先生という保育界のビッグネームが、ポスター発表会場の入り口のところに大魔神のように立っているのですから、気がついた人は一様に驚いた表情や、部屋を間違ってしまったかと戸惑った表情をしていました。とうとう大場先生も、直接顔を見られないようなポーズに変えるという、ほほえましい光景を目の当たりにしました。長年にわたる発表では数々のディスカッションもありましたが、そのような一こまもあったことがあらためて思い出されます。

大場先生とは、保育学会での共同研究の発表だけでなく、共同執筆となった文献や、一緒に参加した保育の研究会・研修会など思い出されることは数多くあります。それらを通して、大場幸夫が考える「保育の原点」と私が思うものを、これから書き連ねていくことにします。

こどもを原点に

2005年の日本保育学会第58回大会は、大妻女子大学を会場として開催されました。その実行委員長が大場先生でした。先生は、自ら担当する保育学会において、「こどもを原点に—保育実践研究の再構築」をテーマに設定されました。以前より、保育はこどもを中心にして考えなければならないと主張されており、このテーマは、大場幸夫の考える保育の原点として捉えられていることがわかります。

もちろん保育の原点がこどもであるというのは、当たり前のことです。当たり前すぎるといってもいいことです。そして大場先生は、手垢のついた用語やフレーズ、文章の使い回しを何よりも嫌っていました。「誰の言葉で語っているのか」「自分の言葉で語れ」と、よく話していたことを思い出します。温厚な人柄であり、声を荒げたりすることはほとんどありませんでしたので、それだけに、このような強い調子での発言は、後々まで印象に残っています。

そのような思いの中から立ち現れてくる「こどもを原点に」という言葉には、言い表しがたい重みがあります。そして、そのことを具体化したのが、先生の主著である『こどもの傍らに在ることの意味』という本の題名です。「こどもとともに」、「こどもに寄り添う」、「こどもに即して」という言い方は以前よりありましたが、先生はその言い方をそのまま使うのではなく、自分の言葉として咀嚼し直した上で、「こどもの傍らに在る」という表現に行き着かれたのです。保育者とは、こどもの傍らに在り、こどもを支えていく存在であることを、その中で明らかにされています。

また、一般には「子ども」と表記しますが、先生は「こども」と表記しています。ここにも、言葉への細かい気配りが感じられます。「子ども」と漢字仮名交じりにする表記を好ましく思えず、むしろ「こども」という表記で、その存在を捉えようとする姿勢が明確です。大場先生の言い方を借りれば、「こども」とひらがなに開くことで、その在り方をより深く捉えようとしていたのです。

現在の民主党政府は「チルドレン・ファースト」というスローガンを掲げていますが、このことに対して強く警戒していました。ご自分が、「子ども・子育て新システム」のワーキング・メンバーの一員でもありましたので、口当たりのいいスローガンを掲げて、いかにもこどもを大事にしている風を装いながら、こども不在の制度設計が進められかねない状況への懸念を、非常に強くもっておられたからです。

保育実践にかかわるときも、「こどもにとってどうか」という視点を崩すことはありませんでした。どれだけ見栄えのよい幼稚園、保育園であっても、それだけでは一顧だにしようとしません。そのような大場先生がよく使っていたのが、「手応えのある」という言葉です。こども自らの遊びが展開されていく、その遊びが当のこどもにとって「手応えのある」ものであるかどうかを、重視していました。表面的なものにとらわれないで、遊びの内実に迫ろうとする姿勢が、この言葉から感じられます。

こどもの生きる現場

保育の場を定義して、大場先生は「こどもの生きる現場」と呼んでいます。他のどこでもない、そこでこそこどもは生きて発達していることを、端的に言い表した表現です。

保育園、幼稚園、認定こども園などは、保育が行われる場です。そして、「保育者がこどもを保育する」、「保護者がこどもを預ける」、というように、おとなが主語になる言い方が普通に使われます。というのも、保育を語るのは、基本的におとなだからです。したがって、保育はおとなの視点、おとなの立場から語られがちになります。

それに対して、「こどもの生きる現場」というとき、主語はこどもになります。こどもが主体、それが保育の場です。そして、大場先生は、こどもの成長・発達を、常に24時間の生活のスパンで捉えています。園生活と同時に、家庭生活をこどもの生きる現場として視野に入れているのです。

おそらくこのことは、先生自身が、入所型の児童福祉施設に心理判定員として勤務していたことがあり、こどもの24時間の生活の成り立ちに関心をもつと同時に、それが容易ではないことに気づかされた経験と無縁ではないと考えられます。そのような視点から、大場先生の関心は、こどもの生活の在り方へと向かっています。

筆者は、１９９０年の日本保育学会で、「保育園における午前休息」を発表しました。筆者のかかわっている保育園において、午後の昼寝が当たり前だったものを、午前中の昼寝・休息へとスライドすることによって、こどもの24時間の生活を組み立て直そうと試みた実践について発表したものです。この発表にいち早く関心をもっていただいたのが、大場先生でした。

午前休息の試みは、午睡の時間帯が午後から午前へと移行しているので、非常にわかりやすい実践です。そのため際物的な扱いを受けがちであり、また一般的な常識に反しているので、さまざまな批判を受けています。

そんな中で大場先生は、この実践の本質が、こどもの生活の流れの捉え直しであることを的確に理解してくださいました。そして、先生自身が企画者となった第45回保育学会大会の企画シンポジウム「保育臨床の視点から園生活を考える」において、午前休息の実践の発表者として、筆者を参加させてくれました。これが、筆者が大場先生と共同作業や共同研究を続けるようになった発端です。

それから先生との共同研究は最後まで続きましたが、こどもの生きる現場という軸は揺らぐことがありませんでした。

大切にされた現場での研究・研修

大場先生は、保育現場にかかわる機会をとても大切にされました。30年以上にも及ぶ巡回保育相談、20年にわたる保育臨床研究会など、長期にわたり現場との接点をもちながら、さまざまな研究・研修を継続していらっしゃいました。私のかかわっている保育園を中心とする自主研修にも、鹿児島という遠方にもかかわらず、東京から毎年足を運んでくださいました。また、比較的規模の大きなものとしては、「座・コミュニケーション」も、10年にわたる密度の濃い内容の研修会でした。２００４年度に年間を通して、高知県の幼稚園・保育所共通の保育カリキュラムを考察・立案していく取り組みも内容の濃いものであり、これは幼保一体化へと進行しつつある現在の状況から顧みると、非常に貴重な報告書となってまとめられています。

この中で、「座・コミュニケーション」、通称「座・コミ」と呼ばれていた研修会を取り上げてみたいと思います。座・コミは、大場先生が、森上史朗先生、高杉自子先生、吉村真理子先生、藤野敬子先生、黒川建一先生と共同で企画運営に関与していた研修会です。

座・コミは、１９８９年（平成元年）に別府市で開催されたのがきっかけで、それ以来、東京、松山、愛知、静岡、高松、秋田、金沢、京都、沖縄で開催され、10回を区切りとして終了しました。研修会の趣旨は、「保育の中で疑問や悩みを本音で語り合い実践を高める集まりをもち」、「子どもについて、保育について、お互いに心を開き、文字通り車座になって語り合いたい」というものです（第10回の趣旨文より）。

幼稚園、保育所、公立、私立の別なく、参加する人が平等の立場でかかわり合うことを主眼としており、また各地方を会場とすることで、全国的な波及をもねらいとしたものです。私も、第3回より参加し、ときによっては大場先生のサブをつとめたりすることもありました。

この研修会の一番の特徴は、車座になって語り合う、とあるように、エンドレスの分科会設定にあります。これが、「座・コミュニケーション」という名称の由来です。日程は、1泊2日が基本です。メインとなる分科会は、1日目の夕食後と2日目の午前中に設定されています。そして、夕食後の分科会は、一応2時間30分ぐらいの長さに設定されていますが、その後は思い思いの場で参加者がいつまでも（場合によっては徹夜しても）語り合えるようになっています。とことんまで語り合うことによって、表面的な話し合いに終わらず、本音の語り合いになることを意図しているからです。

この分科会で、大場先生は常に夜遅くまで、参加者の声に耳を傾け、また発言されていました。ここまで参加者が語り合い、参加者の本音が聞かれる研修会は、なかなかないことだと思います。その趣旨をよく理解し、むしろ徹底させる形で大場先生は、座・コミに臨んでおられました。現場の保育者の語りを聞くことが、本当に好きなのだなあと感じられる様子で、いつまでも耳を傾けておられる大場先生の姿が、今でも目に浮かんできます。

幅広い目配り

保育を捉える視点を支えるために、非常に広い範囲にわたって丁寧に目配りをしていることも、大場先生の特徴です。特に三方向への目配りが際だっています。

一つは、先述した保育現場への目配りです。先生自身のかかわっている現場は、果たしてどれほどあったのでしょうか。現場から立ち上がる問いを大切にするという姿勢が、言葉だけでなく行動にまで貫かれています。

二つめが、各種文献への目配りです。毎年のように多くの保育関連の文献が発表され出版されていますが、それらを漏らすことのないように丹念に目を配っています。

三つめが、海外の保育事情への目配りです。


ここでは、三つめを取り上げてみたいと思います。

大場先生の海外への目配りの特徴としては、ドイツ語圏を含むヨーロッパが含まれていることです。研究者の多くは、英語を中心としたアメリカ圏の保育、福祉先進国である北欧の保育などをフォローしています。

それに対して、大場先生は、得意のドイツ語を活かして、ヨーロッパ中部の保育を常に視野に入れていました。保育の歴史をたどると、ペスタロッチ、フレーベルと、その源流はドイツ語圏へとさかのぼります。そして現在でも、ドイツ語圏の保育には特色あるものが見られます。

その代表的なものが、Waldkindergarten です。一般には「森の幼稚園」と訳されていますが、その言葉通り、森で行われる保育実践です。

ただ、Waldkindergarten を、森の幼稚園と訳すことには、大場先生は慎重でした。というのも、ドイツの Kindergarten と日本の幼稚園は、制度上まったく異なった保育施設だからです。ドイツの Kindergarten は、3歳以上の保育施設という位置づけであり、日本で言えば、幼稚園と3歳以上の保育園を合わせた性格をもっています。ですから、大場先生は、森の幼稚園といわず、カタカナで「ヴァルトキンダーガルテン」と呼んでいました。ここでも、ちょっと読みにくいかもしれませんが、Waldkindergarten と表記していきます。

Waldkindergarten の1日をスケッチすると次のようになります。朝、森の入り口に集まったこどもたちと一緒に、保育者は森の中へ入っていきます。そして、昼過ぎまでの数時間、森という環境を活かした保育が展開されます。その後また森の入り口に保護者が迎えに来ます。

現在では日本でも Waldkindergarten の取り組みは知られるようになってきていますが、いち早く大場先生はその実践に着目しました。そして、自らドイツに行き、Waldkindergarten での保育を体験もしています。ただ先生は、保育実践への興味を幅広くもっていますが、そのようにして知り得た保育を紹介するという形を、それが海外のものであれ日本のものであれ、ほとんど行っていません。雑談の中で取り上げることはありますが、講演などでふれることはあまりありませんでした。まして論文の形として文章化したものは、非常に少ないのではないでしょうか。つまり、他者の実践を単に紹介するのは、「自分の言葉で」保育を語ることとは違う、という姿勢をもっていたからだと思われます。

筆者は、先生との共同活動が長かったので、多方面への保育への関心を、いささかなりとも知る機会が多かったと自負しています。Waldkindergarten に関しても、日本ではまだ紹介がなされていない時点で、その詳細を先生から聞く機会がありました。

これについてもちょっとしたエピソードがあります。先生は、Waldkindergarten を直接訪問していますし、ドイツ語文献もすでに消化されていましたが、それを会話の中で聞いただけだった筆者は、日本の森をイメージして理解してしまいました。そこで、「それは山岳徘徊保育とでも言えますね」と先生に感想を述べると、大笑いをされました。「それこそ文化や風土の違いだね」ということです。

先生の説明によると、「日本の森は確かに山をなしていることが多いが、ドイツの森は平地林であるから、起伏はほとんどない。また、気候の違いから、日本のように下生えの生い茂った森林ではないから、意外と森の中の空間は広々としているよ」ということです。あとで Waldkindergarten の写真を見てみると、確かにその通り。ドイツと日本の風土の違いに改めて気づかされました。

そしてこうも言われました。「僕が行ったのは3月だったから、ドイツではまだ雪が残っているんだ。それでもコート、マフラー、手袋など防寒をしっかりして、ごく当たり前のように保育をしている。別段、天気のいい日だけを選ぶということはなく、雨の日も雪の日も森で保育が展開されるんだよ。やっぱり狩猟民族の文化が背景にあるから、自分たち日本の文化で考えたものとはずいぶん違うね。」

あとになってこの発言を振り返ると、単にWaldkindergartenの真似を日本でしても、それは似ても似つかぬものにしかならないだろうし、もし取り入れるのならば、日本の風土や文化に即したものとして実践する気構えが必要だ、ということを言いたかったのではないかと思われます。事実、Waldkindergartenを模した保育が日本でも現れてきていますが、大場先生が危惧したように、表面的な導入に終わる傾向があるように感じられて仕方がありません。

「澪標」としての保育者

大場先生は、「こどもを原点に」ということを大事にしていましたが、それが成り立つのは、保育者という存在があってこそであるとも確信していました。

先生は、「創成社保育大学新書シリーズ」の生みの親ですが、その刊行にあたっての文章の中に次のようなくだりがあります。

「とくに最近の保育現場では、質の高い保育を求め、その質を確実に担う専門職としての保育者にも高い専門性を求められる気運が生じて参りました。折しも、本シリーズ刊行の年に、保育所保育指針が改定されました。指針が告示化され最低基準の性格をもつことになったのです。養護と教育の一体となった実践は、専門的な保育者によって、組織的で計画的な実践の営みを通して、こどもの最善の利益を護る生活の場を構築するという重要な役割であることを、これによって確認できたのです。」

この文章にもありますが、「護る」という漢字を使って、保育者の役割を示しています。

大場先生から、「『まもる』という漢字は『護』と『守』のどっちを使う?」と問われたことがあります。そのあと「僕は『護る』を使うよ」と明言されました。「護る」には、「護持」「保護」「護衛」など、強くかばいふせぐという意味合いがあるからでしょう。たとえば、「保護」と「保守」のニュアンスの違いなどを考えれば、大場先生の言いたいことがわかるかと思います。

こどもを原点に、というためには、こどもが護られなければならない、なぜなら、「こどもだから」「こどものくせに」ということで、何かにつけてこどもは蚊帳の外に置かれがちだからです。その一方で、「こどもがいるとなごむ」「こどもの絵が欲しい」と、都合のいいときに引きずり出されることも、よくあります。いずれにしても、おとなの都合に振り回される現実には事欠きません。特に年齢の低い乳幼児には、そのことが当てはまります。

そうならないように、こどもがこども時代をこどもらしく生きていく、そのような場が保育であり、そのような場を護るのが、保育者なのです。

そのような保育者の存在は「澪標」であると、大場先生は語っています。

「澪標（みおつくし）」とは、

「(「水脈の串」の意) 通行する船に通りやすい深い水脈を知らせるために立てた杭。」

という意味です。「澪（みお）」は、「(水の緒の意) 河・海の中で、船の通行に適する底深い水路。」という意味です（『広辞苑　第5版』岩波書店）。

ここで先生は、こどもの成長・発達を、船の通行する水路、航跡になぞらえています。澪、航跡になぞらえられたこどもの発達ですが、船は難所で難破することが珍しくありません。船を船任せだけにしては、そうなってしまいます。そうならないために、船の通り道がわかるように、串すなわち杭が打たれているのです。それは、難破しないように、無事に航行できるための道標になっているのです。

杭がなければ船が難破しかねないように、保育者がいなければこどもの発達は歪んでしまいかねません。ですから、保育者は澪標なのです。

そして、澪標は、和歌の世界では、「身を尽くし」の掛詞でもあります。その身を尽くして船の安全な航行を護るのが澪標です。

人間の生涯のその初期において、人生の基礎となる時期に、確かな航跡をたどることのできるように、その身を尽くして、こどもを護る存在が保育者なのです。

こどもが護られ、健やかに育つ、そのためにこそ保育の場があり、保育者がある、そのような世界を大場先生は、生き抜いていかれたのです。

前原　寛（鹿児島国際大学福祉社会学部准教授）

大場先生！　私たち保育に携わる者たちがこどもを護り続けていけるように、いつまでも見守っていてください。

「保育―子どもの生きる現場」へのメッセージ

◆大場幸夫

※本原稿は、旧大宮市の保育士他、多くの方々からの切なる要望を受けて『大宮の保育実践研修会16年の歩み』（保育実践研修会編集委員会編集、２００２年３月発行）に微修正を加えて掲載される運びとなった。

気になる現象への気づきを深める

「保育実践研修会」では、実践の発表と質疑を行い、それをひとつの手がかりにして、大宮市の各保育所にかかわるであろう問題について、それぞれが考え合っていくことを主な目的としていると考えています。この会での私の役割は、発表された実践や質疑への専門的な立場からの評価、指導、助言を行うことではなく、研究会の参加者の一員として、私自身が発表や質疑応答を聞きながら感じたことを、共に考え合う問題のひとつとして提起してみることにあると思います。

今回の発表と質疑を聞いて改めて確認できたことは、だれが見ても「こうだ」と言えるような客観的な資料によって子どもの状態を確認していくよりも以前に、担任の気持の中に生じた小さな気づきが、子どもの状態を捉える第一歩なのだということです。それは障害のあるなしにかかわらず、子どもとのかかわりの中で、何か気になるという形で浮かび上がってくるものです。例えば子どもの表情の乏しさやぎこちなさといったものは、子どもと一緒に生活している保育者がかかわりの中で感じ取れることであり、客観的には確かめにくい事柄でしょう。しかし、その子どもにとって最も身近な保育者（担任）のそうした小さな気づきは、実はその子が周囲の人とのかかわりあいをうまく形成していくかどうかと密接に関係していると考えられます。

子どもの数が減り、大人とのかかわりが増えていくことが可能になっているにもかかわらず、家庭、地域、園の中での一対一のかかわりがむしろきわめて希薄になっているようです。つまり、措置制度に決められているような「保育に欠ける」状態ではないが、「保育に欠けている」としか言いようのない子どもが多くなっているのではないでしょうか。生まれてからの環境の中で人とかかわる力、人に向かう力が培われていないと、物に向かう力も欠落しがちです。表情の乏しさ、笑顔のぎこちなさは、その子の人に向かう力の弱さの表われかもしれないのです。

担任の小さな気づきを認め、そのことを園生活の中で確かめてみること、それがその子どもへの保育者の豊かなかかわりを生み出していくことにもなるでしょう。子どもは園全体を使って、あちこちつまみぐいをしながら育っていきます。最優先させるべきは、職員集団がその子の状態を知り、それぞれがかかわりを通してその子が落ち着けるように心がけることです。保育者との生身の感情の交流が可能になること、そのことは生活習慣の自立とか、言葉の獲得よりも重要な保育の課題であると、私は考えます。

保育者が自分の見方、感じ方、かかわり方にこだわってみることは大切です。しかし、そのことは他の人の見方などを否定するものであってはならないでしょう。同じ子どもに対して、親の見方やかかわり方が自分と異なるとき、つい自分の見方を押し付けたくなります。しかし、子どもも相手によってつきあい方を変えます。子どもにもいろいろな面があることを認めて、お互いにそれぞれの考えを出し合ってみることが必要だと思います。この人の見方とあの人の見方を一緒にする必要はないのです。

また、乱暴だけれどやさしいとか、集中力はあるが散漫でもあるといった矛盾があることは子どもに限りません。特に子どもが発達していく過程には、矛盾層が見られることを津守先生が指摘しておられますが、そのどちらか一方だけが、その子どもの姿というわけではないのです。

子どもは大人の目を見ています。厳しくすればするほど、その大人がどうすれば喜ぶかを知り、その範囲で動いてみせます。しかし、自発性の育っている子どもは大人の好みには動きません。そうした子どもが出現することで、私たちはそれまでの自分の子どもに対する見方やかかわり方の枠組みを知ることになります。

今回の記録もそうですが、これを発表が終わったからとそのままにしてしまうのではなく、「何を」「どうするか」と方向づけて〝まとめる〟ことが大切だと思います。

食事から生活を見つめ直す

食事の問題は、栄養面だけではなく、人との関係ということで非常に大事な場面だと思います。食べさせた時の状況はどうだったか、という質問がありましたが、私は先生と子どもの間にどんなやりとりがあったのか、細かく振り返ってみたいという感じがあります。

私は食行動の問題と呼んでいますが、研究の領域によっては、食べたいという欲求が子どもの自発性を見るための良い例だとさえいわれています。偏食や異食、拒食、あるいは離乳の問題も含めて、食行動から人間関係をもう一度洗い直していくことが大事ではないでしょうか。

親や保育者は、急いでいる時や、時間の中に収めたいと思っている時は、食行動の大事さを考えていないことが多いと思うのです。「日常茶飯事」という言葉はとるに足りないという意味ですが、子どもの食事は日常茶飯事であってはならないはずなんですね。

乳幼児との生活で、保育者には、暮らしの流れをゆったりと味わえるような気持のゆとりが必要だと思います。そうした大人とつきあうことで子どもの世界がひらかれてくるんじゃないか。一日の生活のリズムがくずれてしまっている子どもは十分に気をつけてあげるべきだと思います。24時間の子どもの生活を頭に入れて、登園降園を節目として捉える必要があるのではないでしょうか。

ところが障害をもつ子どもの場合、生活のリズムを作ることを難しくさせている状況にあるわけです。まず園生活になじむことが大変なことです。障害をもつ子どもは、自分の障害を受け入れ、つきあっていかなければならない。そういう子どもたちが豊かな時間を過ごせるように、保育があるんですね。トレーニングすることではないんです。今、保育園にいるこの子に、長い人生の中でのこの時期に、一緒に暮らしている仲間として、何を送り出せるのか。そのことがこれからの一生の大きい意味をもつ。それが保育者の仕事になってくると思うわけです。

そして、迷っている親には、こう行こうという方向を示すことも、保育者の仕事になる。親が安心することによって、家庭での大人と子どもとの関係が落ち着いていく。そして、全体の関係が落ち着いて初めて、子どもは肩の力を抜き、自分のプレッシャーになっているものから自由になって、自分が何がしたいのかが見えてくる。

こうした、その子の状態全体を受け入れることから、子どもがぐっと変わってくるという事例はたくさんあると思います。なぜその子どもたちが変わりえたのかを探っていくと、共通点が見つかるんじゃないでしょうか。これは、障害の有無を越えてあると思います。

お話しいただいた3園の報告に対して、これからの課題として言えることは、言葉の問題にせよ、スムーズに人とかかわれるようにとか、基本的習慣の自立を目差すだとかいうことの根っこは何かというと、「いいかかわりを形成する」ということです。

これは青年期であっても出てくる問題です。たどっていくと、どういう幼児期だったのかが問われ、基本的な乳児期のやりとりにまでもどらなければならないわけです。本当のその子のテンポを見届けてつきあわなかった、ということなんですね。

事例で子どもたちが少しずつ好転していっている、その共通点は、「その子のペースを大事にして…」と書いてあります。これは障害のある子どもだけの問題ではなく、保育の原則だと思います。それができない現状があるとすれば、なぜできないのか、見つめ直す必要があると思います。

最後にひとつ、報告を読んでつくづく感じたのは、子どもの自己表現の大事さです。これまでは感情のコントロールということで押さえられていた、自己を思うままに表わすことを、いかに育てていくかが、今後の保育の大きな課題だと思います。

保育臨床という視点

　私が大宮の園を回らせていただくようになって、12年たちました。その間に多くの子どもたちとふれあい、たくさんの保育者の方々と討議する時間を重ねてきて、保育ということと自分の専門とする心理学的なこととの接点の意味を発見させていただけたと思っています。これから進めていく仕事の方向がひとつ与えられました。

　今、私が非常に関心があるのが保育臨床という言葉です。具体的に言いますと、今日出していただいた事例の子どもをめぐってもそうですが、体の問題は医者に、心理的な問題はその担当のスタッフに、家族の問題はケースワーカーに、というふうに、周りに発注して判断をもらうというやり方が、確かに必要な時期とか、そういう意味での連携もあるとは思います。ですが、それを形として確立していくことだけでいいんだろうか、というふうに、自分で振り返ってみて疑わしく思えてきました。

　もう少し言いますと、例えば先ほどのスライドだけを見て、何が読み取れるだろうか。実は画面の一つ一つは先生が読み取ったものを映像化したものにほかならないと思うんです。ビデオや写真もそうですが、映像というのは、場面を読み解く人がいて初めて、その場面を凍結し象徴として出され、それを手がかりにして、いろいろなことが考えられていく。そういう点で意味があるわけですね。

　今後も子どもの具体的なエピソードを検討していくことになると思うのですが、保育現場の先生方がエピソードを語ること、そしてそれを聞かせてもらうことはとても意味のあることです。しかし、そこには問題もあるわけです。つまり、語るだけでいいのだろうかということです。しばしば批判されるのは、「事例研究は研究ではないのではないか」、あるいは、「事例でわかったような気になってはいませんか」ということです。

　事例から学ぶことはいっぱいあるんだろうと思います。保育の基本的なこと、もしかすると障害のある子どもの問題から保育全般のことを考えさせられるような、大事なことがいくつか出てくるでしょう。それは、事例の読み解きに関心を向け、ていねいに見るということにつきると思うんです。ていねいに見ようとせざるを得ない子どもとの出会いによって、こちらがずいぶん育つことができるということは、私自身の経験でもわかります。

目の前の子どもの姿は、自分の「枠」とは違うもので見ようとしなければ見えてこないことがあるんですね。ある園での話し合いでこんなことが報告されました。子どもの記録を取るときに、相変わらずという言葉に注意して慎重に使おうと心がけているということです。「相変わらず」という言い方は、チェック項目で子どもの姿を見る構えになっているんですね。

しかしもう少していねいに見ようとすると、行動の項目が増えてくることがあります。これを園原さんは「横への発達」と言っていますが、かかわりが育つことも含めて受け止められるだろうと思っています。そうすると「できる・できない」では拾えない状態も見えてくるわけです。

今日の二つの報告から、日常生活での経験を見直してみるということが共通して考えられると思います。決まった遊び方にこだわりが強いという子どもが、いかに新しい遊びを展開できるような豊かな世界へ開かれていくか。この道筋に何が起きているのか考えてみると、どうしてもはずしてはならないのは、「人とのかかわり」という視点です。

最近、年長の女の子の遊びがつまらないという話を聞きますし、ごっこ遊びが色あせてきていると私も感じています。それは子どもの日常生活の経験が力不足になっていることがあるかもしれません。どこで立て直しができるかといえば、保育の場でしょう。見聞きしたことを奔放に使って、新たな遊びが展開できるような方向へ援助していく役割が、保育者に求められていると思います。

異なる視点を知ること

今日の2園の報告は、今までかかわりをもたせていただいた子どもたちの経過を集約した形で聞かせていただいた気がします。他の園も時間の許す限りじっくりと見させていただき、多くの先生方と話し合うことを繰り返してきました。今、私がこみあげてくるようなうれしさを感じていますのは、この発表には保育の本質的なこと、子どもの発達にかかわること、あるいは障害にかかわる保育者の立場からの問い直しの視点など、討議したくなるような内容がたくさん含まれていて、すぐに話し合いができるようなレベルに先生方がおられるからです。

それは、ますます新たな問題が見えてくるということです。そのために何をすればいいのか、非常に素朴に、2つのことをすればいいと私は思います。

一つは、自分の保育を違う視点から見る機会をもつことです。子どものことがわからないという問題をもったとき、いちばん必要なことは、わからない自分がそこにいるということに気づくことなんですね。子どもを凝視するよりも、わからないと言っている自分の気持の動きをていねいに見届けていくことだと思うのです。

保育者同士、お互いにお互いが見える位置を取り合うことを、園内研修や観察保育などといった形で実践されているのを目にしています。そういう動きをした時から、不思議なことに子どもが見えてくるし、今まで見えていたと思っていたことから、さらに新たな問題が発見されていくことも含めて、見え方が深められていくというふうに言えるのではないでしょうか。

もう一つ大事な点は、発達の捉え方です。保育の専門用語としての発達という言葉がもっと成熟しなくてはいけないと思うわけです。医学的あるいは心理学的な発達の概念が、そのまま保育の場で有効かどうか、疑問をもっています。

発達診断テストでは、例えば水遊びに関して、運動面とか遊びの内容などが、数量化していくための項目として処理されることが多い。到達度の指数として捉えたものが、そのまま保育における発達の捉えの視点として有効かどうか、疑問です。なぜなら、泳げるということは、その子にとってはある時期のある生活の中での、その子の全体にかかわる出来事であって、一つの項目では表わせない意味をもっているわけです。一瞬に消えてしまうような子どもの行動も、ていねいによって、子どもの一つの行動を全身全霊の出来事として見ていくことが、保育における発達の捉えの大事な鍵になるところだと思います。

そうしたていねいな読み取りにによって、ていねいに受け止めていかない限り、内面を理解するのは難しいと思います。

今年は皆さんの園をお訪ねしたときに、以上の二つの面を特に大事な軸にして考えながら、保育の向上を支え合っていくような研修ができればと思っております。

研究者も保育者も万能ではないと思うのです。園というところは、いろいろな欠点があり悩みをもった大人と子どもが一緒に生活していく場ですが、そういう中で、いちばん影響力の大きい発達の捉えや、充実した園生活のための環境の構成もなされているわけです。それを焦点化し意識化して、専門の言葉にしてプールしていくことが、研究的な活動だと思います。事例をたくさんもっているだけではなくて、そこから抽象化していくことによって、自分の先入観やマンネリにも気づいていくこともあるでしょう。

園生活は呼吸している、生き物だと思います。みんなが健やかに生きていくための努力なしには、息はできないでしょう。先生方一人ひとりが気持に余裕のある園生活ができるように、お考えいただければと思います。先生方に余裕がないと、子どもの生活も余裕がなくなってしまうのではないでしょうか。

一人ひとりの子どものストーリーを描く

私は、ここにいらっしゃる多くの先生方の園をお訪ねして、顔見知りにならせていただいているわけですけども、今日の実践を伺っていて、発表されたT先生と私の、Y君を接点とした根本的な違いはどこだとお感じでしょうか。これは非常に大事なことなので、そのことだけを今日お話ししてみたいと思います。

私はY君の状態を語ることはできます。しかし、Y君とのつきあいは語れません。T先生は、そのつきあいを語ってくだすった。保育者と私の違いはそこが大きいのではないかと思うんです。自分が保育者として、あの子や、その背景にかかわりながら織り成されてきた、自分とのかかわりの中にある、あの子、この子の過去や現在の在り方を語れるかどうか、つまり、子どもとのかかわりを通して、その子の生活の流れ、ストーリーを語れるかどうか、それが保育者にとってとても重要なことだと考えます。

障害児であれ健常児であれ、自分の担任するクラスに、そういうストーリーをもてない子どもがいるとすると、保育者として子どもと日々の生活を本当に営んでいるかどうかという疑問をもたなければいけないのではないでしょうか。それは先生方にとって大きな課題になるべきだと思います。

今日、先生は淡々と話されたと思うのですが、子どもにとって本当に必要な保育者の仕事というのは、ストーリーをもてるということではないかと気づかされました。僕はY君の姿を思い浮かべて状態像を紹介することは可能ですが、ストーリーは描けないんです。

この発表にあった親の変化も、その裏側には保育者の日々のかかわりの積み重ねがあってのことであり、それこそ保育現場にいる者だからこそ可能になったことと言えるでしょう。心の変化は人との気持のやりとりを通して生じてくるのが自然だろうと思います。そしてそうだからこそ、子どもを接点として共に生きていく仲間として、親に対する細やかな対応、気持をはりめぐらせていることが大切になるでしょう。

これから始まる実践の中で先生方が、一人ひとりの子どもの物語をもてるということが、保育者の専門性の中のいちばん大事なところではないかと思います。これまで研修を重ねてきて、そのきざしが少し見えてきたような気がします。非常に来年が楽しみなんですが、それは、今日の発表に象徴的に表われる、先生方の普段の保育の厚みとか、子どもの園生活が充実したものになっていっている証だと思うんですね。

ただ状況を語るのではなく、ストーリーをもてるようになってほしい、ということを、私の次年度へ向けての、一緒に仕事をさせていただくメッセージとさせていただきたいと思います。

自分の位置を明らかにする

今回は特に内容のある討議ができたのではないでしょうか。発言するということは、自分の位置をはっきりさせることだと思いますけれども、こういう場で「まないた」に乗る、発言することがとても大事だと思うのです。本当は、あいさつがわりに議論をふっかけることができるくらいになれるといいのですが、討論できるまでのプロセスは時間がかかるものです。これは私自身の職場でも経験していることで、お互いに糸の撚りを作っていくような、一つのしっかりしたものにしていく過程が必要でした。

今日の報告から、大宮市の各園が子どもの生活の場を作り、お互いが見えない糸で結ばれながら踏ん張って、子育てに戸惑っている家庭を支えている、その重みが改めて伝わってきました。今、大宮市での障害児保育の歩みを冊子にまとめようとしているわけですが、14~15年前から巡回相談という形でかかわらせていただいて、学ばせていただいたことは数限りなくあります。

振り返って強く感じることは、子どもの育ちを支えていくのは保育者の力であるというのは間違いのないことですが、怖いことにそのことに気づかずにいると、実践が後退していくということです。子どもたちの生活、環境を支えていくという気持が少しでも切れてしまうと、生活がくずされてしまいます。

私は最近ある本に心を揺さぶられました。精神科医の著書ですが、読んでいくと保育の問題と重なってくるのです。人と人とのかかわりの基本を教えてくれるような、言い知れない感動を覚えました。彼が若いころ、ある患者さんとかかわりがもてなくて、先輩に訴えたところ、その先生は話を聞いた後、よくわかるけれども何とかしなければならないね、と言われた。その時は何を言うのかと腹が立ったけれども、その後、かかわりのもちにくい障害者と接しているうちに、自分の中に何とかしなくてはという気持がある時、その関係が変わっていくことに気づくわけです。つまり、専門的なかかわりがあって何かを変えていくのではなくて、私という人間の中に相手とのつながりを切りたくないという気持があることが先だと、先輩は言ってくれたのではないかと思ったのですね。

これは保育とつながる気がするのです。先ほど、H先生は、血の通った気持になってきた、と言われました。あるいは、その子の中にかわいらしさを感じられるようになった、というような、N先生の言葉を聞いたこともあります。こうした言葉は、そのまま保育者が子どもとのつながりを何とか作っていきたいという願いを示しているように思います。そうした願いが微妙な変化を感じ取り、意味のある行為として位置づけられたのでしょう。

私がうれしいのは、さりげなく園全体で子どもたちを受け入れていくということが、大宮市の保育のベースになりつつあることです。子どもがもし変わったとすると、半分は子どもの力があったと信じますが、その回復力を支えたのは保育だと思います。

子どもが自分から人とかかわりをもとうとする、その土台となるのは、子どもが動ける時空を園生活で保障することだと思います。しかし、それは際限なく許すことなのだろうかという問いが生まれ、ジレンマに陥ります。

すっきりとはしないものです。子どもが自ら外の世界にかかわろうとする力を育てるためには、我慢比べとか、格闘に近いと言う人もいます。いろいろな悩みがありましょうが、そうやって気をもんでくれる大人がいてくれるから、子どもが回復していくということでもあるのです。

保育者間でグチも含めていろいろと言いながらも、園全体で子どもを受け止めていった時、子どもが薄皮をはぐように変わってきています。次年度へ向けて、つまずきの多い子どもほど人や雰囲気の変化に敏感であり、時としてそれは衝撃になることを心に止めて、担当保育者の配置への細やかな配慮もお願いしたいと思います。

子どもの自由と保育者の自由

A園の報告は実践の過程をオープンに（開示）して、園全体で子どもの保育を見ていく中で、それぞれが自分の実践をかみしめているものです。それを可能にしているのは、クラスにこだわらず、子どもの自由な行き来を認め、また一定の活動に取り組ませようとする設定保育、集会などを減らして、子どもが自由に動ける時間を多くとるなどの配慮でしょう。

発表後の話し合いでは、「自由な保育」が話題になりました。子どもの主体性を大切にしたいという思いはあっても、危険への対処やしつけについてどうすればよいのかという疑問が起きてくるのは当然です。自由な保育の魅力は、自分が主人公でいられる経験を子どもがもつことにあります。受身にさせられがちな障害のある子にとって、何をしてもよく、しなくてもよいという自由、自分でいろいろなことを決定していく経験は特に重要な意味をもつでしょう。

しかし、周囲の人と共に生きていく中での自由は、自分だけがぬくぬくとしたものではありません。その意味で自由放任や自分勝手などは、本当の自由とつながるものではないのです。

自発的なかかわりの中で相手を思いやる気持や自己統制力の育つことが期待されます。ただ、思いやりや自己統制力が他律的なマナーやしつけの範疇にあったのでは、意味をもたなくなります。人とかかわるときに、自分の中でうずくような感情、親が子に、保育者が子に、子が親に、保育者に対してつきあげてくるような気持が、思いやりとなり、自己統制力となっていくのでしょう。

自由な保育がどうあるべきかは、きわめて答えの出しにくい問題であり、それぞれの実践の中で考え続けていくべき事柄と、ここでは位置づけておきたいと思います。

そして、これは発表されたものと直接かかわることではありませんが、園生活の中の子どものつぶやきに耳を傾けることの重要性を、私は最近強く感じています。子どものつぶやきから、興味や関心を知り、次の活動の手がかりにするとか、子どもの知性や情操を感じ取るということは従来から行われていました。しかし、私はむしろつぶやきの中にある不平・不満、子どもからの異議申し立てをしっかり受け止めなければならないと思っています。乳幼児は実践者に包丁を振り回して抗議することなどないだけに、子どもの内なる包丁、批判をつぶやきの中に聞き取ることが大切です。

B園の報告は、子どもの園生活を支えている保育者集団の在り方に注目しています。常に問題を考え続けていく姿勢のあることが、個々の保育者の実践を支え合う力になっています。問題を検討する経緯の中で生まれた、その園での了解が、暗黙の了解事項となったとき、問題に向ける感覚が麻痺してしまいやすいのです。

公立園では異動があり、そのことによって保育者集団の暗黙の了解は通用しなくなります。

それは取り組みの積み重ねを難しくすることにもなるでしょうが、同時に問題に対して新たに向き合うチャンスが与えられるわけです。スムーズに新しい園に慣れることよりも、なじみにくさに目を向け、その時のスタッフ、その時の子どもとどう生きていくかを考え合うことが大切です。

保育者集団は子どもの園生活を支えるだけでなく、保育者を支えるという機能ももっています。ヒューマン・サポート（医療、教育、福祉）に携わる人は、人の役に立とうとする自分の思いの強さにしばられ、しだいに目の前の相手に対する感覚が鈍くなり、仕事への熱意や意欲が失われる、言ってみれば燃え尽き症候群が起きやすいといわれています。そんなとき、同僚となぐさめ合ったり、いたわり合うことで、自分の思いに埋没せずにすむこともあるのです。

子どもに対して、保育者集団に対して、あるいは自分の思いに対しても自由であること、そして相手の自由を認めていくことが課題になると思います。

障害児を担任すること―担任の役割

担任とは何か、という問いはずっともち続けていくことが大事だろうと思います。担任と一人ひとりの子どもとのかかわりを、発達的な意味から考えてみるだけでも、多くの問題が出てきます。そういうことを頭に入れながら、事例のNちゃんと担任について考えてみたいと思います。

Nちゃんとは私も何回か接する機会がありましたが、今日の報告で印象的なのは「イヤー」という言葉です。これを拒否の表現とだけ見るのかどうか。記録を見てみると、「イヤー」もいくつかの表情をもっていることに気づきます。さらには、ビデオには写しえていない、担任とNちゃんとのやりとりや、内面の動きもあるでしょう。

記録のⅡ期には、Nちゃんが担任の働きかけに応じる姿があります。Ⅰ期になると、担任に強くしがみつくというような、かかわりの中でしか感じ取れない変化として、Nちゃんが自分の方からかかわってくるということをつかみはじめています。

Ⅲ期で私がハッとさせられたのは、「人に向ける視線が強くなり…」というところです。まなざしが強くなるというのは、大事なサインだと思います。眼が強さをもつということは、見ようとすることで、その後にその人だと確認して近づいていったり、あるいは言葉を期待してわざと物を落とすとか、自分から進んで取り組もうとする気持が出てきています。この時、この子は担任からは離れていき、新しい世界に入っていくわけです。

担任が子どもの姿が見えなくなるというのは、担任と子どもの距離が近くなりすぎる欠点だとは思いますが、同時に子どもが見えなくなるほどに一体化してほしいとも思います。担任はそういう役割があるのだろうと思うからです。観察者のように第三者的な目で見ることも保育者としての必要な要件ですけども、保育者に求められるのは、子どもと一体化した視点で周囲を見る目でしょう。これを最近では「当事者の視点」という言い方をしています。

先ほど挙げてくだすった、障害のある子どもを二人担任で見ていくことになった例は、クラスの一員として受け入れる時に、加配の保育者がいらなくなったということではありません。ついたり離れたりという段階を経て、もう一度、密度の濃い一対一を必要とする時がくる、ということでした。Nちゃんの事例で言えば、Ⅰ期のような密着型の後にⅡ期Ⅲ期の展開が出てきたとすると、今度はじっくり先生と遊びたがる姿が出てくる可能性は十分にあります。その時の密着型は抱きしめたりということではなく、やりとりをする相手になってほしいとか、承認を求める対象としたり、向かい合う関係ではなく、並ぶ関係に変わってくるかもしれません。Ⅳ期はそのあたりを示唆していると思われます。

クラスの枠がなく自由に行き来できて幅広い遊びが選べることは大切だと思います。先日ある園で、未満児の男の子が年長児と遊んで自分たちの部屋に帰ってきて、普段はつき従っていた子に体当りして押し倒す場面に出会いました。このような、子どもたちの関係の新たな展開が、保育者の思惑や予想を越える所で起きうるんですね。

担任の目から見えていることだけではなくて、それ以外の変化が起きている方が、子どもの育ちの場として普通というか、順調な育ちの場を提供していると言えるのではないでしょうか。全部手のうちでわかってしまうのではなく、どんなところから自分たちの思いを越えるような様子が見えてくるのか。Nちゃんと担任とのつきあいでも、絶えず担任の思いを越えていく動きがあったのではないか、と考えると、担任の思いにある「拒否」も、実はNちゃんの育つ姿のひとつではないかと思えてきます。

こういうことを確認できる場が必要です。園内でお互いに見えない部分を気づかせ合い、支え合えるような職員集団であってほしいと思います。私もその役割の一翼を担わせていただいていると思っています。

思いを重ねること

今回の報告はこれまでとは異なり、ある子どもの事例をもとにしながら、園全体の取組みの経過を聞かせていただいたというのが最初の印象です。

今日のテーマである「子どもの思い、大人の思い」は、保育現場で子どもにかかわる大人にとってたいへん大事な問題で、大げさに言うと保育者のライフワークであると思います。子どもの思いと大人の思いを重ねながら、そのズレを後味の悪いものとして味わったり、あるいは気づかなかったけれどもこんなことを言われてしまったと、不快ではない感覚として味わったり、いろいろなエピソードがあると思います。今日はそういうことを彷彿とさせる発表でした。登場してくる子どもたちの思いと大人の思い、そのこととの問題を見つけようよ、という願いというか意図があったと思います。

子どもの思いと大人の思いが一致する時もあるけれども、ズレを感じる時もあって、ズレを感じるからこそ相手を見つめようとするわけです。ある脳性マヒの青年が書いた作文に、「私たちは愛と正義を拒否する。…私を見てください。愛や正義ということで近づいてこないで、人間の私を見てください」というメッセージがありました。そのころ私は、どちらかというと愛や正義をかざしたいほうでしたから、この言葉に強烈なショックを受けました。

事例に「一緒に手を洗おうよ」と声をかける場面がありました。おそらく先生は「一緒に」という言葉を何気なく使っているに違いないのですが、これは子どものしようとすることにつきあっていこうとすることです。あるいは、先生のやることを子どもがそばでまねしてやろうとする場面もありました。先生だけが一緒にという気持ではなく、子どものほうからの一緒にという行動もありました。私が観察させていただいた時にも、子どもと同調している動作が出てきていました。そういうことが「一緒に」という言葉に象徴的に表われているような気がします。

それから、例えば遊びから食事へというような、「場面転換」にどのくらいの時間がかかるかという資料を出してくださっていますが、一つのたたき台としておもしろいと思いました。ただ、場面の移り変わりの捉えの視点としては、所要時間の多少よりも、どういう配慮によってどう変わったかということが大事だと思います。子どもの生活の切り替えというのは、有無を言わさずということではなく、子どもの気持がうまくつながっていくような配慮が必要で、これは保育の重要な課題だと思います。

今日の事例では、生活の弱さを能力の低さという言葉では捉えず、かかわりを変えていくことによって解決しようとしていました。ここがたいへん参考になるところだと思います。

これまで、生活習慣の弱さを年齢的に低いとか、発達診断表でここまでしかできないとか、子どもの能力で見てきてしまいましたが、最近の研究者が共通して言っているのは、生活する力は人とのかかわりを通してしか、自分で意欲的に取り組めないということです。つまり、生活の能力は大人や仲間との一緒の生活の中で獲得していくしかない、ということです。

T君のために先生たちが取組んできたのは、どうすればお互いの意思の疎通が高められるか、その一点でした。そのことをこの事例から取り出してみることによって、生活の弱さが印象に残る子どもの問題が見えてくると思います。まずどうやって人とのかかわりを作るか、その人と一緒に生活できる、その人と一緒に何かしてみようというふうになれる、本当に意味のある「一緒に」を実践していくプロセスが保育だと思います。

ですから、子どもの思いと大人の思いのズレを、「一緒に」というところでいかに不快なものにしないか、ということが、今後の実践研究のポイントになると思います。

子どもの居場所

今回は5園の園内研修で取り組まれてきたことの報告ですが、これからも続けていく可能性があると思われますので、中間の感想を述べるということにさせてください。各園それぞれが議論できるテーマをたくさんもっていると思いますが、私なりの興味から話させていただきます。

「3歳児の求める空間」でおもしろいと思ったのは、〈もの珍しさ〉がヒントになってやりたいことがたくさん出てきています。偶発的なことがきっかけとなって、子どもがやりたい思いがどのように繰り広げられていくか、保育者はまなざしを向けています。

「3歳児はなぜ部屋で遊ばないのか」という質問がありました。どうしてと問いかけることから保育の見直しができるのだと思いますし、実は子どもがそこに居心地のいい場所を見つけているのかもしれないと考えてみることもできます。最近研究者に注目されているのは「子どもの居場所」です。そこから何か始めたり、帰っていったり、常に子どもが自分のありたい状況を作っていくわけです。そういう居場所を保育現場でどのように認識しているのか、子どもの居場所、居心地の問題は、共通テーマになるだろうと思います。

「なぜ、どうして」を発端として、文献を読んでみるという方法をとってみたという報告がありました。このおもしろさは、実感をもちながら文献を読むチャンスになったということでしょう。今後ますます、実践で納得いかなかった点を文献で検討するということを、実践を見直す第三の目として位置づけていっていいのではないかと思います。

「運動を促す遊び」という言葉が目に止まりました。促すということは、保育者の側の工夫努力にポイントが置かれているように感じます。それも大事なのですけれども、実は運動を促しているのは、デコボコ道であったり坂であったり、どろんこであったりするわけでしょう。

子どもが物に促されるというのは、出会った対象の中に発見がいっぱいあるからだと思います。

「ビデオ視聴」については、最近はメディア環境という言葉もあって、子どもは生まれた瞬間からさまざまなメディアに取り巻かれています。良い悪いではなく、どのように捉え、かかわるかを考える必要があると思います。

「今私たちにできること」で大事だと思ったのは、例えば巡回相談の前後にケース会議があったり、支えていく作業グループを園内に作るなど、一つの知恵として注目すべき点です。

「楽しい保育園づくり」ですごいと思ったのは、記録が問いの形で続いているところです。実際を見つめ、問いが生まれ、状況を捉え直すというサイクルになっています。これをこれからどう続けていくかということですが、ポイントを限りなくしぼってみて、追究していくうちに広がっていき、またしぼって、という作業を繰り返していくことではないかと思います。

一つお話ししておきたいのは、子どもが物とどう出会うかというところで、もう一度基本にもどって考えてみたいということです。それは子どもがシンボルを共有し合う世界を根本から問い直していくことだと思います。イマジネーションがどう育つかという筋道で、物と本人との関係ができて、見立てる、ふりをする、約束事にするといったことがいつごろできるかというと、言葉を覚える以前でしょう。

今回の5園の園内研修は、与えられたテーマで統一していなかったのですが、そのいちばんの魅力は自分たちの身近なところからテーマを発見していることで、これは長続きするやり方だと思います。実は、研究者が今すごく興味をもっているのは、保育者がどんなところでやりがいがあると実感しているのか、ということで、ここで最初の話につながるのですが、子どもは自分が自分らしくいられる場所で、いろいろなことを学んでいるということを、いろいろな場面で拾いながら、園内研修を続けていくことが必要だと思います。

園内研修の充実に向けて

2つの園の実践報告で、園内研修に取り組みながら、どんなことに悩み、共通理解を求めつつ考えてこられたか、そして子どもとのかかわりを試みようとされてきたか、その苦心の経過を聞かせていただきました。たいへん示唆に富む資料を提供していただけたと思います。

今日の報告で共通して感じたことは、話し合うことや書くことの大事さです。「書く」という作業は、いつも胃が痛くなるような辛い思いをしている自分と重ねてみても、大変なことだと思います。話すことや書くことはなかなか慣れていくものではないだろうと思いつつも、少しずつ慣れてみようよ、と言いたい気持があります。

実践の場で、何のために話し合うのか、何のために書くのか、はっきりしています。何か起きた時にはみんなで話し合わなければならない、記録に書きとどめなければならない、という必要感があるからです。そこでの慣れというのは、敷居が高い感じとか、違和感があるという雰囲気をくずして、ふっと自分の立場で語れるとか書けるようになるということだと思います。

そして、話したり書くことによって、子どもの生活や育ちが支えられていくというふうに、実感できることが大事だと思います。これが抜けてしまったら、話すこと書くことが無意味な作業になってしまいます。

次に、今日の発表から考えてみたい7つの検討課題についてお話ししたいと思います。

1つは、厳しいまなざしの表情とやさしい笑顔のMちゃんの2枚の画像を見せてもらって、この間に何かあったのか考えさせられました。どうしてあれだけ変われたのか、先生とMちゃんとの間にどういうやりとりがあったのか、非常に興味をもちました。さらにていねいに見つめていくと、大事なことが表われてくると思います。

2つめは、ていねいな対応とはどんな行動なのか、それを言葉化できないだろうかと思いました。一つの言葉にするということではなくて、10人いれば10通りの言葉で表わされるのではないでしょうか。生身の人間がどうていねいにかかわるのか、園内研修のテーマになることだと思います。

3つめは、入退院を繰り返す子どもの問題です。入院生活や手術の経験がその子にどんな影響を及ぼしているのか、思いをめぐらす必要があるのだと思います。遊びの幼さと、対照的なこととして、言葉の大人っぽさというものに先生方は悩まれていますが、その裏にあるものは何なのか見つめてみることが大事だと思います。この子の遊びと言葉のちぐはぐな育ちの姿のような、発達のゆがみというものが4つめのポイントです。

5つめは、この子は会話をしているんだろうかという問いです。一生懸命おしゃべりはしているけれども、会話のやりとりをまだ味わいきれていないかもしれません。会話とは何だろうという課題です。

6つめは、「またあの子」という自分の中からとっさに出た言葉を大事にしている点です。すごいなと思うのは、「自分が持っている枠に気づき…」というところです。自分の枠組みに気づくことが、子どもの思いをくみとることにつながるのではないかと思いますし、今後の大きな検討課題になると思います。

最後に、「納得する」というのはどういうことなのだろうかということです。もめごとの後にこの子は去っていってしまうのですが、それで決着がついたとは先生方も思っていませんし、この子がどんな気持を引きずっているのかに目を向けています。記録には出ていませんが、この後の先生方の対応に興味があります。

いきづまりを生かすこと

「いつもの保育を振り返る」というテーマで実践報告を聞かせていただきました。私自身も今、実は同じ作業をしています。巡回相談をお引受して20年の間に何をしてきたのだろうかと見つめ直すことを、残されたテープを原稿に起こしてもらうことから始めました。

このようなことを始めるきっかけとなったのは、愛育養護学校の西原彰宏さんの、ある事件の記録に接したことでした。これは私も絡んでいることで、研究グループを作って彼の保育を見せてもらったのですが、保護者からクレームがついたのです。お子さんがビデオカメラに写されてしまったことに対する不安を訴えられたわけです。

こうしたことは、意見の食い違いで処理されたり、反省して終わりにしてしまうことが多いものですが、西原さんはそこで踏みとどまり、出来事を振り返って研究として見つめ直されました。心打たれるのは、同じ事柄を保護者はこう考えた、しかし私たちはこう思ったというふうに、そのズレをていねいに一つ一つ言葉にしていったことです。私たちはビデオをお返ししてお詫びをして、それで済んだかのように思っていたのですが、西原さんの記録を読んで愕然としました。実践者が取り組む研究はこういう形で立ち上がってくるのだと私たちに突きつけられたのです。西原さんの警告で、実践の場と接点をもつ私自身のなすべきことが一つ見えてきたような気がしました。

子どもについて仲間と議論することがよくありますが、私の言葉に必ず突っ込んでくる相手がいます。そうすると今度は理論武装していこうかとか、絶えずライバルを意識していると、いつのまにか自分が深められていくことに気づきます。実在しない、いつも自分を見つめてくれるもう一人の自分をもつことでもいいと思います。

議論の場数を踏んで、仲間の感覚を獲得していくようなスタッフ同士の育ちの経験は、異動もあって簡単ではないと思いますが、大事なことだと思います。

今日の発表の中に「保育を振り返るというテーマは自分のこととして捉えやすく…」というふうにありましたが、とっかかりはそう思ったかもしれないけれども、実際には、取り組みにくかったという実感をおもちだと思います。取り組みやすいことから始めたけれど、取り組みにくさにぶつかることがあります。例えば、私も参加している研究会で、ある幼稚園の先生を招いて「寄り添うことの考察」という時間をもちました。普段よく使っている言葉なので取り上げてみたのですが、「寄り添う」をほかの言葉で表現することの難しさに気づきました。

「話し合いで行き詰まりを感じるときもあった」ということが報告に書かれていました。これは私自身にもしょっちゅうあることですが、その時に言い合うのは、しばらく留保しよう、ということ、忘れるのではなくて、一時ためておこうということです。そこで、いきづまりとどうつきあっていますか、と伺いたかったのです。いきづまったら駄目になってしまった、熱が冷めてしまったではなくて、いきづまりを生かそう、というのが今到達している私たちの思いです。先ほどの例で、子どもが一人でフラフラしていることをなかなか受け入れられない現場があったとき、いいか悪いか即断しないで、しばらくその問題にとどまってみる、留保してみるというふうに使える言葉ではないかと思います。

その意味で、話し合いのいきづまりは決してマイナスではありません。壁にぶつかったら、お手上げではなくて、しばらく留保しよう、諦めていませんよと表現する発想が必要ではないかと思います。

もう一つ、ペアで話し合うことから始めるスタイルが出ましたが、いろいろな形があっていいし、逆説的な言い方をしますと、語りやすくなることと同じくらいに語りにくさも大事にしたほうがいいのではないかと思いました。

プログラムの保育からプロジェクトの保育へ

先生方の実践に対する研究的な取り組みが、いくつかの考える視点を与えてくださったと思います。「親にだまされてもいいから信頼しろ」という言葉がありました。そこで気づいたのは、保育においても「賭け」があるということです。先月のある研究会で津守真さんが「プログラムからプロジェクトへ」という発想を出されました。プログラムによる保育というのは、子どもの予想される活動などの見通しをもって営んでいくものです。ところが、今回の園庭開放の取り組みを保育の問題として考えたとき、プロジェクトという一つの方向性を暗示しているのではないかと思いました。つまり、現在進行形で一緒に考えてしまおうという一種の「賭け」を含む、プロジェクトという新しい方法論として、名前を付けておきたいと思うのです。

しかし、結果には責任をもたなければならないわけで、2つめの視点として、ハプニングを引き受けるリーダーの存在があります。リーダーを中心としたチームとして、ハプニングの可能性を引き受ける保育の実践でなければならないということです。

3つめは、地域の人を迎えた時の子どもの反応として、遠慮する場面が出てきました。大事なのは、ふだんつきあっている大人とは違う大人と出会う経験であって、マナーの問題ではないと思います。こういう場面では違う遊びを選べるような、子どもが状況判断しながら可能な遊びを選択できるような保育を日頃からしていない限り、園庭開放のような実践は引き受けられない、という意味がここに潜んでいたことを教えられました。

4つめは、トラブルを起きうることとして引き受けるということです。トラブルが起きないようにするのではなく、絶対に起きないとは思わないことです。起きないようにすることは大事だけれども、トラブルが起きないようにするのではなく、その意味を読んで援助をする必要があるのだと思います。普段見ていない子どもが園に入ってくるということは、子どもの動きが簡単には読めずトラブルが起きやすいということですから、とんでもないことだと考えるのではなく、そこで母親と話せるチャンスができてくると考えるべきでしょう。地域交流は単に親と子が入ってくるということではなく、出来事を通して親と協働していこうとする姿勢が求められるのだと思います。

5つめは、園庭開放からヒントを得て、検討課題として日常の保育の開放性を考えてみたいということです。例えば、クラスの壁を取り払う、年齢の壁をなくす、あるいは保育者が自分のもっている枠組から解放されるということも考えられると思います。

そうやってオープンにするということは楽なことではありません。保育者自身がオープンにしづらい部分と向かい合う苦しさが伴ってくると思います。あるいは、どんなに働きかけても心を閉ざしている母親の、閉ざしている重さを引き受けていかないと、開放する保育という言葉をかざすことはできないのではないかとも思います。その意味で開いていくということは同時に、開きにくさ開かれにくさを認めながらの仕事だということに気づくことが必要かもしれません。

最後に、今回の2日間の実践に共通な問題についてお話ししたいと思います。昨日はスタッフの在り方が主軸で、今日はリーダーシップの問題でした。保育園の新しい福祉制度の中で、スタッフがお互いがお互いを支え合っていくというパートナーシップが一つの軸だとすると、もう一方では園のリーダーシップという問題が改めて問い直されてくると思いました。

アメリカのエリザベス・ジョーンズさんの『スタッフデヴェロプメント』(スタッフの発達)という本の中に、「スタッフの育ちはトレーニングではない。グローイング(成長)の道筋を考えていきたい」と書いてありました。まさにプロジェクトという形で実践が展開されていくということは、いかに親と子と保育者が一緒に成長するかということを、実証して言葉にしていくことが課題になると思います。

実践の内容の点検―コーナー遊びをめぐって

今日の発表のように、年数をかけて一つのテーマで研究を続け、保育者みんなで考え合っていくのは、公立保育所は職員の異動という避けられない条件もあり、大変な苦労があったと思います。何よりも、一日中子どもがいる環境で、話し合う時間を捻出する工夫が必要です。平成7年から始められていますが、動機づけも含めるともっと前からで、資料を見ると園の歴史を感じますし、園の特色ができてきています。

例えば、園の平面図が描いてありますが、子どもがよく遊ぶ場とか、子どもの行動の軌跡などが、そこでの子どもの生活を伝えてくれます。この数年、先生方がこだわってこられたことが、部屋の配置からもわかります。保育者の管理しやすさと、子どもの動きやすさや居心地良さが両立するかというと、なかなか難しいものです。先生方は、どこが問題かと空間を見直して、どうすれば子どもがより良く行動できるようにすることができるだろうかを優先して、環境の構成を工夫してこられたと思います。

平面図に端的に表われているような、まず園舎内での子どもの行動の流れを追い、言い換えれば生活の場としてのスペースが本当の遊びの拠点になっているかどうかが確かめられています。ここではコーナー遊びという言葉を先生方は使っていらっしゃるけれども、僕は遊びのコーナーが多発していると読み換えても大丈夫だと思っています。

このように、今までの遊びの経過を一つ一つ目に見える形にしていくことはとても大事なことだと思います。頭の中で、あるいは会話の中ではいつもこの程度のことはできているとは思いますが、文字や図にすると全然意味が違ってきます。それは、書いてみることによって、新たな問題が出てくるからです。

「園のスペースが子どもの遊びのコーナーとしてどう生かされているのか」というのは、ちょっとまわりくどい言い方です。子どもの園生活がどうなっているかということと同じことですから……。しかし、毎日登園してくる子どもの生活の場が、どういう遊びの場になっているかを経験だけでわかったつもりになっていることを、もう一歩踏み込んで文字や図にしてみることによって、わからないことも出てくるでしょうし、自分たちの押さえていることが見えてくることもあり、自分たちの保育を考えるための大事な手がかりを提供してくれると言っていいと思います。

コーナー遊びをどう捉えるかという意味の質問がいくつか出されました。スライドを見ていると、年下の子どもが、お兄ちゃんやお姉ちゃんが遊んだ同じ空間で、同じ道具や素材を使って遊ぶ姿がたくさんありました。それは、単にコーナーの遊びが伝承されるということだけではなくて、大きくなることへのイメージをもちながらの楽しい経験なのだと思います。

そういう意味でも、コーナー遊びということにこだわらずに柔軟に考えていくと、子どもたちが自分たちで遊びのコーナーを作っていいのだということ、つまり生活の自治・自営のスタート台になり、遊びの拠点作りが多発する刺激剤になったのではないかと思います。

こうして、随所に子どもの遊びの拠点が作られていくとすると、近い将来、先生方はコーナー遊びをやめようと言われるかもしれません。子どもの自発的な遊びの拠点が平面図の至る所に多発するような保育と保育者の連携が可能になるくらいに、この取り組みが生かされるのではないかと思います。

今回の発表は、事柄を可視化させてくれた実践というふうに呼んでいいかと思います。お互いの保育をオープンにして見えるようにしようということもそうですし、子どもの動きを見えるようにすることでもあります。「私の保育から私たちの保育へ」というスローガンがよくいわれますが、まさに今日はそのための話し合いの大切さを教えられた発表だったと思います。

実践の内容の点検―散歩をめぐって

散歩と言えるかどうかわかりませんが、私は何となくブラブラしながら足元の小さな石を見つけるのが好きです。いつから好きになったのか定かではないのですが、曖昧な時間のおもしろさをずっと求めてきた気がします。発表の中に「散歩によって解放感を味わう」といった言葉がありましたが、体系的な保育を目差そうとか、もっと知的な活動を取り入れようなどと考えたときには、真っ先に批判の対象になるのが「ブラブラ散歩」かもしれません。

では、保育における散歩とは何か、少し別の角度から考えてみたいと思います。子どもたちは、保育室の片隅とかピアノの下とか、自分の落ち着く場所を探して入り込むという話をよく聞きます。そうやって自分が安心できる場所を求める気持は、実は、形は変わっても生涯もち続けるものではないでしょうか。

散歩というのは、そういう安心できる場が保障されている所から、外へ出ることではないかと思います。ですから、事例の散歩に行きたがらない子どもの場合、言うことを聞かないのではなく、はっきりした理由はわからなくても、園にいたいという気持が許されるかどうかがポイントになると思います。つまり、自分が守られている世界がなければ、外に出ていく散歩が楽しくはならないと言えるのではないかと思うのです。散歩に出て、収穫物やおみやげをもち帰ることができるのは、帰る所があるからです。

散歩のイメージは、視界が開けて、気持がはるかに遠い距離まで行っている感じですが、出かけるという行動は、柵のこちら側から向こう側へ出ることであって、囲われた世界との関係があって成り立つものだと思います。もどる場所へのまなざしをもちながら、外へ出ることによって解放感を味わえるわけです。

「解放感」という言葉にしたことでわかってしまうのではなく、一度そこで立ち止まって考えてみることが大事だと思います。こだわってみると、さらに気づくことがあるはずです。その意味で、「子どもの思いを受け止めているのか」という疑問をもったことは重要です。

それから、「散歩グッズ」というおもしろい言葉が出てきました。散歩グッズの準備をしながら、子どもは収穫物をイメージして、そのまなざしははるか遠くへいっているのでしょう。身づくろいだけではなく、出かけるための心の備えをしているのです。

桑原さんという方の、隣の3歳の子どもとの散歩の記録を読んだことがあるのですが、出かけるための身支度で捕虫網をもっていくのは、虫が獲れるかどうかが問題ではなくて、もっていくことがおもしろいということでした。散歩グッズも桑原さんの言われる身支度も、獲物を確実に手に入れることを目差しているわけではなく、出かけるための気持の支度をするということにその意味があるのだと思われます。

安心できる場所から出かけて、またそこへもどるということを繰り返しながら、子どもたちは生きている世界を広げ、さまざまなことを体感していきますが、自然との出会いということでターゲットをしぼっても、子どもの興味はもっと広がるに違いないと思います。「地域の自然物を生かす」という目的を設定したとしても、その目的の外で子どもが発展することを受け入れよう、という保育者の間での申し合わせが必要になってくるのではないかと思います。

最後に、今日の発表で感じたのは、まとめた資料に関する意見を述べてもらうことの大事さです。言葉にすることによって問いが生まれ、その問いが、また新たな問いを生み出すことができます。

散歩は保育所生活において、一つの大事な経験として位置づくものであることが確かめられたと思います。そして、毎日の子どもの動きを拾っていくことが大事な課題となる、という示唆をいただけたような気がします。

状況を描き出す意味

今日の発表から、大きく3つの点について考えてみたいと思います。

第1点は、記録を書くということについてです。どういう記録の書き方をするか、先生方もずいぶん苦心されたに違いないと思いますが、前半は「かかわりのメモ」という形をとり、後半は「事例」の形で書かれています。その中に見えてくるのは、小さい子どもたちの面倒をよくみる年長さんや、年長さんに甘えている年下の子どもの姿とか、先生方にとってはあえて記録として残す必要がないと思うくらいに、ごく日常的な風景かもしれません。しかし、当たりまえのこと、わかりきったことを、もう一度言葉にしてみるということは、まったく違う世界に入ることだと私は思います。別の言い方をすれば、よく見る子どもの姿を実感できる立場にいることと、よく見る姿を記録にしてみるということは、異なるステップにいると言えるでしょう。

なぜなら、発見の度合がはるかに違うからです。私流の言い方をすれば、閉じた経験と開かれた経験というふうに言ってもいいでしょう。開かれていれば発見ができやすく、質問を呼び起こします。記録が資料の意味をもったということです。記録によって私たちは経験を共有し、自明のことを自明のままで終わらせることなく、立ち止まることができます。その意味で状況を描き出す大切さを教えられたと思います。

第2点は、記録の中から問題を整理することです。私なりにくり出してみた問題をいくつか述べさせていただきます。

例えば、「お手伝い」のメモに「かかわりを拒否し、ひっかいたり、たたいたりする子もいた」とあります。うっかりすると、こういう姿はあってはならないことと考えがちです。しかし、お互いに異質な子どもの、それも年齢の異なる子ども同士の出会いがすんなりいくはずがないわけですから、ひずみやきしみも異年齢交流の成果の内と考えよう、と相当腹をくくってやっていかなければならない、ということを考えさせられました。

それから、食事のメモで「T君も小さい頃こうだったんだよ」と声をかける場面があります。5歳児が「おれたちもこんなに小さかったんだよな」と言っているのを聞いたことがありますが、子どもは小さい子の状態を理解することだけではなく、自分の小さい時のことを思い起こすことによって、自分の育ちを確かめるという大事な面がもう一つあるのではないかと思います。これは恐らく拾いにくいエピソードだろうとは思いますが、注目したいことです。

「見て習う」という言葉が記録の随所に出てきています。学びの筋道を考え直そうということが教育界では最近特に言われており、これも実践研究の大事なテーマになると思います。

第3点は、論点を絞り込むということです。ここまでの第1～2点からこの第3点までは、実践研究の取り組みの手順と考えていいと思います。つまり、まず状況描写をし、その中から問題をくくり出し、さらに論点を絞り込むということです。

今日の発表から、私なりに3つの論点を絞り込んでみました。

一つは、先ほども少し触れましたが、異年齢交流をきれいごとにしないということです。ぎくしゃくすることが、むしろ交流のプロセスでしょう。このことをもう一度見直しつつ、異年齢交流を実践し、描写し続けていくことが大事だと思います。

二つめは、どの事例にも共通して見られることで、先生方は事例から保育の見通しを取り出していらっしゃいます。そういう意味も含めて実践に生きる事例とはどのようなものか考えてみることもできそうです。

三つめは、「異年齢交流における保育者同士の交流」という課題です。子ども同士の交流を支えているのは、保育者同士の交流だということは、感覚的にはわかっておられるだろうとは思いますけれども、やはり状況描写の中から問題をくくり出してみることが大事だと思います。

「楽しい食事」考

前回と同様に、今回もテーマに「楽しい」という言葉が入っています。そこで、「楽しい」ということに立ち止まって考えてみる必要があるかと思います。

前にも触れましたが、日常茶飯事とは、平凡なありふれたことという意味合いの言葉ですが、食べることはそれだけでは済まされないことのような気がします。私が興味があるのは、先生方とは視点が少し異なるかもしれませんけれども、保育所での食事場面での、保育者と子どもの在り方が、ほかの生活場面とどう違うのか、ということです。このことは、今回の発表の中では触れられていなかったように思います。

食事場面の保育者は子どもにどのように見られる存在なのか、ということを考えてみることができると思います。大宮市ではなく、よその地域の園の話ですが（笑い）、非常に静かで保育者がひとつも楽しそうではない食事場面にでくわしたことがあります。そうかと思うと、おしゃべりが盛んなクラスもお訪ねしたことがあります。食事の風景は、保育者がどういうふうにその時間その場にいるかで、まったく違うものになるような気がします。さあみんなと一緒にゆっくり食べましょうという自分になれているのか、あるいは自分の食事は後回しで子どもの世話に手いっぱいなのか、そういう雰囲気は子どもにとっても日常化します。

討論の中で、楽しさは騒々しさではない、という話が出ました。それから、うちのクラスの食事は楽しい、とおっしゃった先生もいましたが、その要因として考えられるものを集めてみると、状況は描き出せそうです。そうやって、「楽しい食事」を具体化していくことが大事だと思います。

生活の流れの中での食ということを考えると、調理室と子どもとのかかわりも考えてみる必要があると思います。調理室から流れてくるにおいや食器の音、給食の味などは、大人になっても覚えているくらい、生活の原風景になっているのではないでしょうか。

考えていただきたいと私が思っていることに、「ハンズ・オン」つまり触ることを前提としたミュージアムにならって、調理・給食において見たり触れたりする経験を取り入れることがあります。それは、展示された食材を見たり、触れたりして、これが調理されて食べ物になるのだということを知ったりする、単に実物教育のような狭い意味ではなく、生活に根差した食ということをテーマにして、衛生面もクリアしながら、調理担当の方と保育者が連携していくことが大事だと思います。

食物学科の先生方との共同研究で、乳児の食行動に関する調査をしたことがあります。保育所の食事と家庭の夕食風景を比較すると、保育所では食事までほかのことをさせて場をもたせておいて、「はい、お待たせしました」と食事をさせるパターンが多かったのですが、家庭では準備から片付けまで子どもはそばで見ていることが多いわけです。どちらがいいのかというよりも、子どもがどう食と向かい合うのかを押さえる意味で参考になりました。

大事なのは、楽しい雰囲気の中で食事ができるということだと思います。そうすると、生活そのものが楽しいことが大前提で、それが実現されれば楽しい食事時間が迎えられるということになるでしょう。保育における食事は、切り取って考えなければならない問題と、生活の流れの中で考えなければならない側面とがありそうです。テーマの取り上げ方をていねいに見直していく作業をすることによって、食事に関する研究はまだまだ奥行きが深くなると思います。

食事に関する研究というと、食事の大切さが伝わってくるものは多いのですが、食事の楽しさということが伝わってくることは少ないような気がします。楽しさとは何なのか、私自身もまだ納得できていませんので、今後の課題としたいと思います。

食と生活リズム

食と排泄というテーマが取り上げられました。子どもは「ウンチ」「オシッコ」に強い関心を示しているにもかかわらず、保育ではできたかできないかという生活習慣の問題として見ることが多いのではないでしょうか。食に関しても、食べられたかどうかが、親や保育者にとって重要なこととされることが多いでしょう。ですから、ほとんどの子どもは、食と排泄をつながりのあるものとして受け止めてはいないように思います。それだけに、このテーマはたいへんおもしろいと思います。

食べたものが排泄されるというつながりを、大事なこととして保育の中でどのように取り上げればよいのか考えてみると、体に入れた食べ物が排泄物となって出てくることに、子どもが不思議さを感じ、「どうして」と思うことから始めるべきだろうと思います。科学的なことを伝えるということより、話題にすることが大事なのではないかと感じさせられました。

資料を振り返りながらお話しさせていただきますと、「たのしい食事」という同じテーマで昨年は環境づくりを工夫されました。先生方が心をつくした食事の風景が毎日繰り広げられるということは、子どもにとっても親にとってもたいへんありがたいことだろうと思います。

この雰囲気づくりをベースとして今年の取り組みを始めようとしたとき、問題が出てきました。それは、どうしても食べてほしいという気持を押し付けてしまうということでした。この「気持のひっかかり」をきっかけとして、「食べさせる」のではなく、「食べようとする気持を育てる」ことの大切さに気づいていったわけです。こうした、自己点検の装置をもつことがとても大事なことで、先生方がこれまでの実践の歩みの中で身につけてこられたこととして注目しておきたいと思います。

今、大学の一年生の授業で、乳児の食事場面の観察をしているのですが、そこで一つ学生が気づいたのは、母親が授乳や食事をさせながらしきりに話しかけているということです。こうした話しかけの重要さをケネス・ケイという学者は重視していますが、保育所ではどうでしょうか。忙しさや子どもの多さという条件があることは理解しますが、忘れてならないのは、多くの子どもが、保育者とのやりとりもなく、ただ食べることを強いられているという事実です。

一緒にいて子どもに何かをさせるということに親や保育者が慣れてしまうと、味けない時間を過ごさせてしまう恐れがあります。無言でにらみつけているような大人と一緒の食事は、子どもには苦痛でしかないでしょう。しかし、そんなかかわりが静かに食事をさせられるいい保育だと評価されたりすることがあって、僕は冗談じゃないと思います。

食事で大切なのは、満腹感ではなく、満足感を味わえるかどうかということだと思います。食欲は意欲の問題だということは、昔から指摘されていることです。食べさせるまでの準備は他人ができても、食べるのは本人だからです。これは大事な示唆を含んでいる言葉だと思います。

満足感が得られるためには、空腹感をもって食事をすることも大事な要因になるのではないでしょうか。思いきり遊び「ああおなかがすいた」と感じて、食事ができるかどうか、それは一日の生活全般の流れを見据えて、親と連携しながら考えていくべきことでしょう。食事が待ちどおしい時間になるかどうかは、生活リズムの作り方にかかわってくると思います。

食の問題について、昨年のように環境づくりの面から考えたり、今回の発表のように排泄と結びつけて考えてみたり、どういうこととつながっているのかを掘り下げていくことは大事なことだと思います。さらに子どもの関心が社会的な事柄に広がっていくことも考えられるでしょう。食べるということは、保育の中の非常に大事なテーマだと思います。中沢和子さんが、保育における自然環境とのかかわりでいちばん身近で大事なのは食物との出会いだというふうに言われていますが、食は生きる営みとして、保育の重要な問題に位置づけられると思います。

個と集団

子どもの「いやだ」という発言にこだわった取り組みの報告と、その後の討論を聞かせていただいていて、思い出したことがあります。なだいなだという精神医学者が著書の中で、「杉林が好きですか、雑木林が好きですか」という問いかけをしています。これは集団と個の関係を示すおもしろいたとえだと思います。杉林は整然と並んだ人間集団を連想させます。雑木林はそれぞれ違う個の集まりがイメージされます。今日の発表は、個と集団について考えるきっかけを与えてくれましたので、具体的な問題をいくつか述べたいと思います。

私は数年前から保育所の先生方と一緒に保育臨床研究会を続けていまして、そこで出された事例です。複数担任の年長組で、片付けの時間になって呼びにきた子どもに、そこで一緒に遊んでいた保育士が「まだいいじゃん」と思わず言ってしまったわけです。ここから、「貸して」「いいよ」といったお決まりのやりとりに象徴されるような、異議申し立てが許されていない集団の在り方や行動パターンへの問い直しが始まりました。小さな問題の掘り起こしの大事さを気付かせてくれた点が今回のテーマのおもしろさに通じると思います。

先ほど親への対応についての質問がありました。子どもが園での不満を親に話すとき、一方的になることがあるものですが、そのことについて親から苦情が寄せられた場合、すぐに問題を解決できないとしても、うやむやにしておかず、精いっぱい保育者の側の意図を伝えることが大切でしょう。先生方が親ごさんからの手紙を受け取って素早く対応した姿勢が、問題を解いていくためのポイントになることを教えられました。

事例では、子どもをA～Dの4グループに分けています。子どもたちの変わり方を追いかけるための、とりあえずの分類ということだとは思います。しかし、タイプとして決めつけることの危険性には用心すべきでしょう。また、子どもたちの行動は担任に影響されるという側面も忘れてはならないことだと思います。

子どもの「いやだ」に目を向けることから、子どもの意見が聞こえてきたというお話でした。ビビアン・ペイリーという幼児教育研究者が書いた『ウォーリーの物語』という本では、子どもが出したアイデアをもとにストーリーを作り、即座に演じてみるというエピソードがたくさんあります。子どものもつストーリーを大事に取り上げるということは、保育者にしかできないことだと思います。そういう見つめ方をしながら、子どもたちの物語を作り上げていく仕事が保育者の役割だと言えるでしょう。

おそらく保育者は、子どもがC・Dグループになってほしいという願いをもっているでしょう。しかし、現実にはどのグループもあるのが普通だと思います。つまり、到達目標を設定して、そこに至らない子どもたちを目の敵にするようなことは避けるべきです。わがままなところがあるけれども、こんないいところもあるというふうに、子ども一人ひとりの多様な面を認識する必要があると思います。

表にまとめられている「いろいろな『いやだ』」をおもしろく拝見しました。例えば、「強いヒーロージャなくてはいや」「黙っていることが精一杯のいや」「何も言わず取り上げてしまう」「命令されしかたなく従う」など、いろいろな「いや」が、場面の多様性や、子どもの心理状態を教えてくれます。こうした拾いだしから見えてくるのは、子どもは本当にのびやかに過ごせているか、保育者の思いが子どもを拘束してはいないかといった、毎日の園生活の有様です。こうした掘り下げは実践現場ならではの取組でしょう。

最近、心理学の世界でも現場の発想を重視する動きが強くなっています。子どもの身近にいる保育者が、見えてくることと見えないことを取り出していきながら、園生活が豊かになることを目差していくことを、今後も続けていってほしいと思います。

人とのかかわり

今日の報告で印象深いのは、Aちゃんが自分の好きなことをしたり見たりしているときは、非常に気持良さそうにしていることです。大好きな水や食べ物に関する絵本をうっとり見る姿があります。子どもにとって好きなことをする、あるいは好きなようにさせてもらえる時が、自分らしく動ける時なのだろう、と思いました。

ただ、保育の現場では、子どもが好きなことが、園や保育者にとって、あるいは子どもの育ちの上で、都合が悪いことの中に入っていた場合、やらせてもらえないことが起きてきます。好き勝手はさせられないとか、例外は認められないといった言葉を用意したくなるでしょう。しかし、良いか悪いかはいったん置いて、その子が好むことをとにかくさせてくれる場があるとすれば、それは保育所でしょう。

人とのかかわりがもちにくい子どもから私たちが突きつけられている問題は、その子らしさが善かれ悪しかれ見えてきた、そのチャンスに、その行動を許せますか、ということのように思えます。見通しのないかかわりでいいんだろうかと悩まれることは当然あると思います。その悩みに先生方が真正面からぶつかっていく中で、その子その子がいちばん好みとすることをしながら、さあ何か始めようかという、能動性や創造性が現われてくるのではないでしょうか。

ところが、子どもが好むような生活をさせてもらえない状況が多いのではないかと思われます。先はどの午睡に関する話の中で、「担任を求める動きが見える時間だから…」とおっしゃられたと思うんですが、二人の担任にはAちゃんの動きが見えたということでしょう。実はそれは、Aちゃんに担任の動きが見える時間だということでもあります。ほかの子どもたちが午睡に入ったことで、担任の姿がAちゃんにはよく見えるようになった、と考えられます。

今回の「人とのかかわりが難しい」という事例は、先生方が子どもにかかわれないと悩んでいるものです。しかし、今の午睡の時間の発想で考えてみると、Aちゃんが人とかかわれないと悩んでいる存在なのだ、というふうに置き換えられます。こうした視点で考えてみることが大事だと思います。かかわりが難しいとか気になるなどと言うとき、だれがだれに向かって言っているのかを、はっきりさせる必要があります。注意しなければならないのは、大人から見てだめだというような、うっかりすると、「かかわれなさ」を子どもの側の問題としてしまうことです。

もう一つ、先生とAちゃんとの間のかかわりという視点もあると思いますし、以上のような、いくつかの視点から「人とのかかわり」を考え直してみる必要があると感じました。

Aちゃんは5年間の園生活を送ってきても、まだかかわりが難しいところがあり、成長の積み重ねが見えにくいということですけれども、先生方が「ああかな、こうかな」あるいは一喜一憂しながら積み上げてきたことを抜きにしては、Aちゃんの今は考えられないと思います。Aちゃんから、例えば「また明日遊ぼうね」、あるいは「今日○ちゃんと遊んだ」というような言葉―言葉にできるまでには時間がかかるかもしれませんが、その兆しを生むために保育者として何をしておかなければならないかというと、昨日の経験が今日から明日へとつながっていくような手だてが必要だと思うのです。

園生活の積み重ねは、昨日、今日、明日と、子どもの中でイメージがつながるように、育ちを支えることによって可能になるのだと思います。「こうしたいのかな?」と思いをめぐらしながら子どもとかかわっていくことが大事なのだろうと思います。Aちゃんに限らず、かかわりのもちにくさとは一体何なのだろうかと、問いをもち続ける必要があるし、わかりにくさ、あるいは不確かさ、そういうことと絶えず闘いながら、子どもの「かかわれなさ」を支える役割を担うことが大事なのではないかと思います。

気持ちに寄り添うこと

「気持ちに寄り添う」ということは、原理・原則ではなく、「私」と「この子」との関係であり、会う子どもごとに、ゼロから、あるいはマイナスからの出発として経験していくものだろうと思います。寄り添うという言葉は美しいようですが、保育の場での具体的な行為の内容は、きれいごとでは済まされないはずです。

「肩入れ」「肩をもつ」という言葉は「助力する」という意味ですが、助力するというのは、一緒に肩で荷を担ぐことなんですね。担任は「担ぐ」人、つまり子どもの肩をもち助力する役割をもつ人です。抽象論ではなく、体を張って重荷を担ぐわけです。ではどういう気持ちで担うのか、その思いを問い直してみる必要があると思います。そうして、子どもの気持ちの引き受け方を、担任だけではなく、園全体でお互いに留意することから始めるべきでしょう。

しかし、子どもの気持ちに添うことを考えすぎると、担任だから子どものことがわかるからといって気持ちに添ったつもりでも、実際の行動はそうなっていないという状況に出会うはずです。例えば、子どもが乱暴だとか危険な行動をとったとき、保育者としての受け入れ方を問い直さざるを得ないでしょう。

「気持ちに寄り添う」ということは、子ども一般ではなく「その子」理解につながることだと思います。つまり、年齢に応じた発達段階からの理解ではなく、自分のクラスの一人ひとりのその子の気持ちに目を向けていくことになるのです。

事例のAちゃんが、初めておんぶで体の力を抜いて身を任せてくれた時はうれしく思った、と担任の先生がおっしゃっていました。ここで考えさせられるのは、気持ちに添うということは一方向ではない、ということです。時間をかけてじっと待つとか、見守るという言葉が示すような、長い間のやりとりの中から、このように、子どもから気持ちを添えてくれる時がくるのだと思います。Aちゃんは気持ちが保育者の方に向いたことを体で表現してくれています。寄り添えたことの証は、このような子どもの側の行動にあるのではないでしょうか。

子どもの気持ちに寄り添うことに配慮したとき、保育者の行動にどのような変化が現われるのでしょうか。子どもの気持ちを探ることは、少なくとも目を離さず、気持ちを離さずにいることです。寄り添うとは、ある関係を探っていく道筋を表わしていると思います。探っていく道筋は、ずれを感じたり、抵抗を受けたり、決してきれいごとではないはずです。京都大学の園原太郎さんが「試行修正」という言い方をしていますが、まさに寄り添うことは、試行修正のプロセスではないかと思います。そう考えると、おんぶでのAちゃんの姿との出会いまでに、大変な努力があったのだろうと思います。

添うという道筋は、担任になるところから始まっていたとしか言いようがありません。しかし、集団のどの子にも添うことは不可能です。だからやめてしまうのではなく、絶えず心に留め、気持ちを向けていることが大事なのだと思います。よく、担任が「うちのクラス」とか「うちの子たち」といった言い方をします。これは担任の子どもたちへの肩入れを表わす言葉です。

資料に、「保育者の思いが強くなりすぎてしまい、子どもの気持ちが見えにくくなっているのではないか」と書かれています。こういう問いを立てることはとても大事なことだと思います。実践の問題として考え直す意味は、担任として子どもたちにどういうふうに肩入れしているか、担任として「担ぐ」ということを、いろいろな形で描き出してみる作業ではないかと思います。

気持ちに添うことを、単にラベルとしてもつことは意味のないことです。長い道筋のいろいろな出来事を含めて、担任がほかの人とは違う身近な大人として子どものそばにいるからこそ、危機的な場面では、子どもはほかのだれよりも担任を選ぶことになるのだと思います。

変える姿勢—16年を振り返る

今回、いままでの研修会で話してきたことをまとめることになったという連絡をいただきました。16年に及んだということですが、あまりに長すぎたようです。自分が主宰する会でもなかなかこれほどの年月を続けるということは、めずらしいのではないでしょうか。よくも飽きずに、懲りずにお付き合いいただけたものと、少なからず驚きを禁じ得ません。同時に責任の重さも感じています。どれほどの役割を果たせたものなのかと。

まさかこういうふうにまとめるという予定をしていたり、そのことを希望していたわけではありません。ですから、毎回の講評に際して、一貫した主張の繰り返しや強調はしていませんし、するつもりもなかったのです。

発表担当に当たった園の保育者にとって、その時点で取り組んでみようとする気持になったテーマを選んで、短い期間での研究の取り組みと発表でした。もちろん園によっては継続的な取り組みの中からその年度の報告という形をとって発表していた例もありました。それらを含めても、いまにして思えば、発表はいずれも〝単発〟であったという印象です。発表以前から重ねた検討の過程があり、発表後もその検討を続けた経緯のある例もあったことを思い起こされます。個々の園では継続的な検討を進めている中での単発的な発表でしたから、実践研修で発表するというできごとが、その園の〝園内研修〟の取り組みにどういう影響を与えていたのか、その点はほとんど明らかではありません。

実践研究への私の付き合いが、結果的に〝単発〟になったということの弁解のような話をしてしまいました。さらに弁解を重ねるなら、そのためにかえって私は〝その都度〟の報告に揺さぶられました。毎年のようにテーマは異なる分だけ、その場で触発されたことが何かをお話しするしかほかに思いつくことがありませんでした。そのことが毎回異なる講評の仕方になっていることを、いま気づかせられています。これだけいろいろなテーマを研修で取り上げて15年、16年と積み重ねてきたのだと、年月の重さだけはひしひしと伝わってきます。

第1回から第15回まで、私自身が担当してきた講評を整理してくださり、第16回を間近にして、通して読み直す機会を得ました。1年に1回の研修会ですから、前の会で自分がどういう話をしてきたのかということに、ほとんど関心をもたずにきていたことを改めて知ることになりました。それでも開き直って、これまでの話をもう一度読み直して、思いを新たにしたことがらがいくつか出てきます。

例えば、私は保育者から発信されることに対して触発されてきたということです。保育者の個々の発表テーマや具体的な報告内容に即応して、そこで自分の方が何にどのようなことに興味関心を喚起させられているのかが、よくわかります。振り返ってみるとこれほど証拠が残ってしまったのだという困惑する気持がないわけではありません。それ以上に、私の学び方は保育者が何をどのように捉えたり理解しているかということに照準を合わせて反応していることに気づかせられました。考えてみると、研修会との付き合いよりももっと長い間、私は児童学科の学生たちの卒業論文の指導担当という役割を担ってきました。その際の姿勢にも共通するものがあると感じています。私はその人の考え方を支持しているつもりでも、結局は自分の考えを相手に指示しているのではないかと案じます。支持が指示になることに気づきにくいのです。

また、「障害児」や「気になる子」の巡回相談という役割を担ってきた経緯と、実践研修とは関連があるということを、改めて考えさせられました。このことは巡回相談でお付き合いの長い方々にとっては、当然のように思っておられるでしょう。しかし、いまではかなりの先生たちの間で、別のこととして受け取られているのではないでしょうか。私と、私同様に巡回相談を担当してくださる杉本栄子さん、小野壽美さん、栗澤尚子さんも、ほとんど毎回のように発表会に参加しています。その限りでは、巡回相談の総括か事例研修会のようなメンバーの構成を感じさせています。しかし、巡回の相談対象となる子どもたちをめぐる具体的な話、つまり事例検討の場となることではなかったし、ましてやそれらの年間の総括というような意図とも異なっています。ですから、ここにまとめられる実践研修報告は、そのままただちに私たちの巡回相談の事例や業務に関連するまとめや総括を意味するものではありません。誤解のないように話をしておくなら、私たちの意図に反する研修であったという意味ではありません。意図に関して言うなら、むしろ私は障害をもつ子どもたちにとって、通常の保育活動の省察的な検討が不可欠であると考えていました。障害をもつ子や、気になる子が楽しんで園生活を過ごせるようになるには、どうしても子どもの集団や保育の活動全体とのかかわりが不可欠だろう、と話し合ったことがあります。基本的に保育実践をどこかで振り返るような場が必要ではないか、という話もしたことがあります。その意味では、この16年間、市内の公立保育所の全職員が一同に会して、日頃の実践からの報告に耳を傾けることは、たいへん大事なことであったと言えるでしょう。

巡回相談の過程で痛感させられるのは、園生活や保育活動という保育実践全体の省察の場が必要ではないかということでした。それは一に巡回相談の事例報告会のような主旨ではなく、ベースとなる報告実践そのものを省察するという意図の表明にほかなりません。障害のある子にしても、かかわりのぎこちない子どもにしても、その子たちが育つ園生活や保育活動あるいは子どもや保育者の集団がどのような状態にあるのかによっては、ずいぶん違った育ち方をすることになります。直接的に巡回相談にかかわることがらの検討ではないようであっても、保育実践の省察的な検討であるかぎり、園児に無関係の話であるはずがありません。相談の対象となっている子どもが〝よくなる〟とか〝伸びる〟というようなことや、そのために必要とされる特別な保育環境づくりの検討に終始することを、私たちは求めていませんでした。むしろ広く保育実践の全体が、つねによりよい生活と育ちのためのステージとして用意されることを願っていたことは間違いありません。結果的に、相談対象となっていた子どもにとって、よく遊べて居心地のいい生活の場が保障されることは、人やものとのかかわりを生み出し、人としての育ちをしっかり根づかせるための大前提なのです。

地域の保育実践が、いろいろな事情や状況という文脈の中に生きる子どもたちの、生活と育ちを支える力になることをだれしも願うでしょう。それだけに〝一丸となって〟取り組む姿を美しく描き出すことを考えがちです。しかし、これらは子どもの生きる現場のあり方にかかわる問題なのですから、美談やきれいごと、あるいは大言壮語の類は排除すべきことだと私は思います。実質的な学びを求めて緊張感のある研修会になることを、私は願ってきました。みんなで考えようとしてきたことは、きわめて小さな世界の中にあらわれる重い課題の探求であることは、いまも今後も変わらないのではないでしょうか。

あとがき

創成社の塚田氏より、仮題ではあるが「大場幸夫の考える『保育の原点』」という題名を伺った時、意外なかんじを受けた。「保育の原点」という理念的語り口を大場は好まないと思っていたからである。具体的な〝こと〟から大場の中で練り上げられていった〝こと〟を抽象概念で理論づけて大場が語るという面を、私の記憶の中では探せない。具体的な言葉で具体的なことを通して、しかしそこには大場の内面の奥深くにおいて、時間をかけて構築、洗練され続けてきた〝何か〟が捉えられた上で語られているという感触は持てた。大場の語りには、時間と共に練り上げられた方向付けがあり、力強さ、温かみとやさしさ、ときには厳しさが混在して感じられた。田代和美氏が言う〝具体抽象〟という言葉を私流に理解するなら、具体的なことを通して語られる時の、その大場の言葉のもつ含み（大場によって練り上げられた意味性）との距離感が隔たりとして感じられ、〝難しい〟〝分からない〟という感想を聴き手に与えたのではと思う。〝難しい〟〝分からない〟と言いながらも聴き手は心動かすものを惹起されたのではないだろうか。妻としてのひいき目であろうか。かく言う私も機会があって、大場の講演などを聴いたときや執筆文を読んだときに、家ではみせない大場の〝すごさ〟を認識したものである。

先にあげた題名は、大場自身が命名したものであることを塚田氏から聞いた。大場の亡きあと書斎の整理をして大場の保育大学シリーズに向けての草案をいくつか見つけた。平成21年11月5日付での草案では『保育の原点』と、トップにつまり題名として記載している。以下に大場が組み立てていた章立ても明かしたい。

創成社　保育大学シリーズ

『保育の原点』　大場幸夫

本シリーズの「序」として「保育総論」の部分を入れて、既刊分を包括し方向付けることをしておく。その"本筋"を考える

1．こども本来的なものがあるとすれば

「子どもの生活を護る」　→共著「保育を創る８つのポイント」所収

2．こども本来的なものを取り戻すために

生活の復権　→「お茶の水大学保育講座講演」メモ

3．こどもの生きる現場を護るなら

保育の原理　→　保育指針改定「総則」に向けた個人的原稿

4．保育実践への誤ったとらえ方

保育課程というキーワード：保育の内容の組織化と計画化　→「保育所保育指針改定」資料

5．みること・かかわること

「糸魚川市保育研修講演」メモ

6．見失いがちなこととしての文化

子どもの情景：センス・オブ・ワンダー、センス・オブ・ユーモア　→「ドキュメンタリー映画『風のなかで～むしのいのち・くさのいのち・もののいのち』」考

・「環境による保育」

・「創意工夫」

・「発達過程」

・「＊可能性」

7．保育者を生きるということ

保育者の専門的発達：「ライフ・コース、ワーク・ライフ・バランス」→新指針の研修資料

＊各章を構成する内容としては、既存の原稿＆講演メモ等を資料として活かしたい

検討課題１：森の幼稚園見聞記を加えたい

検討課題２：「Who am I」のエッセンスを挿入したい

1

私の手元にある大場の次の草案は平成22年12月14日と記されている。「期日　平成22年3月3日」と赤字で決意を込めたようにメモ書きもしてあった。家にいても、背後に多くの仕事を抱えていた夫の姿がしのばれる。結果として執筆完成にはいたらなかったが、先の草案から1カ月少しの間、練りに練っていた形跡がたどれる。章立てはさらに丁寧に視点を立ち上げていっていると言うべく変更されていた。私は大場の立てた章と項目、そのままを載せたいと思った。大場の語りの特徴そのままであり、私たちに突きつけてくるような問いかけの項目も多い。あなたはどうこの問いに応えますか？　あなたはどう考え、どう実践していきますか？　読み手の心が揺さぶられる。

大場の執筆文や講演を聴くと、力のこもった視点、視座をもちつつ、的確な言葉を駆使して、子どもを〝原点〟においたうえで社会を読み解き、方向を示していく大場の〝すごさ〟を感じる。聴衆の一人として大場の講演会場にいた際も、題目やレジュメから期待する以上の語りと内容を聴いていくことが多かった。現場を知っているからこそ語れる言葉の流れ、そして、そこに込められた大場の現場に対する深い理解と保育の意味づけに、保育現場関係の聴き手の人々は「わかってもらえている」という実感をもてたのではないだろうか。現場の状況に目を凝らし、現場の人々の声に耳を傾け、あたかも現場の声や、現場が目指す方向、課題を代弁してくれているような感想をもった方が多いのではなかろうか。残念ながら今回は項目から先の期待に弾む内容は示され得ない。

大場は「保育の原点とは・・・・」というような語りはしないように私には思える。子どもとかかわる（保育する）大人なら各々において、常に〝原点に立ち返れよ〟〝原点に立ち返りつつ現状を捉え、意識化して子どもにかかわり、子どもの最善の利益のために実践せよ〟というような出発点、軸としての〝原点〟を意味したので

創成社保育大学シリーズ　　　　　　　　　　　　　未完成　H21.12.14　S.Oba

『保育ー子どもの生きる現場　』(創成社新書)

＊これから保育者をめざす人たちに期待しつつ　　　　大場幸夫

＜目次＞

4．子どもの情景としての園生活　　　　　　　　　　（12項）

＊子どもの遊びは「学びの原点」である

・事例①「ケンキュウジョ」

・事例②「ジェットコースター」

・事例③「宝モノとしての小石」

・事例④「ダンゴムシ」

・事例⑤「お茶づくり」

・事例⑥「お椀まわし」

・事例⑦「洗面器」

・事例⑧「休憩室」

・これらの事例が示すこと

・乳幼児の遊びと学び

・センス・オブ・ワンダー

・センス・オブ・ユーモア

5．保育の脆さ・　実践の意味深さ　　　　　　　　　（5項）

＊保育の脆さに透けて見える実践の意味深さ

・「意味もなく優しいことば」

・「名もない遊び」

・「誰でも子どもの相手になれる」

・「日常茶飯事」

・「”子どもの最善の利益を護る”とは」

6．保育者支援　　　　　　　　　　　　　　　　　　（5項）

＊保育者に求められるのは「関係的自立」である

・避けられない実践のジレンマ

・個立と孤立のはざま

・子どもの事実を語り合うことの意義

・同僚性：保育者相互の支援

・保育者支援の必要性

7．保育者を生きるということ　　　　　　　　　　（4項）

＊保育者として養護と教育のインクルーシブな取り組みの最先端を生きる

・保護者のワーク・ライフ・バランスを支える

・保育者になるということ

・専門的発達の課題とは

2

・保育者自身のワーク・ライフ・バランス

8．これから保育者になる人に　（6項）

＊凝視するのは子どもではなく自分自身

・保育は生やさしいことではない
・保育は人が人を育む営みである
・保育者は子どもの人間モデルである
・保育者は子どもの代弁者である
・道を究める「Who am I」
・保育が低められる社会に明日はない

9．おわりに

《　合計48項　》

はなかろうか？

本著に寄せてくれた執筆者の方々は大場と共に仕事上何らかでかかわった方々である。各々の執筆を読み進めることで、大場の足跡、大場が大事にしてきたこと等が執筆者各々の経験や思索を通して重層されて浮き上がってくる。大場の死に直面して、私自身が乖離されたある種の〝感覚状態〟から感情の表出、そして言葉につなげていくことができるようになったのも、本書にかかわるこのような機会を与えてもらったからと創成社、および執筆者の方々に感謝している。本当に多くの意味で心より「ありがとう」ということばを捧げたい。パイプをくゆらせながら大場もにんまり微笑んでいることだろう。

大場富子

（検印省略）

2012年 5 月13日　初版発行　　略称－保育原点

大場幸夫が考えていた 保育の原点

監修者　大場富子
発行者　塚田尚寛

発行所　東京都文京区
春日2-13-1　株式会社 創成社

電　話 03（3868）3867　ＦＡＸ 03（5802）6802
出版部 03（3868）3857　ＦＡＸ 03（5802）6801
http://www.books-sosei.com　振　替 00150-9-191261

定価はカバーに表示してあります。

ISBN978-4-7944-8058-3 C0036
Printed in Japan

組版：でーた工房　印刷：亜細亜印刷
製本：カナメブックス
落丁・乱丁本はお取り替えいたします。

兄（大場牧夫）と水戸の実家の庭で

父（大場千秋）と研究室にて

園内研修で訪れた幼稚園で

東京家政大学に勤務（30 代）

園内研修で訪れた保育園で

左から兄・大場牧夫，恩師・平井信義氏，大場幸夫

パイプをくわえてくつろぐ

大妻女子大学家政学部児童学科で教鞭

毎年訪れていた揖斐幼稚園（岐阜）園内研修

大妻女子大学狭山校舎での学園祭

南ドイツの森の幼稚園を訪問

巡回相談で訪れた保育園で

自宅で孫達に囲まれて

旅先の海岸で石と戯れる

乗鞍岳山頂にて（50代半ば）

大妻女子大学にて研修講義